Redbook

Claudio Soler

CRÓNICA MALDITA DE LOS TEMPLARIOS

© 2023, Claudio Soler
© 2023, Redbook ediciones
Diseño de interior: Barba Ink
Diseño de cubierta: Daniel Domínguez
Ilustraciones: Wikimedia Commons
ISBN: 978-84-9917-695-6
Depósito legal: B-1990-2023
Impreso por Ulzama, Pol.Ind. Areta,
calle A-33, 31620 Huarte (Navarra)

Impreso en España - *Printed in Spain*

Cualquier forma de reproducción, distribución, comunicación pública o transformación de esta obra solo puede ser realizada con la autorización de sus titulares, salvo excepción prevista por la ley. Diríjase a CEDRO (Centro Español de Derechos Reprográficos, www.cedro.org) si necesita fotocopiar o escanear algún fragmento de esta obra.

«El caballero
de Cristo da
la muerte con
una seguridad
completa.
Si muere, es por
su bien, si mata,
es por Cristo.»

San Bernardo
de Claraval

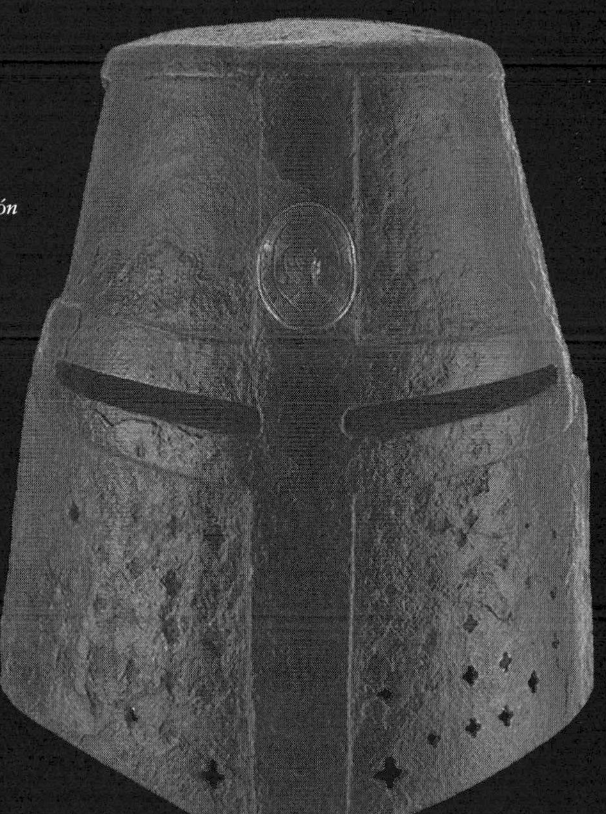

INTRODUCCIÓN

Los Caballeros Templarios comenzaron siendo un grupo pequeño de fieles y acabaron siendo una de las organizaciones más influyentes de la cristiandad. Un puñado de guerreros se propusieron servir a Dios de la mejor manera que sabían y así nació la Orden del Temple. A través de los siglos se convirtieron en una organización multinacional transeuropea en un momento en que las únicas organizaciones de ese tipo eran ramas de la Iglesia cristiana.

Tenían propiedades en casi todos los países de Europa, presencia permanente en la corte papal y en la mayoría de las cortes reales de la cristiandad latina. Sus miembros servían a los gobiernos como diplomáticos, tesoreros y asesores, además de hábiles guerreros. Fueron la encarnación viva del movimiento de reforma de la Iglesia de los siglos XI y XII, demostrando que las personas que no eran nobles podían ser virtuosas y podían servir a Dios de manera activa.

Los templarios demostraron en su época que para llegar a Dios ya no era necesario encerrarse en una comunidad religiosa y pasar los días en oración y abnegación. Ahora cualquier cristiano podía salir al mundo y servir al Altísimo de la manera que mejor pudiera. Algunos sirvieron en hospitales, otros recorrieron los caminos de Europa predicando la Palabra de Dios, pero los templarios defendieron a los cristianos y sus territorios a sangre y fuego.

En esta obra asistiremos a su nacimiento en la Ciudad Santa de Jerusalén, en las décadas posteriores a la captura de esa ciudad por la primera Cruzada en 1099. Poco a poco se fueron haciendo famosos tanto por su impecable organización como su fiereza en el campo de batalla contra los «infieles» musulmanes. A partir de ahí asistiremos al ascenso y caída de una organización tan fascinante en sus obras como obscura y misteriosa en sus interioridades. Esperamos que el lector disfute de este maravilloso viaje en el tiempo.

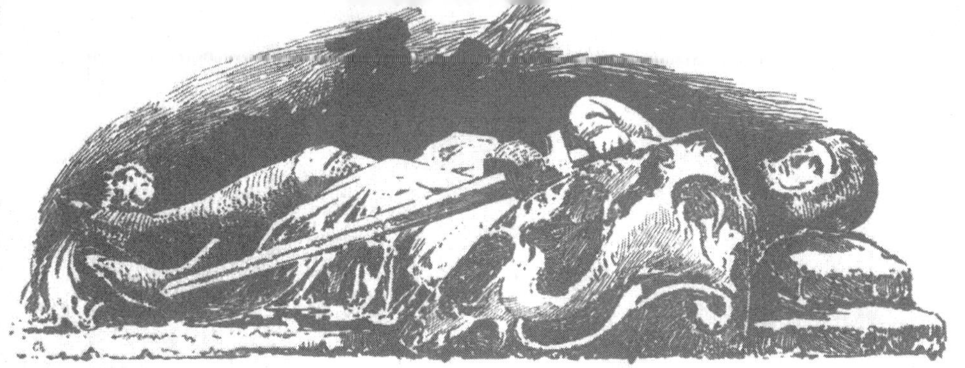

CAPÍTULO 1

LOS MISTERIOSOS ORÍGENES DE LA ORDEN DEL TEMPLE

Durante dos siglos se convirtieron en una de las órdenes más poderosas del mundo. Pero la historia oficial nos habla de unos inicios modestos, de nueve caballeros sin muchas riquezas y con una poderosa idea altruista: proteger a los cristianos que quisieran peregrinar a Tierra Santa.

En aquella época no se conocían las técnicas de marketing, pero a nadie se le escapa que la fundación fue un tanto fabulada posteriormente y, sin embargo, no hay forma de saber realmente qué es lo que ocurrió con los fundadores de esta orden de monjes y soldados de élite.

Los inicios de la Orden del Temple no son claros y parte de estas inexactitudes se podrían atribuir al tiempo pasado y a la dificultad de encontrar fuentes historiográficas fidedignas. Sin embargo, y como se analizará a lo largo de este capítulo, el análisis de la documentación presenta confusiones que parecen tener una intención. Hay un halo de secretismo que podría ir más allá del dato perdido y encubrir una información que no aparece en los libros de historia.

Para adentrarnos en este misterio, describiremos la época en la que los templarios fundaron su orden y cómo lo hicieron. Muchos fueron los nombres poderosos que se aliaron para conseguir que este en principio modesto movimiento acabara siendo uno de los más influyentes de la época.

El origen de las Cruzadas

Antes de adentrarnos en la historia de los templarios, se hace indispensable conocer el contexto en el que se fundó esta orden. Y para ello, tenemos que viajar en el tiempo y situarnos en 1095, fecha en que el emperador bizantino Alejo I Commeno hizo un llamamiento al papa Urbano II para que los países cristianos le ayudasen en la reconquista de Tierra Santa. Aquí encontramos la primera incongruencia, pues Jerusalén llevaba desde el siglo VII en manos de los árabes. Diferentes facciones musulmanas habían ido conquistando la ciudad, por lo que realmente no era una novedad.

Aún así, cuando el papa gritó el famoso: «Deus Volt» (Dios lo quiere) en el Concilio de Clemont para convocar la Guerra Santa, su llamamiento despertó un fervor cristiano inaudito.

Caballeros, reyes y campesinos quisieron recuperar Tierra Santa y permitir que los peregrinos que lo desearan pudieran visitar los lugares de los que habla la Biblia. Cabe preguntarse qué es lo que provocó que el papa, máximo representante de la doctrina de amor al prójimo, impulsara a una guerra a todos los cristianos de Europa.

Thomas Asbridge, profesor de Historia Medieval de la Universidad Queen Mary de Londres, apunta una teoría que se reseña en el artículo *El concilio de Clermont*, el inicio de las cruzadas, publicado por Abel G.M en *National Geographic* el 27 de abril de 2021: «Los

cristianos occidentales habían sido programados para pensar en sí mismos como personas contaminadas gravemente por el pecado, un condicionamiento que los impulsaba a una búsqueda desesperada de la purificación a través de la confesión y la penitencia. [...] La expedición sagrada conjugaba los rigores penitenciales del viaje del peregrino con las propiedades purificadoras de la lucha en nombre de Cristo, lo que creaba las condiciones ideales para la limpieza de los pecados».

Y eso es justamente lo que ofreció el papa: indulgencia de todos los pecados para los participantes en la Cruzada y la garantía de entrar en el paraíso si fallecían en combate. Este fue un buen acicate para buena parte de los cruzados. Y para los que las recompensas espirituales no eran suficientes, había otros incentivos. La posibilidad de saquear las tierras conquistadas en un tiempo de extrema pobreza resultó suficientemente tentadora. Los hijos no primogénitos de los nobles también vieron una forma de abrirse camino y tener una retribución asegurada. Otros fueron por orden de su señor. Y un grupo nada desdeñable se sumó por las ganas de aventuras.

El sentimiento cristiano fue, de eso no hay duda, el principal motor para alistarse a las Cruzadas, pero se ha de tener en cuenta que no fue el único.

Tal y como constata José Luis Corral en su libro *Breve historia de la Orden del Temple*: «Por tanto, en los primeros cruzados coexistían el fervor religioso, el deseo de aventuras, la avidez por lograr feudos y fortuna y una sensación de haber sido elegidos por Dios para ser el brazo ejecutor de sus planes en la tierra (...). Los caballeros adoptaron la cruz como signo de identificación y la cosieron sobre los hombros de sus capas; y se convirtieron así en los *crucesignati*, los marcados por la cruz, los cruzados».

Esto nos explica las motivaciones de sus participantes, pero ¿cuáles fueron las de sus organizadores? El emperador de Bizancio estaba perdiendo poder en Asia Menor y su imperio se estaba desmembrando en manos de diferentes ejércitos musulmanes, muchas veces enfrentados entre sí. Para el papa era una forma de consolidar su poder como máximo representante de todos los cristianos, pues el cisma con los ortodoxos había mermado su poder. Venecia, Milán y Pisa pugnaban por abrir rutas comerciales por las que importar los lujosos productos orientales. Las monarquías europeas buscaban ampliar sus territorios, conseguir riquezas y esclavos.

Recuperar el Santo Sepulcro

El objetivo que había marcado el papa era la recuperación del Santo Sepulcro. Este se considera el lugar más sagrado de la cristiandad, pues se trata de la tumba donde Jesucristo fue enterrado y resucitó. En esos tiempos estaba en posesión de los infieles. Durante años había estado en manos árabes, pero se permitió a los peregrinos cristianos que lo visitaran. Sin embargo, cuando cayó en manos de los fatimí, las reglas del juego cambiaron. El califa Al-Hákim ordenó destruir los principales lugares de culto cristianos en Egipto y Palestina y uno de ellos fue precisamente el Santo Sepulcro. El santuario original fue destruido. En 1025 los bizantinos negociaron con los fatimí para reconstruir la iglesia y se abrió una época de concordia en la que los peregrinos podían visitar la tumba de Cristo. Los fatimí acabaron por predicar una libertad de culto que permitía que cualquiera abrazara la fe que quisiera siempre y cuando no hiciera daño a sus prójimos.

El Santo Sepulcro sigue siendo hoy en día visita obligada en Jerusalén.

Sin embargo, los fatimí perdieron el poder, que pasó a manos de los turcos selyúcidas que abusaban de la población cristiana e impedían el culto en el Santo Sepulcro. Este fue el *casus belli* que inició la Primera Cruzada. La importancia del Santo Sepulcro era tal que se consideraba que ningún soldado habría concluido la misión hasta que rezara en el mismo.

La primera victoria

En dos siglos se llevaron a cabo nueve Cruzadas que acabaron en 1272 con la derrota cristiana. Pero sin lugar a dudas la más sonada fue la primera, con una apabullante victoria cristiana que creó una euforia que posibilitó la creación de la Orden del Temple.

Se estima que entre 70.000 y 80.000 cruzados salieron de Europa. Al asedio de Jerusalén (1099) llegaron 6.000, lo cual nos habla de la dureza del viaje y de las pérdidas que sufrieron en las batallas previas. Se ha de tener en cuenta que la Primera Cruzada se prolongó durante tres años (1096-1099) y las condiciones fueron extremadamente duras.

Pero finalmente consiguieron su objetivo y recuperaron la Ciudad Santa. Eso sí, a un coste que hoy se considera muy poco cristiano. Durante dos días, los cruzados masacraron a la práctica totalidad de la ciudad, incluyendo a la población cristiana y judía en su frenesí asesino. La matanza fue tan cruel que la crónica de la época constató que la sangre les llegaba a los tobillos de los guerreros de Dios.

Pero no se conformaron aquella victoria y prácticamente se hicieron con casi todo Oriente Próximo. Conquistaron Jerusalén, Antioquía y Edesa en una avalancha frenética cruzada que desorientó a turcos y egipcios. Estas acciones desembocaron en la conquista de otras plazas. Entre los años 1102 y 1109 conquistaron Tortosa, Tiro y Sidón. En 1112 los cruzados dominaban una extensa franja que iba del norte de Siria hasta el desierto del Sinaí por un lado, y por otro desde el Mediterráneo hasta el mar Muerto, el río Jordán, los altos del Golán y el río Éufrates. Así, casi cinco siglos después de que los árabes las conquistaran, todas estas zonas volvían a

ser cristianas. El éxito total de la Primera Cruzada era incontestable y desembocó en la fundación de cuatro nuevos estados cristianos: el principado de Antioquía, los condados de Edesa y Trípoli y el reino de Jerusalén.

La victoria alentó el orgullo cristiano y la peregrinación a Tierra Santa. Pero pese al éxito, eran muchas las regiones colindantes que seguían en manos de los sarracenos, por lo que el viaje entrañaba ciertos peligros. Y en ese contexto, aparecieron nueve caballeros con una propuesta: encargarse de la seguridad de todos aquellos que quisieran visitar el Santo Sepulcro.

Una propuesta imposible de rechazar

Hugo de Paynes (1070-1136), del que hablaremos en profundidad más adelante, se presentó ante el rey Balduino I de Jerusalén acompañado de ocho caballeros con la tentadora y altruista propuesta de crear una orden que protegiera a los peregrinos. La fecha en que esto ocurrió, según los historiadores, fue en torno a 1119.

El monarca aceptó entusiasmado la oferta y les cedió a los primeros templarios unas instalaciones de gran valor simbólico: las ruinas del Templo de Salomón. De ahí que tomaran el nombre de Orden de los Pobres Caballeros de Cristo del Templo de Salomón.

Las instalaciones estaban ubicadas donde se creía que se había edificado el templo que fue destruido siglos atrás, concretamente eran unas dependencias anexas a la mezquita de Al-Aqsa, que se creía que habían formado parte del palacio del Rey Salomón. Los cruzados rebautizaron la mezquita llamándola Templo de Salomón. También le cambiaron el nombre a la Cúpula de la Roca, que estaba al lado y que pasó a ser conocida en este tiempo como Templo Dominum (Templo de Dios). La Cúpula de la Roca, que se había convertido en mezquita en el siglo VII, guardaba una gran simbología para el judaísmo y para el cristianismo. Se consideraba que en ella se hallaba la roca en la que Abraham estuvo a punto de matar a su hijo Jacob por orden de Dios y es ahí dónde se supone que un ángel le detuvo la mano antes de que acabara con su vida. Muy cerca de este complejo se encontraba el Santo Sepulcro.

El lugar en el que se alojaron los templarios estaba plagado de referencias bíblicas, de objetos sagrados, quién sabe si reliquias con poderes, como argumentan algunos. Retomaremos este punto a lo largo de este capítulo. Quedémonos ahora con que esta fue la sede principal de los templarios, que durante dos siglos reformaron en diferentes ocasiones el edificio. Le añadieron, por ejemplo, dos alas y utilizaron las cúpulas como establos. Otro dato curioso es que la estructura era octogonal y que justo esa fue la que se repitió en todas las iglesias que edificaron los templarios por el mundo.

Influencias poderosas

El proyecto de los templarios era sin duda loable. Pero recapitulemos y analicemos la cuestión. En aquella época debía de haber muchas propuestas similares y el rey Balduino I de Jerusalén y Warmundo de Piquigny, patriarca de la ciudad, priorizaron esta y le otorgaron a los caballeros templarios unas instalaciones sin exigir resultados ni controlar el trabajo que estaban haciendo. Y de hecho no lo hicieron durante casi nueve años. Esa confianza ciega en los altruistas caballeros resulta, como mínimo, un tanto sospechosa. La explicación más plausible es que estos caballeros vinieran apadrinados por alguien de notable importancia.

Siguiendo esa pista se ha encontrado que Hugo de Paynes era caballero del conde de la Champagne, Hugo I. Y no solo eso, sino que unos años antes de que los futuros templarios llegaran a Tierra Santa, se mantuvo una reunión en el más alto secreto que se conoce como el Cónclave de Champagne. Se llevó a cabo en 1104, según los archivos del condado de Champagne, y en él se dieron cita las familias nobles más poderosas de la región. Todo parece indicar que uno de los participantes había regresado recientemente de Jerusalén y que ese era el motivo del cónclave.

No se sabe qué fue lo que se trató exactamente en la reunión, pero curiosamente después de esta, el conde de la Champagne se fue a Jerusalén, donde permaneció nada más y nada menos que cuatro años. ¿Qué hizo allá? Eso sigue siendo un misterio.

No sería descabellado pensar que con sus contactos allanó el camino a los templarios para que cuando llegaran fueran recibidos con los brazos abiertos por los mandatarios de Tierra Santa.

Lo que está comprobado sin lugar a dudas es la vinculación de Hugo I con los templarios. Él fue su principal valedor, o acaso

Hugo de Paynes, el fundador de la Orden del Temple.

la cara visible, porque como veremos más adelante tuvieron otros mecenas muy poderosos. Tanto es así que el conde ingresó en la orden en 1125, produciéndose un hecho muy controvertido en la época. Pasó a ser vasallo de Hugo de Paynes, que anteriormente había sido el suyo. Esto era impensable en aquel momento y es curioso que ocurriera sin que produjera ninguna extrañeza.

Otros padrinos

El conde de Champagne no fue el único hombre influyente que apoyó a los templarios. Encontramos otros de gran importancia que sufragaron los gastos de la orden y que movieron los hilos para que esta fuera reconocida, tanto en sus albores como tiempo después.

En agosto de 1941, el programa fue suspendido por las protestas que provocó entre la opinión pública. Pero fue una medida de cara a la galería: las muertes continuaron y aún fueron más crueles. Se reducían las raciones alimenticias hasta provocar la muerte por inanición, se cortaba la calefacción de los hospitales en el crudo invierno o se les administraba tantos barbitúricos que prácticamente se les inducía a la muerte.

Se sospecha que uno de ellos fue Godofredo de Boillon, el gran conquistador de la Primera Cruzada, que fue proclamado rey de Jerusalén tras la misma. Profundamente religioso, Boillon se negó a llevar corona argumentando que él no podía llevar ninguna joya cuando Jesucristo había soportado una de espinas. Y no quiso, por tanto, aceptar el título de rey, sino que prefirió el de Defensor del Santo Sepulcro

(*Sancti Sepulchri advocatus*), justamente un lugar santo muy cercano a donde se alojaron los templarios. El reinado de Boillon duró escasamente un año y fue sucedido por su hermano, Balduino I, que fue el que acogió a los caballeros del Temple. Se especula sobre la vinculación de los dos hermanos a los movimientos que originaron la orden, pero lo que se asegurar es que ambos contaron para su escalada en el poder con el amparo de Fulco V de Anjou, que sí estaba vinculado a los templarios, ya que viajó a Tierra Santa en 1120, poco después de que llegaran y sufragó generosamente sus gastos.

¿De qué tipo de gastos se trataba si todavía no habían llevado a cabo ninguna misión? La respuesta a esta pregunta apunta en una dirección ciertamente interesante y no exenta de misterio que se tratará más adelante. Pero antes otro dato significativo: Fulco V de Anjou acabó casándose con la reina de Jerusalén, Melisenda I, hija de Balduino II, que consiguió un hito inaudito en la época: reinar siendo mujer. El matrimonio consiguió que Fulco fuera el rey consorte (1129). Por tanto, el principal patrocinador económico de los templarios ocupó un puesto que le permitió favorecerlos aún más.

Otro de los hombres poderosos a la sombra de los templarios después de su constitución fue Enrique II de Champagne, que heredó el condado en 1181 (era el nieto de Hugo I) y que acabó siendo rey de Jerusalén en 1192, por lo que también se encontró en una posición que le permitió ayudar a los templarios.

Pero ¿por qué todos estos hombres tan poderosos ayudaron a los templarios? La historia nos dice que eran profundamente religiosos y no lo vamos a negar, pero la forma en la que orquestaron desde la sombra este movimiento durante generaciones, pasando ese interés de padres a hijos y a nietos, nos hace pensar que podría haber algo más.

Los nueve fundadores

En la actualidad sigue habiendo divergencias sobre quiénes fueron los nueve fundadores de la orden de los templarios. Incluso, como se verá en este capítulo, hay dudas sobre los orígenes de su principal fundador, Hugo de Paynes que, proviniera de donde proviniera, no hay dudas de que fue el máximo exponente de la iniciativa.

También parece probado que le acompañó Godofredo de Saint-Omer, un noble que presuntamente procedía del norte de Francia pero del que no se sabe a cierta ciencia su origen ni tampoco su fecha de nacimiento y defunción.

Pesa sobre él y sobre Hugo de Paynes una leyenda que reza que ambos eran tan pobres que solo tenían un caballo que debían compartir. Esa sería la explicación a que en el sello templario aparecieran dos hombres cabalgando el mismo caballo. Esta hipótesis no parece demasiado creíble teniendo en cuenta que ambos procedían de familias de la nobleza.

A la hora de identificar a los nueve fundadores se produce un baile de nombres entre los historiadores. Tomaremos como referencia lo que expone José Luis Corral: «Los cronistas que narran la fundación de la Orden coinciden en señalar que fueron nueve los caballeros que constituyeron el inicio de este "instituto armado" y que su número se mantuvo inalterado hasta 1125 al menos. Sus nombres se conocen; son los siguientes: Hugo de Paynes, el flamenco Godofredo de Saint-Omer, Archambaud de Saint- Aimand, Payen de Montdidier, Godofredo Bissot (o Bisol), Rossal (o Rolando), Andrés de Montbard (a veces citado como Hugo de Montbard), Guillermo de Bures y Roberto (¿de Craon?). Sin embargo, por esas mismas fechas hay documentados caballeros que también pertenecían a la Orden, como Gondemaro y Hugo de Rigaud.

Todos estos caballeros eran miembros de la baja nobleza, señores de pequeños feudos sin apenas relevancia, como es el caso de Hugo de Paynes, o caballeros desheredados de fortuna que no tenían señoríos que gobernar y que solo en la milicia templaria podían encontrar el modo y el ideal de vida al que aspiraban. Eran nobles, miembros de una aristocracia guerrera que durante siglos había entendido que su misión en la tierra no era otra que guerrear».

Todo este problema a la hora de identificar los nombres es una prueba del secretismo de la misión de estos. Si fueron recibidos por el rey de Jerusalén y este les concedió unas instalaciones, ¿cómo es posible que en las crónicas del capellán Fulko de Chartres, que dejó una detallada constancia del reinado de Balduino I, no quedara este hecho registrado? La única explicación que comparten muchos analistas es que se tratara de una misión secreta.

Los orígenes de la Orden del Temple no aparecen hasta mediados del siglo XII, cuando han alcanzado cierta fama y reconstruyen sus orígenes. ¿Quisieron pasar desapercibidos los templarios al principio? Y si fue así, ¿cuál fue la razón? A continuación se aportarán hipótesis que responderían a estas dos interesantes cuestiones.

Primera misión: ¿qué hicieron durante nueve años?

Una vez instalados en sus dependencias, los nueve caballeros se quedan ahí durante nueve años... ¿haciendo qué? La respuesta es nada, pues no se tiene constancia de ninguna actividad reseñable.

Por una parte, siendo una orden de nuevo cuño, tienen una actitud hermética: no hacen proselitismo, no intentan captar a nuevos miembros y, de hecho, restringen la entrada a los que lo intentan. No tienen una voluntad de crecer, más bien al contrario. Esto va en contra de la misión que dicen abanderar: es imposible que nueve caballeros puedan defender a los peregrinos que intentan llegar a Tierra Santa.

También resulta cuanto mínimo curioso que el monarca y los patriarcas de Jerusalén que les mantienen no pidan algún resultado y sigan pagando su manutención sin obtener ningún resultado.

¿Qué hicieron entonces los templarios durante casi una década? La hipótesis más plausible la expone Javier Navarrete en el artículo *El misterioso origen del Temple*, publicado por el número 52 de la revista *Más Allá*. La clave estaría en el lugar en el que fueron alojados, en el Palacio del Templo de Salomón. Allí se dedicaron a excavar. De este hecho no hay ninguna duda, pues en el siglo XX un grupo de arqueólogos pertenecientes al British Royal Engineers y capitaneados por Charles Warren encontraron vestigios de estas excavaciones que se atribuyen inequívocamente a los templarios por los símbolos que ahí se encontraron. Una cruz y una espada templaria dan buena cuenta de ello. Ambas reliquias se encuentran en Edimburgo, en los archivos de la Orden.

El Templo de Salomón en la actualidad, la primera base templaria.

Está por tanto claro que los templarios estaban buscando algo y esa era la misión secreta que los había llevado hasta Tierra Santa. Y era una misión orquestada y conocida por un grupo de nobles que habían invertido esfuerzos para lograr que así fuera.

A lo largo de este libro se hablará en múltiples ocasiones del mítico tesoro de los templarios y esta es la primera vez que abordaremos el origen de estas riquezas, ya sean materiales o místicas de las que tanto se ha hablado.

¿Estaban buscando los templarios el tesoro del templo de Salomón? ¿Existió alguna vez este supuesto botín? Los indicios que a continuación se expondrán indican que la respuesta a ambas preguntas es afirmativa.

El tesoro del templo del rey Salomón

El rey Salomón es un personaje venerado por los tres credos monoteístas. Famosa es la frase «decisión salomónica» que se debe a un capítulo de las Sagradas Escrituras. Se trata de un juicio en el que dos mujeres acuden reclamando a un recién nacido como hijo suyo. Las dos han sido madres recientemente, pero uno de los bebés ha muerto y las dos aseguran que son la madre del que ha sobrevivido. Ante la incapacidad de saber cuál de las dos miente, el rey Salomón les propone partir al niño por la mitad y que cada una se quede con una parte. La madre auténtica se niega y prefiere que la otra se quede con el bebé a que este muera, mientras que la que no es la madre no muestra problema por hacerlo. Con esta tetra, Salomón descubre a la mentirosa y ordena que le entreguen el hijo a su verdadera madre. Y con esta anécdota Salomón pasó a ser considerado como el rey más justo de la antigüedad y el constructor del templo que contenía la reliquia más importante hasta el momento.

Según la Biblia, las tablas de los diez mandamientos fueron guardadas en el Arca de la Alianza y depositadas en el Templo de Salomón. Esta historia es por todos conocida gracias a *En busca del Arca perdida* (*Raiders of the lost Ark*, Steven Spielberg, 1981).

Pero no fue el único tesoro que custodiaba el templo. Al final de su vida Salomón abandonó su comportamiento justo y se volvió un amante del lujo y un tanto codicioso. Tuvo centenares de mujeres y concubinas y se dedicó a almacenar riquezas como si no hubiera un mañana. Lo de la justicia social pasó a segundo o más bien a último plano. Y todos esos tesoros y lujos fueron a parar al templo y a su palacio, que es justamente donde los templarios se alojaron.

El Arca de la Alianza y las Tablas de los Diez mandamientos, juntamente con otras reliquias a las que se les atribuyen poderes divinos, permanecieron allí hasta que el templo fue saqueado por Nabucodonosor II, en el año VI antes de Cristo. Estos objetos mágicos, así como las riquezas, pudieron ser ocultadas por los creyentes y diseminadas por Israel y Babilonia. También pudieron ser escondidas en el propio templo. O devueltas a él años después. Estas son las hipótesis más creíbles sobre lo que ocurrió con el tesoro del rey Salomón.

El poder de las reliquias

Es importante, antes de avanzar en la relación de los templarios con el Templo de Salomón, que entendamos la importancia que se les concedían a las reliquias en aquel momento. Había una auténtica fiebre por tener una, pues se les otorgaban poderes sanadores y mágicos, y más allá de los grandes objetos que aparecen en la Biblia, se compraba cualquier objeto o parte del cuerpo que hubiera pertenecido a un santo.

En la Edad Media el tráfico de reliquias era algo normal. Desde nuestro punto de vista actual es algo muy llamativo, pero en aquella época estaba muy arraigado a la fe cristiana. Las reliquias son los restos de mártires o santos y tenemos de dos clases: las pertenecientes al físico del individuo santificado como huesos, cabellos o incluso tejido orgánico, y por otro lado cualquier objeto que poseyera el santo en cuestión o que estuviera relacionado con su historia de martirio y sacrificio por la fe. Estas reliquias se conservaban en recipientes especiales llamados relicarios, que se colocaban en lugares destacados en las iglesias o ermitas, ya fuera en la capilla o cerca del altar. Así los fieles podían rezarle al santo y a su reliquia para pedirles gracias y, de algún modo, hacerles homenaje por su sacrificio.

Los cristianos les concedían poderes divinos y había una severa competencia entre diócesis para poseer las reliquias más preciadas, pues significaba que muchos viajarían grandes distancias para visitarlas y peregrinar hasta el lugar en que se hallaban. entre las más preciadas estaban las que se hallaban en Santiago de Compostela o en Roma, pertenecientes a los apóstoles Pedro y Pablo, por ejemplo.

Esa ansia de poseer un objeto con poderes mágicos incentivó un comercio en que se estableció un auténtico ránking de reliquias en función de su valor. En el número uno destacado estaban, cómo no, las relacionadas con Jesucristo, seguidas de cerca de las de los apóstoles y los restos de los santos más populares de la época o del lugar. Dentro de esta clasificación valían más, por ejemplo, un cuerpo entero, una cabeza, brazos, falanges y órganos vitales que otros como restos de ropajes o alguna posesión del martirizado por los herejes. Se establecía una relación clara entre lugares con menos reliquias y el poder económico o político de ese lugar. En las grandes urbes donde residía ese poder disfrutaban de varias reliquias de alta posición en ese particular ránking.

Las reliquias se sacaban en procesión en días señalados y se guardaban como oro en paño en las iglesias en sus relicarios. Sólo accedían directamente a ellas los próceres de la Iglesia y los nobles, previo pago por el privilegio. Con ellas se consagraban altares, se bendecían casas, campos, personas, animales, etc. Cada diócesis tenía su importante partida de presupuesto para conseguir reliquias y los clérigos las rastreaban por todo el mundo conocido en busca de la más preciada. La gente de a pie también intentaba conseguir su propia reliquia que protegiera con su poder divino sus posesiones y familiares. Las llevaban al cuello o en el bolsillo para que les libraran de todo mal. Sanaban al enfermo, daban suerte y, lo más importante, te acercaban a lo divino y a la salvación eterna. Con una demanda tan grande, no es de extrañar que la mayoría de oferta de reliquias acabaran siendo falsas.

Esa fiebre de la reliquia nos sirve para contextualizar la importancia que adquirió encontrar el tesoro del Templo de Salomón, que supuestamente tenía las reliquias más preciadas, las que más poderes sobrenaturales poseían, las que más valor tendrían en el mercado.

En busca de reliquias y riquezas

No es de extrañar, por tanto, que los templarios buscaran ese tesoro. Todo cuadra: poderosos nobles quieren recuperarlo y tienen pruebas de que se encuentra en el Templo de Salomón. Utilizan sus influencias para que les ubiquen en el lugar en el que creen que se encuentra, ya sea con la complicidad de los gobernantes de Israel, que podrían estar informados de sus intenciones, o simplemente ceder a las peticiones de los nobles europeos sin conocerlas.

¿Qué es lo que querían encontrar? Aquí tenemos dos posibilidades. Una es la material. El botín era de ensueño y hubiera llenado las arcas de cualquier monarquía o de cualquier señor feudal confiriéndole gran poder. Pero también existe otra explicación que se aparta del vil metal y la codicia. En una época de gran fervor religioso como la que se vivía, encontrar las reliquias religiosas e impedir que fueran profanadas era una misión que muchos abrazaron sin preguntar y a la que encomendaron sus vidas. Y de aquí surge una vertiente más esotérica: la posibilidad de que esos objetos místicos tuvieran facultades que pudieran ser una fuente de conocimiento, de revelación o simplemente de poder. En este punto se ahondará a lo largo del libro, porque podría ser una de las grandes motivaciones de los templarios, a quienes siempre se les ha relacionado también con otro objeto sagrado: el Santo Grial.

Las excavaciones fueron, por tanto, la ocupación de los fundadores de la orden. De eso no queda ninguna duda gracias a las excavaciones arqueológicas. Los templarios excavaron en la explanada del templo y encontraron la Puerta de Hulda al lado de lo que un día fueron los establos del rey Salomón. Descubrieron, debajo de muchas capas de escombros, ocultas bajo las ruinas de siglos, algunas cámaras subterráneas que a todas luces no eran cuevas naturales, pues la evidencia era clara en cuanto a que habían sido excavadas por el hombre.

En el siglo XIX dos arqueólogos, Charles Warren y Charles Wilson, estudiaron e hicieron planos detallados de las cámaras bajo el Monte del Templo de Jerusalén que siguen siendo consultados en la actualidad, lo que lleva a muchos investigadores a afirmar que aún siguen habiendo ocultas bajo ellas galerías, salas y túneles inexplorados, esperando a ser descubiertos.

El mapa del tesoro

¿Cómo sabían los templarios que el tesoro que buscaban se encontraba bajo el templo? Las excavaciones muestran que tenían claro el lugar adonde se dirigían. ¿Cómo decidieron que ese era el correcto?

La explicación puede hallarse en uno de los manuscritos del Mar Muerto, uno que es realmente diferente al resto de documentos hallados y que se conoce como el Rollo de Cobre.

Recordemos que la historia de los manuscritos del Mar Muerto se remonta a 1946, cuando casualmente un pastor beduino encontró en una cueva de Qumrán, en Israel, a las orillas del Mar Muerto, siete manuscritos. Serían la punta de lanza de unos de los descubrimientos más revolucionarios de la arqueología moderna. Durante una década se hallaron 972 manuscritos en once cuevas de la región.

Están escritos en hebreo, arameo y griego y datan desde 250 a. C hasta 66 d. C., y en su mayoría están compuestos por copias de la Biblia hebrea y escritos sobre las costumbres sociales de la época. Lo curioso es que hay algunos documentos interesantes que por alguna razón no fueron incluidos en la Biblia. Las costumbres sociales descritas en los manuscritos también permiten explicar los textos sagrados desde una perspectiva diferente a la que han dado los rabinos y la Iglesia católica a sus seguidores. Se cree que los manuscritos del Mar Muerto pertenecían a los esenios, una secta judía con normas bastante estrictas. Algunas hipótesis aseguran que Jesucristo perteneció a esta comunidad, aunque este punto sigue provocando muchos enfrentamientos entre los diferentes investigadores. Pero lo que aquí nos importa es el Rollo de Cobre, que es como popularmente llamaron al documento nº 3Q15 que se descubrió en 1952. El primer detalle que llama la atención es el material de cobre mezclado con un 1% de estaño que lo aparta del resto de documentos hallados en las inmediaciones, que están realizados o en papiro o en cuero.

La lengua también lo separa del resto de los vestigios hallados. «La cuestión idiomática también distingue al Rollo de Cobre de los otros manuscritos. Si estos fueron escritos en un hebreo que se puede catalogar de bíblico, el que nos ocupa está en una variante llamada *mishná*, de naturaleza más bien jurídica. Por ello, la ortografía es poco común, con elementos alfabéticos y estructurales griegos, y la técnica de escritura presenta unas formas características, resultado de haber sido aplicadas con cincel. Además, se cree que es una copia realizada por un amanuense que no dominaba la lengua original, de ahí las numerosas confusiones registradas y los problemas para los investigadores actuales», mantiene Jorge Álvarez en el artículo «El Rollo de Cobre, el manuscrito del Mar Muerto que es el mapa de un tesoro oculto» publicado en *Magazine Cultural Independiente*.

Todas estas peculiaridades no son nada en comparación al contenido del Rollo de Cobre. Este, básicamente, es un inventario del tesoro del templo del rey Salomón en el que se describen todas las riquezas y su ubicación exacta. Fue escrito entre 25 y 75 d. C y no poder ubicar la fecha exacta añade una nueva dificultad a la resolución del enigma. En el año 70 d. C el emperador romano Tito destruyó el Segundo Templo de Salomón, por lo que el rollo podría referirse a donde estaban los tesoros antes de su demolición o donde se escondieron para que no fueran encontrados.

Los especialistas tampoco coinciden en otros detalles básicos. Algunos consideran que el documento habla de el Primer Templo de Salomón mientras que otros creen que alude al Segundo.

El documento es muy pormenorizado: se presentan 64 emplazamientos en los que se detallan los tesoros que se encuentran en este enclave. Algunos son objetos sagrados, otros grandes cantidades de oro y de plata. Los analistas han contabilizado que podrían alcanzar hasta 174 toneladas. También se ha calculado que ese tesoro ascendería en la actualidad a mil millones de dólares. Evidentemente, desde el descubrimiento del Rollo de Cobre se han buscado los enclaves citados, pero se trata de una labor muy ardua. Como se ha dicho, no se acaba de dilucidar si se hace alusión al Primer o al Segundo Templo de Salomón. Después, el resto de lugares citados en el siglo I han cambiado completamente de nombre y resulta difícil situarlos en el mapa.

Tal y como cita Javier Navarrete, descripciones como «En la ruina que hay en el valle Acor, bajo las escaleras que van al este» son realmente difíciles de ubicar. Para empezar, el Valle de Acor aparece reseñado en las Sagradas Escrituras, pero no se ofrece ningún dato que sirva para situarlo en el mapa. De hecho, para algunos intérpretes de la Biblia, no se trata de un lugar físico sino de una alusión metafórica a la esperanza.

Sin embargo, y aquí viene lo más interesante, algunos lugares sí que han sido ubicados. ¿Y qué se ha encontrado en ellos? Excavaciones hechas alrededor del siglo XII y atribuidas a los templarios. Por tanto, los caballeros de la orden podrían haberse hecho con el tesoro.

Los manuscritos del Mar Muerto aun encierran muchos misterios por resolver.

Custodios de objetos sagrados

El interés de los templarios por las reliquias es algo probado históricamente, por lo que no resulta descabellado que siguieran buscándolas más allá de lo que ha quedado demostrado. Uno de los datos que demuestran ese interés es que fueron los custodios de la Vera Cruz. La cruz en la que Cristo fue crucificado.

Esta reliquia había sido encontrada por Helena de Constantinopla en el siglo IV, justamente cuando se descubrió el Santo Sepulcro, que fue la razón por la que se inició la Primera Cruzada. Cuentan los escritos de la época que halló tres cruces y tuvo que decidir cuál era la del hijo de Dios. «La manera de descubrirlo tuvo diversas explicaciones sobrenaturales. Se dice que por allí pasaba el cortejo fúnebre de un joven y que hicieron depositar el cadáver sobre cada una de las cruces. En dos de ellas no ocurrió absolutamente nada, pero al colocarlo sobre la tercera el difunto resucitó, por lo que se corroboró que aquella cruz era la verdadera. Otra versión cuenta que una mujer se hallaba agonizando en ese momento y que al tocar la reliquia de la Vera Cruz, quedó sanada de inmediato», recoge Alberto Menéndez Engra en su estudio *La sagrada reliquia de la Vera Cruz, ¿mito o realidad?*.

Durante los siguientes siglos la cruz les fue arrebatada a los cristianos, lo que provocó nuevas guerras para recuperarla.

El general persa Cosroes II tomó la ciudad de Jerusalén hacia el año 614 y parece ser que se quedaron con la reliquia. 15 años después, en 629, el emperador Heraclio de Bizancio recuperó la Vera Cruz al reconquistar la urbe, pero solo nueve años más tarde, en 638, los árabes volvieron a hacerse con el control de la Ciudad Santa, quedándose de nuevo la supuestamente poderosa reliquia. A partir de aquí, los hechos son un poco confusos y tenemos que hacer un salto de cuatro siglos, al año 1009, cuando el califa fatimí Al-Hákim ordena incendiar el templo cristiano donde se hallaba custodiada la Vera Cruz, que supuestamente desapareció consumida por un fuego nada divino. Un poco más tarde, en 1099, la Primera Cruzada (1096-1099) conquista la Ciudad Santa de Jerusalén y aquí hay que atenerse a las leyendas que cuentan que algunos caballeros templarios rescataron un fragmento de la reliquia que, milagrosamente, no sucumbió a las llamas. Aquel fragmento, fuera real o no, se convirtió en la reliquia más sagrada del Reino Latino de Jerusalén, uno de los estados cruzados de nuevo cuño en Tierra Santa que surgieron después del final de la Primera Cruzada. Los cristianos, recuperada su santa Vera Cruz aunque fuera solo en parte, creían que gracias a ella sus enemigos musulmanes se rendirían ante ellos, pues el poder divino volvía estar de su lado.

Provoca cierta extrañeza que una orden recién constituida se encargara de custodiar las reliquias más valiosas de la cristiandad. Además, desde que los templarios llegan a Jerusalén empiezan a aparecer reliquias hasta de debajo de las piedras e, incluso, se ubican lugares santos. No solo se recuperaban Jerusalén y el resto de los Santos Lugares por los que vivió y predicó Jesús, sino también sus reliquias más preciadas, aquellas que habían estado presentes en la Pasión y que habían estado en contacto con el cuerpo y con la sangre de Cristo: la Vera Cruz, la Sabana Santa, la Santa Lanza, la Corona de Espinas... Y se identificaron lugares bíblicos como la casa de Simeón con el lecho de la Virgen, una iglesia en el solar de la casa de los padres de María, el aljibe donde José y María encontraron a Jesús en Jerusalén... ¿Qué más se podía pedir?

La información que permitió dar con estos hallazgos bien podría ser la que se encontraba en el Rollo de Cobre y que los templarios conocían. Si la orden encontró el tesoro del rey Salomón, esto justificaría su vertiginoso ascenso, que de nueve miembros pasaron a ser una legión que gozó con privilegios inauditos para la época. El dinero del tesoro pudo garantizarles el éxito. Aunque otras teorías apuntan a que los objetos con poderes mágicos también podrían ser la causa de su triunfo.

¿HUGO DE PAYNES O HUG DE PINÓS?

La historia ha considerado que el fundador de los templarios era Hugo de Paynes (1070-1136) , un francés vasallo del conde de Champagne. Pero recientemente han surgido nuevas informaciones que apuntan a que podría tratarse de un noble catalán que respondería al nombre de Hug de Pinós. La similitud de sendos nombres podría haber provocado una confusión.

Escultura de Hugues de Paynes en el conjunto escultórico en memoria de Bernardo de Claraval (1847) en la plaza de Saint-Bernard de Dijon.

Documentos hallados en 1622 y en el siglo XVIII arrojaron dudas sobre el origen del fundador de la Orden del Temple. Lo que se sabe a ciencia cierta es que Hug de Pinós existió, perteneció a una familia noble del Pirineo Catalán, fue un personaje muy influyente y estuvo estrechamente relacionado con los templarios. También se tiene constancia de que el noble participó en la Primera Cruzada con otros aristócratas de la Cerdaña y el Rosellón. Y hay una significativa prueba de ello: en su regreso se trajo una misteriosa cruz bizantina de madera repujada en plata que no es propia de la región y que sin lugar a dudas procede de Jerusalén.

También hay otro detalle destacable que se ha comentado anteriormente. Cuando Hugo o Hug ascendió a Gran Maestre, el conde de Champagne, que era su señor, ingresó en la orden como su vasallo. El hecho de que un señor pasara a ser un vasallo era algo inaudito en la jerarquía social de la época. En cambio, si Hugo no hubiera sido vasallo suyo sino un noble catalán, no hubiera habido ningún problema.

¿El primer y más importante templario era catalán?

Pinós y sus descendientes colaboraron activamente en la causa templaria, sobre todo sufragando sus gastos y concediéndoles tierras. Sus descendientes siguieron con esta política y cedieron, a lo largo de generaciones la montaña de La Palomera, la quinta parte de la ciudad de Tortosa, el Castillo de Horta y otros muchos enclaves más que impulsaron a la orden del Temple.

También se sabe que la familia Pinós captó la atención del Conde de Barcelona, Ramón Berenguer IV, posibilitando una reunión entre el mandatario y los templarios en Girona en 1170 que concluyó con la cesión de territorios y privilegios. La similitud entre el nombre de Hugo y Hug y los apellidos, así como la vinculación de los nombres catalanes a la causa templaria ha hecho que esta hipótesis gane cada vez más enteros.

LA HISTORIA DEL SANTO SEPULCRO

La recuperación de este lugar santo preocupó tanto al papa Urbano II que se embarcó en una Guerra Santa que se saldó con miles de víctimas a lo largo de dos siglos. La importancia que se le concedía es que se consideraba el lugar en el que fue enterrado Jesucristo y desde el que resucitó. Esto lo convierte en un lugar de culto, pero para algunos contenía también poderes místicos.

Pero empecemos por el principio. El lugar fue destruido en el año 70 y en él se edificó un templo romano. Los cristianos fueron durante siglos perseguidos por los romanos hasta que el emperador Constantino el Grande se convirtió al cristianismo y legalizó el culto. Por entonces, envió a su madre, Helena de Constantinopla, a buscar la tumba de Jesús. Encontró un lugar, con tres cruces, que consideró que sería donde tuvo lugar el Calvario. Así que mandó derruir el templo pagano y entre las ruinas halló una tumba, que se consideró el Santo Sepulcro. En 335 construyeron la Iglesia dedicada a la resurrección de Cristo.

Como ya se ha explicado, la iglesia fue destruida por los fatimí, que luego la reconstruyeron y el lugar de culto fue tomado por los turcos selyúcidas, que oprimieron a los cristianos impidiéndoles la peregrinación. Esta fue la razón que provocó la Primera Cruzada, que se saldó con la recuperación del Santo Sepulcro.

Las siguientes Cruzadas parecen como el juego del gato y el ratón. Los árabes conquistan Jerusalén y los cristianos se dirigen a rescatar el Santo Sepulcro con resultados desiguales. En la Segunda los cristianos volvieron con la cola entre piernas y una derrota sobre los hombros. Una situación similar a la que lograron con la Tercera, que si bien consiguió conquistar algunos territorios de la zona, no les permitió hacerse con la Ciudad Santa. En la Cuarta conquistaron Constantinopla y en la Quinta empezaron con algunos éxitos en la campaña egipcia que finalmente se tornaron fracasos. Así las cosas, Jerusalén y el Santo Sepulcro no se recuperaron hasta la Sexta Cruzada y en esa ocasión no se hizo por la fuerza de las armas sino mediante una negociación diplomática. La Séptima empezó bien, pero acabó en derrota de nuevo. Y las siguientes sellaron la derrota cristiana.

El Santo Sepulcro, el lugar donde se enterró a Jesucristo y donde después resucitó.

¿Cuál es la situación de este lugar por el que tanta sangre se ha derramado en la actualidad? Es, como mínima, curiosa. Desde la Tercera Cruzada, la custodia de la llave del Santo Sepulcro está en manos de una familia árabe. Cada tarde, representantes de seis diferentes cultos cristianos se encierran en la basílica. Al día siguiente, antes de que salga el sol, un musulmán les echa la llave por una ventana para que vuelvan a abrir las instalaciones (de cinco de la mañana a nueve de la noche).

Este curioso método se ha convertido en una atracción turística, pero también en una forma de garantizar el buen entendimiento, no solo entre árabes y cristianos, sino también entre las diferentes ramas de estos últimos. Están divididos en griegos, armenios, etíopes, sirios, coptos y franciscanos y ocupan siempre la misma parte del templo para garantizar su representación dentro del cristianismo e impedir que el resto se imponga.

KNIGHT · TEMPLAR

KNIGHT · TEMPLAR

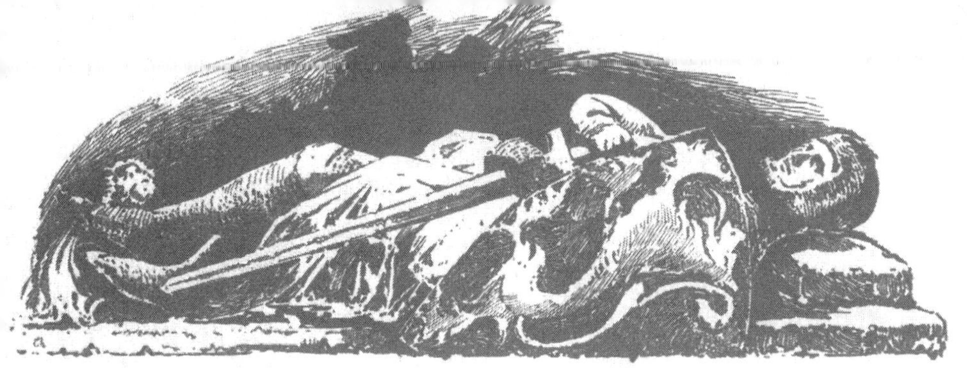

CAPÍTULO 2
EL AUGE IMPARABLE DE LA ORDEN

En el capítulo anterior dejamos a un grupo de nueve templarios en Jerusalén que durante casi una década no tuvieron ninguna relevancia pública. Por ello, ha ganado enteros la hipótesis que durante ese periodo de tiempo su misión fue encontrar las reliquias más buscadas de la cristiandad que podrían ubicarse en el Templo de Salomón.

Lo que ocurre a partir de ese momento y que trataremos a lo largo de las próximas páginas es absolutamente sorprendente. La recién constituida Orden se convierte en la más influyente de su época y probablemente de la historia. Reyes, nobles, la curia eclesiástica y hasta el propio papa le confieren un poder que ninguna Orden había tenido antes y que nunca tendrá posteriormente. Los templarios son prácticamente intocables y dependen directamente del papa. No tienen que seguir las órdenes de ningún gobierno ni tampoco de cardenales ni obispos. Se puede afirmar que son la primera organización trasnacional de la historia.

Sus riquezas crecen exponencialmente en escasos años, llevan a cabo préstamos que les hacen valedores de muchos favores, reciben donaciones de monarcas y nobles, en sus filas ingresan poderosas figuras de la época. Trivializando, se podría decir que ser templario está de moda. La figura del monje guerrero, que podría parecer contradictoria, se convierte en un ideal admirado que muchos quieren seguir.

Estar cerca de los templarios otorga prestigio y poder.

¿Cómo es posible que solo nueve miembros consiguieran llevar una idea tan lejos? ¿Fue únicamente la fascinación que despertó su propuesta? Seguramente, esto tuvo cierto peso, pero el éxito abrumador también podría deberse a otros factores que analizaremos en este capítulo.

La necesidad de seguridad

El éxito de la Primera Cruzada fue abrumador, se conquistaron territorios, más allá de Tierra Santa, que habían pertenecido a diferentes ejércitos islámicos. Pero los cruzados se fueron tras la contienda y el problema era cómo garantizar que las tierras conquistadas no volvieran a perderse. El *leitmotiv* de la batalla había sido la conquista de Jerusalén y en concreto que los peregrinos cristianos pudieran acceder al Santo Sepulcro. Sin embargo, muchas regiones colindantes seguían en manos del Islam y la guerra había avivado el odio. Regiones y credos que hasta el inicio de las cruzadas habían convivido en armonía, se habían enemistado por el cruento derramamiento de sangre que supuso la contienda. La convivencia apacible que reinaba en muchas regiones se truncó abruptamente y el odio racial y religioso fue la moneda de cambio.

Por ello, era difícil que los peregrinos que en su camino se adentraban en regiones que habitaban musulmanes pudieran sentirse seguros. Y más allá de esto, también había multitud de ladrones o bandidos que habían surgido como consecuencia de una guerra destructiva que había sembrado innumerable pobreza en la región.

Las noticias del pillaje cometido con los cristianos circulaban rápidamente, creando un estado de inseguridad y avivando el odio. Y algunos sucesos hicieron que los templarios aparecieran en el momento adecuado para fundar la Orden de los Templarios. Sucedió en el mes de abril de 1119, en la Semana Santa de ese año. Un grupo de unos setecientos peregrinos, sin escolta y desarmados, salió de Jerusalén en dirección al valle del río Jordán. Los musulmanes de la zona los avistaron, los capturaron y asesinaron a casi la mitad, mientras que el resto fueron vendidos como esclavos en diversas ciudades.

Dos meses más tarde, el 18 de junio, el ejército árabe de Alepo derrotaba a los cruzados de Antioquía en la batalla de Samada, un lugar que desde aquel momento los cristianos conocerían como "el Campo de la Sangre". Los cristianos se vieron compelidos a responder y tal vez esa reacción se concretó en la creación de la Orden del Temple.

Este tipo de noticias, que indignaba a la población, hizo que los templarios fueran vistos como auténticos héroes que cuidarán del pueblo. Su imagen fue mitificada desde sus orígenes. Tal y como escribió Jacques de Vitry en 1220: «En tanto ricos y pobres, jóvenes y doncellas, ancianos y niños acudían a Jerusalén desde todas partes del mundo para visitar los Santos Lugares, bandidos y salteadores infestaban los caminos públicos, tendían emboscadas a los peregrinos que avanzaban sin desconfianza, despojando a gran número de ellos e incluso masacrando a otros. Unos caballeros, amados por Dios y sacrificados a su servicio, renunciaron al mundo y se consagraron a Cristo. Mediante profesión de fe y votos solemnes pronunciados ante el patriarca de Jerusalén, prometieron defender a los peregrinos contra los grupos de bandoleros, proteger los caminos y servir como caballería al rey. Observaron la pobreza, la castidad y la obediencia según la regla de los canónigos regulares. Los principales de entre ellos eran dos hombres venerables y temerosos de Dios, Hugo de Paynes y Godofredo de Saint-Omer. Al principio solo fueron nueve los que tomaron tan santa decisión, y durante nueve años sirvieron con hábitos seculares y se vistieron con las ropas que les daban los fieles a modo de limosnas. Y como no tenían ninguna iglesia de su propiedad, ni una residencia estable, el rey les cedió una pequeña vi-

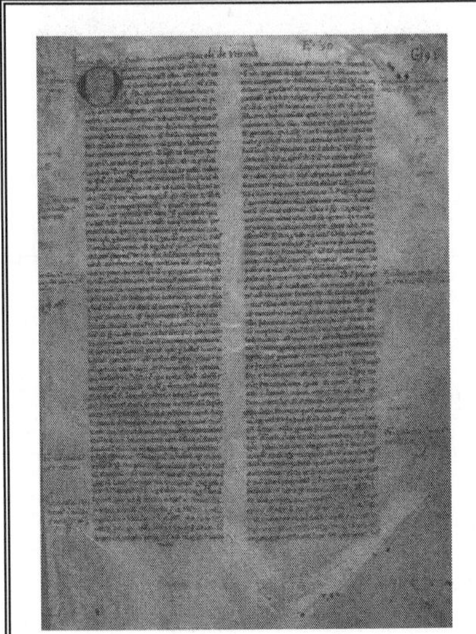

Página del manuscrito Sermones Vulgares *de Jacques de Vitry.*

vienda en una parte de su palacio, cerca del Templo de Señor. El abad y los canónigos del Templo les entregaron también la plaza que ellos tenían junto al palacio real. Y como desde entonces tuvieron su morada cerca del templo del Señor, fueron denominados en adelante caballeros del Temple.

Está claro que Vitry, que escribe un siglo después de que se creara la Orden, mitifica su origen. Y este tipo de historias, con algo de verdad y bastante maquillaje, con las que han llegado hasta nuestros días. Pero lo que está claro es que existía una necesidad: garantizar la seguridad de los peregrinos y los templarios, como se suele decir, estaban en el momento oportuno y en el lugar preciso para conseguir el miedo en éxito.

La idea de crear una Orden de monjes guerreros cuajó rápidamente en las cortes europeas, seguramente gracias a una estudiada estrategia que llevaron a cabo los fundadores.

De vuelta a Europa

En 1127 una delegación de templarios viajó hacia Europa. Aquí volvemos a las inexactitudes: no se sabe cuántos. En algunos documentos aparecen cinco y en otros nueve, lo que ha hecho especular sobre la posibilidad de que algunos de ellos tuvieran misiones secretas. El viaje tenía un objetivo definido: conseguir que el papa les permitiera constituirse como Orden. Contaban con muchos apoyos: el del rey de Jerusalén, el de conde de Champagne y de Bernardo de Claraval, el santo más influyente de la Edad Media al que retomaremos más adelante por su importancia en el movimiento. Los caballeros de la Orden también tenían una misión diplomática: el rey Balduino II de Jerusalén les había encomendado que convencieran a Fulco de Anjou, que era uno de los patrocinadores de los templarios, de que aceptara casarse con su hija, Melisenda, una princesa armenia que era la heredera del trono. Esa unión contaba también con el beneplácito del rey Luis VI de Francia. Los caballeros del Temple consiguieron este objetivo y un año después se celebraría la boda que convertiría a uno de los principales valedores de la Orden en rey de Tierra Santa.

Todo parece indicar que la primera parada que llevó a cabo la delegación fue el Vaticano. Aunque no hay documentación que lo acredite, la mayoría de historiadores aceptan que Hugo de Paynes se entrevistó con el papa Honorio II en Roma, y que allí se trazó la estrategia para la oficialización de la Orden con todos los honores. De ser así, los templarios no perdieron el tiempo en ceremonias y en 1128 ya estaban recorriendo los reinos cristianos para ganar adeptos a su causa exhibiendo la incorporación a la Orden del conde Hugo de Champaña, los salvoconductos y cartas de recomendación de Balduino II y tal vez los certificados de beneplácito de Honorio II. Los nueve templarios se repartieron las visitas a los reinos cristianos a lo largo de todo el 1128. De Paynes recorrió Inglaterra y Escocia, Godofredo de Bissot se ocupó de Provenza, Hugo de Rigaud de los reinos hispanos y Andrés de Montbard, probablemente el más convincente de todos ellos, visitó a Bernardo de Claraval, a quien se le pidió ayuda en su condición de figura más relevante y prestigiosa de la Iglesia.

Fuera por los documentos y apoyos que los acreditaban, el nivel social de los caballeros o por su capacidad de convicción, lo ciero es que este “tour” templario fue un éxito rotundo: en ese mismo año de 1128 se consiguieron donaciones del reino de Portugal y una muy buena acogida en Francia, León, Castilla, Aragón e Inglaterra. No faltaron tampoco caballeros que, ilusionados con esta santa misión, se alistaron a las filas de la Orden.

El Concilio de Troyes

Ahora solo faltaban dos cosas: el permiso eclesiástico para constituirse en Orden y una regla, una serie de preceptos que tendrían que cumplir todos sus miembros. Para ello se convocó el Concilio de Troyes, en enero de 1129. El enclave era propicio, pues pertenecía a la región de la Champagne, cuyo conde, como ya se ha explicado anteriormente, estaba muy ligado a los templarios y se jugaba la posible corona del reino de Jerusalén.

En la época era muy habitual que se convocaran concilios para tratar diferentes aspectos de la historia sagrada o de la organización eclesiástica. Sin embargo, aquel solo tenía un tema en la Orden del día: la aprobación de la Orden del Temple, lo cual es ya un indicativo de la importancia que se le otorgaba a esa cuestión. El Concilio de Troyes no deja duda del poderío que habían conseguido en breve tiempo los templarios, que contaban con el apoyo entusiasta del papa y de Francia, así como de buena parte de las noblezas europeas.

Hugo de Paynes expuso el propósito de la Orden y las costumbres que habían seguido hasta el momento, que fueron acogidas por el cónclave. Después se impuso la redacción de unas reglas que regirán la vida de los caballeros templarios.

El tipo de Orden imponía cambios totalmente novedosos, pues nunca antes se había constituido una cofradía de monjes guerreros. Por ejemplo, en la mayoría de reglas se incluía el ayuno, sin embargo, en este caso no era factible ya que sin una buena alimentación, los templarios no podrían combatir.

En este sentido, la constitución de los templarios planteaba dilemas que solo se pueden entender comprendiendo la organización social de la época. Entre numerosos intelectuales eclesiásticos (como Gerardo de Cambray hacia 1024 o el obispo Adalberón de Laón hacia 1030), en el siglo X y en el principio del XI se había acuñado un axioma que defendía y justificaba la división de la sociedad en tres órdenes: los clérigos, rezaban; los caballeros, luchaban y los campesinos, trabajaban. Ese era el orden divino de las cosas de este mundo y no se podía alterar de ningún modo. Pero la aparición de los templarios vino a quebrar ese esquema social, porque esos roles se alteraban, pues los templarios rezaban y luchaban a la vez, e incluso, si eran castigados por alguna falta, podían llegar a trabajar con sus manos.

Esto fue una auténtica revolución y tal vez la puerta de entrada de algunas innovaciones que acabaron por beneficiar mucho a los templarios y concederles un poder casi sin límites en la época. Los templarios no fueron la primera milicia religiosa de la historia, pero sí la primera institución cristiana que hizo compatible la oración y la espada en un mismo individuo.

La primera sociedad transnacional

La regla presentó múltiples innovaciones nunca antes vistas. Como en el resto de congregaciones se incluyó el celibato y la pobreza, pero sobre este último punto se dieron excepciones que marcaron una diferencia abismal con el resto. Los templarios podían disponer de los botines que arrebataran a los infieles para su Orden. Esto es comprensible, ya que los caballeros del Temple necesitaban adquirir armamento de guerra, caballos y demás bienes que los que pertenecían a un convento no precisaban. Sin embargo, el favoritismo se ve en el hecho de que se les exima del diezmo, el impuesto a pagar a la iglesia, que suponía un diez por ciento de lo que tuvieran. Esta es la clave que les permitió amasar riquezas sin tener que rendir cuentas a nadie.

Por otra parte, también es lo que hizo que la Orden fuera terriblemente atractiva para captar nuevos miembros. Pese al voto de pobreza a los templarios no les faltaría de nada. Tal y como constata Michel Lamy en el libro *La otra historia de los templarios* (Editorial Martínez Roca, 2005): «Los caballeros cultivaban la pobreza personal, pero la propia Orden se veía conferir todas las posibilidades de convertirse en extremadamente rica, y en cierto modo rica en detrimento del resto de la Iglesia, puesto que se hallaba exenta del diezmo. Esto estaba justificado por la necesidad para la Orden de mantener una verdadera milicia en Tierra Santa, pero, al propio tiempo, por el hecho de ser una Orden militar con lo que ello representa en términos de poder, lo cual podría parecer como un privilegio suplementario».

Sin lugar a dudas la regla que salió del Concilio de Troyes les diferenció del resto de órdenes fue la que les confirió una libertad total. Únicamente tenían que rendir cuentas al papa. No estaban sujetos ni a las leyes de los reinos ni a las de la jerarquía eclesiástica. Esta independencia fue la más envidiaba por el resto de congregaciones y también la que posibilitó su rápido crecimiento.

Tal y como reseña Lamy: «Se autorizaba a los templarios a conservar íntegramente para ellos el botín cogido a los sarracenos, ponía a la Orden bajo la única tutela del papa, permitiéndole así escapar a cualquier otra forma de poder de la Iglesia, incluido el del patriarca de Jerusalén. Cuando sabemos, por ejemplo, que el nombramiento de los obispos dependía muy ampliamente del rey y del poder político en general, se comprende la importancia de una medida semejante, puesto que protegía a los templarios de toda injerencia a este nivel y les concede en cierto modo un estatuto internacional. La bula confirmaba, además, que las posesiones de la Orden estaban exentas del diezmo; en cambio, con el acuerdo del obispo local, los templarios contaban con la posibilidad de percibir el diezmo en su provecho. El texto prohibía, por otra parte, someter a los templarios a juramento y estipulaba que únicamente los hermanos de la Orden podían tomar parte en la elección del Gran Maestre. La bula fijaba y congelaba los estatutos de la Orden y prohibía a cualquiera, eclesiástico o no, modificar nada de ella. Permitía, por último, al Temple tener sus propios capellanes, con quienes los frailes podían confesarse sin tener que recurrir a una persona de fuera de la Orden, construir capillas y oratorios privados. Además, eran los únicos en poder utilizar las iglesias y capillas de las parroquias excomulgadas.

Así, la Orden del Temple se veía disfrutando de una completa autonomía sin que nadie, a no ser el papa, si es que en realidad tenía poder para ello, pudiera llevar a cabo ninguna injerencia en sus asuntos. Esta independencia era real tanto en el terreno económico como en el de la organización militar o en el ámbito espiritual y ritual. Ocurrió todo como si se hubiera dejado en las propias manos de los templarios el preservar unos secretos ahorrándoles el tener que recurrir a nadie exterior a la Orden, incluso para hacer confesión. ¿No debe verse en ello, sino la prueba, sí al menos un indicio importante que confirma la existencia de un secreto de la Orden, sin duda en relación con unos descubrimientos hechos en Jerusalén?».

La pregunta que plantea Lamy es ciertamente pertinente. ¿Por qué tantos privilegios y, sobre todo, tantas posibilidades de guardar sus secretos?

El papel de san Bernardo

La mayoría de historiadores coinciden en que la regla que tanto favoreció a los templarios la redactó san Bernardo de Claraval. Está comprobado que el futuro santo estuvo en contacto con los templarios desde sus inicios.

Es de recibo que los caballeros fundadores del Temple no eran unos desconocidos para el abad de Claraval. Para empezar, tenían en común muchas cosas, pues eran miembros del mismo estamento social, compartían objetivos y además algunos de los templarios eran parientes próximos. Sin ir más lejos, Hugo de Paynes era su primo y Andrés de Montbard era su tío. Esta relación de parentesco no era nada extraña, dadas las relaciones matrimoniales, muy endogámicas, en los aristócratas de la época.

La importancia que adquirió san Bernardo en la cristiandad fue abrumadora, por lo que conviene detenernos para conocerlo en profundidad.

Bernardo de Fontaine (1090-1153), que fue canonizado en 1174, era el tercer hijo de una familia de la nobleza baja. Su destino era el de enrolarse como mercenario o entrar en un convento. Era un hombre de constitución frágil, por lo que optó por lo segundo. Pero

Milagro de san Bernardo, *de Alejandro de Loarte.*

el espabilado Bernardo tenía claro que él no iba a ser un monje más. Entró en 1112 en la Orden del Císter y su capacidad de oratoria y sus buenos contactos con otros nombres de la Champagne le procuraron un ascenso meteórico; en 1115 era abad del monasterio de Clairvaux y se encargó de propagar la Orden a la que pertenecía. Tenía una personalidad arrolladora y no solo fundaba monasterios y extendía el Císter por Europa, sino que mantenía una constante correspondencia con papas, reyes y obispos, a quienes asesoraba. Su faceta literaria la enfocaba en escribir tratados de teología. Además de toda esta frenética actividad, batallaba activamente contra cualquiera que considerara enemigo de la Iglesia. Su fama creció de manera vertiginosa y enseguida se magnificó su persona, pues entre la plebe se decía que era capaz de realizar los más asombrosos prodigios, que enseguida se convirtieron en milagros. Todo ello venía envuelto en una aureola de santidad que él mismo se encargaba de potenciar mediante la austeridad y un marcado sentido piadoso en todas sus acciones.

De todos modos, existen otras interpretaciones sobre su trepidante ascenso, como la que ofrece Javier Navarrete en el artículo *El misterioso origen del Temple*. «Bernardo se presentó en la puerta del convento del Císter encabezando un nutrido grupo de familiares y amigos, que postulaban también para novicios, entre ellos un tío y cuatro hermanos de Bernardo. El cohesionado grupo reconocía como jefe a Bernardo más que al propio abad del monasterio, Esteban Harding, lo que generó algunos problemas de liderazgo. Para resolverlos, apareció la omnipresente mano del conde Hugo I de Champagne, quien dos años más tarde donó a Bernardo unas tierras en Clairvaux para que construyera un nuevo monasterio».

San Bernardo fundó innumerables conventos con ayuda de sus patrocinadores, pero hay uno que resulta como mínimo sospechoso. Lo fundó en la localidad italiana de Seborga al poco de ingresar en la Orden del Císter. ¿Con qué dinero? Eso no se sabe. Lo que consta en los archivos es que allí se guardaba un «gran secreto». Y aún hay más, el convento quedó en manos de dos monjes llamados Gondemar y Rossal. Los mismos nombres, sin apellidos, que aparecen entre los nueve miembros fundadores del Temple. Este punto es realmente misterioso. ¿Qué es lo que guardó el abad en ese convento? ¿Y por qué los mismos que custodiaban el secreto formaron parte del grupo fundador de los templarios? Esto nos hace suponer que el secreto tenía estaba relacionado con la futura creación de la Orden. ¿Podría tratarse de una copia del Rollo de Cobre, ese mapa del tesoro del rey Salomón? Esta hipótesis parece la única que no dejaría ningún cabo suelto.

A todo ello hay que añadirle un detalle que demuestra la intención de potenciar y, sobre todo, de permitir mantener a salvo los secretos templarios. El papa que dictó la bula que permitió a la Orden del Temple únicamente tener que rendirle cuentas a él, fue dictada por Inocencio II. Este papa llegó al poder gracias a la intervención de san Bernardo. Por tanto, es lógico pensar que le debía un favor, que bien pudo pagar dotando a los templarios de una total independencia.

Donaciones y adhesiones por todas partes

Todo iba bien: las donaciones fluían sin cesar desde todas partes, las encomiendas que se fundaron a partir de 1129 en Europa florecían y crecían en propiedades, la red se extendía por toda la cristiandad, reyes y nobles favorecían ese crecimiento y el papado estaba dispuesto a hacer de la milicia templaria el brazo armado del que durante tanto tiempo había carecido.

El dinero de las donaciones y de las encomiendas en Europa se canalizó de manera constante hacia Tierra Santa, y los templarios pudieron edificar su poderosa red de fortalezas para la defensa del reino de Jerusalén y de las rutas que seguían los peregrinos. Gracias a ese flujo pudieron ser construidas las primeras fortalezas en Cisterna Rúbea (entre Jerusalén y Jericó), Bait Jubr at-Takhtani (junto al río Jordán) y la imponente Barg-Has (en el paso sirio).

Desde su constitución, los templarios habían pasado nueve años en Jerusalén sin contar con ningún triunfo y en un año, de repente, se convirtieron en la Orden más influyente de la época. Como mínimo resulta curioso y algo sospechoso.

Los templarios se habían convertido en unas auténticas estrellas de rock de la cristiandad. Tal y como los definía san Bernardo: «Los caballeros templarios son a la vez más mansos que los corderos y más feroces que los leones. Tanto que yo no sé cómo habría que llamarlos, si monjes o soldados. Creo que para hablar con propiedad, sería mejor decir que son las dos cosas, porque saben compaginar la mansedumbre del monje con la intrepidez del soldado».

Pero más tarde que pronto, los templarios tendrían que rugir y mostrar su parte más felina, pues se avecinaba una nueva guerra.

La Segunda Cruzada

El equilibrio geopolítico conseguido tras la Primera Cruzada era frágil pues la zona era un polvorín. Había una guerra declarada, la que llevó a las Cruzadas que enfrentaba al Islam contra la Cristiandad. Sin embargo, estos dos grupos no eran sólidos, estaban conformados por un conglomerado de diferentes facciones que se enfrentaban entre sí.

La Primera Cruzada tenía la intención de ayudar al Imperio Bizantino, pero acabó por crear cuatro estados cruzados: Antioquía, Edesa, Trípoli y Jerusalén, por lo que la tensión entre bizantinos y cruzados por el poder no permitió que fueran un bloque con un solo ideal.

En el bando islámico ocurría lo mismo: los turcos selyúcidas, los fatimí, los omeyas y otros califatos guerreaban también entre sí. No era extraño que se dieran alianzas puntuales entre cristianos y árabes para barrer a los enemigos comunes.

La situación era, por lo tanto, más que inestable, como acabó demostrándose el 24 de diciembre de 1144, cuando el señor mu-

sulmán de la ciudad de Alepo (que era la puerta a Siria), Imad ad-Din Atabeg Zengi invadió el estado cruzado de Edesa masacrando cruelmente a toda la población. Los escasos supervivientes fueron vendidos como esclavos.

La derrota indignó a Occidente, pues ponía de manifiesto la fragilidad de los estados cruzados. Y por otra razón que, como veremos más adelante, ratifica la teoría de que los templarios tenían un plan secreto. En Edesa se había encontrado la Síndone, la Sábana Santa o Santo Sudario, que era una de las reliquias más apreciadas y veneradas de la Cristiandad, el sudario con el que supuestamente se envolvió a Jesucristo tras la crucifixión y en que quedó impreso su rostro. La reliquia había sido llevada a Constantinopla, pero aún así la ciudad albergaba un valor bíblico.

Según crónicas de la época, la noticia llegó a Europa enseguida y causó una tremenda conmoción: Edesa había caído, y con ella se perdía la Sábana Santa, quizá la más grande reliquia cristiana. A pesar de haber sufrido alguna dolorosa derrota, los cruzados mantenían la posición en Tierra Santa e incluso habían incorporado algunos nuevos territorios, pero la pérdida de Edesa fue un duro golpe. Todas estas circunstancias provocaron que el papa Eugenio III llamara a la Segunda Cruzada. ¿Y a quién le encargó convocarla? Curiosamente a san Bernardo de Claraval, el gran defensor de los templarios.

La Sábana Santa

Antes de avanzar con los cruzados a Tierra Santa vamos a detenernos en la Síndone y en su relación con los templarios. Y para ello vamos a tener que viajar varias veces en el tiempo. Situémonos en el momento posterior a la muerte de Jesucristo. Por entonces se inició una implacable persecución a los apóstoles y san Pedro huyó a Antioquía (actualmente al sur de Turquía), que era un enclave mucho más tolerante. Allí se refugió y fundó la que se considera la primera iglesia en la llamada la Gruta de san Pedro.

El apóstol llevaba consigo las reliquias de La Pasión, puesto que él fue el primero que entró en el Santo Sepulcro tras la muerte de Jesucristo. Por ello, se cree muy probable que llevara consigo el sudario con el que se había envuelto al hijo de Dios antes de su resurrección. En la Sábana Santa estaba reflejado el cuerpo de Jesucristo, con

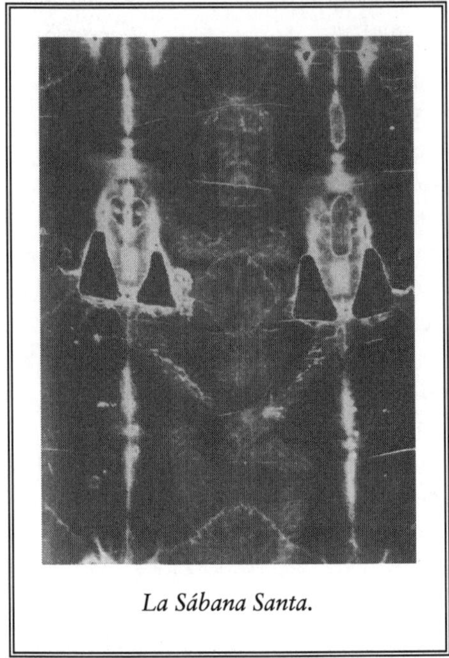
La Sábana Santa.

las heridas de la tortura a la que le habían sometido. A la Síndone se le otorgan poderes mágicos desde el principio. Se dice que la mujer de Poncio Pilatos la tocó e inmediatamente se convirtió al cristianismo.

Durante casi 500 años los cristianos establecidos en Antioquía vivieron en paz hasta que en el 540 los persas conquistaron el enclave por lo que huyeron a Edesa, una ciudad en la que convivían pacíficamente diferentes cultos. La leyenda de la Sábana Santa continúa durante aquella época hablando de curaciones milagrosas que se producen al tener contacto con ella.

El robo de la Síndone

¿Qué pasó con esta reliquia durante Las Cruzadas? Aquí viene lo más interesante de la historia: desapareció en la Cuarta Cruzada para volver a aparecer en Francia siempre en circunstancias relacionadas con los templarios. Tal y como recoge Pablo J. Ginés en el artículo publicado por *La Razón* el 6 de septiembre de 2009 bajo el título «Los templarios escondieron la Sábana Santa más de un siglo». «En 1204 la Cuarta Cruzada saqueó Constantinopla, y cientos de reliquias desaparecen de la corte y las iglesias bizantinas para ir reapareciendo luego en Occidente. Entre ellas, la Sábana Santa que, según la tradición bizantina, había envuelto el cuerpo de Cristo en el sepulcro. En 1353 la Sábana Santa vuelve a aparecer: está en una iglesia francesa, en Lirey, expuesta a la veneración de los fieles por donación de una familia descendiente del templario Geoffroy de Charney, quemado en la hoguera con el Gran Maestre de la Orden, Jacques de Molay, el 18 de marzo de 1314. ¿Dónde estuvo durante todo este tiempo? Ian Wilson, historiador de Oxford, sospechaba de los templarios, pero no tenía datos documentales».

Antes de proseguir, es necesario hacer una aclaración. El lugar donde aparece la Síndone no es casual. Lirey está en la región francesa de la Champagne, el lugar de donde provenían los fundadores de los templarios y su mayor área de influencia en Europa.

La confirmación de esta sospecha del robo por parte de los templarios llegó gracias a la investigadora histórica Barbara Frale que encontró en el Vaticano documentación sobre las pruebas con las que acusaron a los templarios de herejía a principios del siglo XII. Entre los rituales que se describen para imputarlos, destaca uno para el que parece que emplearon la Sábana Santa. «Arnaut Sabbatier, caballero francés de la Orden del Temple, compareció ante los inquisidores y les explicó cómo fue su ceremonia de ingreso en los templarios en 1287: como cualquier fraile hizo voto de pobreza, de obediencia y de castidad. Luego, sus superiores le llevaron a un lugar secreto, accesible solo a los hermanos de la Orden, le mostraron una larga tela de lino que mostraba la imagen de un hombre y le hicieron adorarlo, besándole tres veces los pies», se recoge en los documentos hallados en el Vaticano por la investigadora.

La reliquia tenía gran importancia para la Orden del Temple y formaba parte de sus rituales. «Los caballeros besaban los pies de la imagen de Cristo, como lo hizo san Carlos Borromeo en 1578 cuando la veneró en Turín, como besan los pies de la cruz hoy los jóvenes en las oraciones de Taizé. Además, frotaban las correas de sus hábitos con la tela, convirtiéndolas así en "reliquias por contacto", protecciones contra el mal físico y espiritual. Era algo muy común en la Edad Media: muchas reliquias de la Santa Cruz, por ejemplo, son en realidad maderas frotadas con el leño de Jerusalén encontrado por Santa Elena en el siglo IV: al frotar devotamente la reliquia, su sacralidad se "contagia" al nuevo objeto», ilustra el artículo.

Esa sábana, que sirvió para que acusaran a los templarios de herejes, era sin duda la Sábana Santa. Esta historia nos abre una posibilidad que aquí solo se apuntará para desarrollarse más adelante, porque existe una relación con el rostro de Cristo que se vislumbra en la Sábana Santa y el ídolo al que les acusan de adorar.

La aparición de la Sábana Santa ha dado pábulo a todo tipo de especulaciones durante siglos. ¿Es auténtica? ¿Realmente es la que estuvo en contacto con el cuerpo de Cristo? La Santa Sede, que custodia la reliquia, nunca se ha pronunciado al respecto de esa reliquia que siempre ha contado con una gran devoción entre los creyentes.

El 1988, el papa Juan Pablo II autorizó a que se practicara la prueba del carbono-14 y se determinó que la tela era de los siglos XIII y XVI. Algunos acusaron a los que hicieron la prueba de no haberla llevado a cabo adecuadamente.

Sin embargo, se abrió otra posibilidad que se ha de tener en cuenta. Si como muchos afirman los templarios sobrevivieron a su persecución y siguen siendo una sociedad secreta, podrían haber dado «el cambiazo» y presentar otra Sábana para seguir custodiando la auténtica y beneficiarse ya sea de su valor simbólico o de sus supuestos poderes milagrosos.

La historia del Mandylion

Curiosamente existe otra reliquia, a la que los árabes rindieron culto y a la que llamaron Mandylion (que significa paño). También se conoce como «el lienzo de Edesa». Los creyentes la consideran acheropita, es decir, no hecha por humanos. Cuenta la leyenda que el rey Abgar de Edesa, aquejado de una enfermedad, escribió a Jesús, rogándole que fuera a curarle. El Mesías cristiano le contestó diciéndole que cuando acabara su misión en la Tierra le enviaría a uno de sus apóstoles para sanarle. El elegido para la misión fue Tadeo que llevaba una imagen de Jesucristo que sirvió para obrar el milagro. En otras versiones de la historia,

cuando esto ocurre, Jesús aún estaba vivo. Este punto es importante, pues no es lo mismo que el Mandylion fuera un retrato que se tratara de un paño que había tocado Jesucristo.

El periplo del Mandylion es incierto a partir de la conquista sasánida de Edesa en 609. Los árabes aseguran que lo enterraron bajo una mezquita. Los cristianos, en cambio, argumentan que en el siglo VIII lo intercambiaron por unos prisioneros musulmanes y se llevó a Constantinopla hasta que los templarios saquearon la ciudad y se lo llevaron. Volvió a aparecer casualmente en Francia, donde desapareció durante la Revolución Francesa.

Una derrota abrumadora

Tras este paréntesis, volvemos al campo de batalla de la Segunda Cruzada. Pongámonos en situación: los templarios son por entonces una especie de fuerza de élite que se ha extendido por toda Europa y por Tierra Santa. Conocen el terreno mejor que nadie y son llamados por diferentes gobernantes para sus incursiones.

Pese a ello, la Segunda Cruzada es un fracaso total debido a la descoordinación de sus mandos, en concreto de los monarcas que en ella participaron: Conrado III de Alemania y Luis VII de Francia. El primero odiaba a los templarios y el segundo confiaba ciegamente en ellos.

El monarca germano no esperó al francés y lanzó un ataque contra Iconio (actual Konya en la Anatolia turca) que era la capital de los selyúcidas. La incursión fue un desastre y los turcos llegaron a herir al rey que fue atendido por el emperador bizantino. El papel del rey francés fue cuanto mínimo errático, pues estaba en primera instancia más preocupado por culminar su peregrinaje a Jerusalén que de batallar. Y en segunda instancia, la cosa se complicó por asuntos sentimentales. Él estaba profundamente enamorado de su mujer, Leonor de Aquitania, y tenía celos de su tío, que pretendía que se divorciara de él para desposarse con ella. Los tres estaban en Tierra Santa y el conflicto amoroso pesó más en las decisiones de Luis VII que la estrategia.

Finalmente y en un cambio de planes poco acertado, los dos monarcas decidieron cambiar de objetivo y asediar Damasco. Pero los musulmanes les esperaban y, además, habían pedido refuerzos, por lo que, hablando en plata, se tuvieron que volver con la cola entre las piernas a Jerusalén y de ahí para casa, pues la Segunda Cruzada se había saldado con una derrota sin parangón.

El prestigio templario

Curiosamente, el estrepitoso fracaso no afectó a la imagen de los templarios, más bien al revés, se acabó reforzando. A pesar del fiasco de esta empresa, los templarios destacaron en la batalla, especialmente bajo la dirección de su tercer maestre, Everardo de Barres, un caballero francés originario de Meaux que ocupaba el puesto de preceptor de la provincia templaria de Francia. Fue elegido para el cargo poco después del fallecimiento de Roberto de Craon en enero de 1147 y dirigió a los templarios en batalla durante los siguientes cuatro años y destacó por su gran valor en el combate junto a sus profundas creencias religiosas. Los expertos apuntan a que fue De

Barres quien convirtió a los templarios en una temible y fiera fuerza militar muy disciplinada.

La actuación militar y también diplomática de los templarios no dejó lugar a dudas de su eficacia: «La Orden del Temple intervino en todas las operaciones de la Segunda Cruzada. Su mediación diplomática había permitido el paso de los ejércitos europeos por el Imperio bizantino. Fue la actuación de los templarios en el monte Cadmos la que impidió que el ataque de los turcos aniquilase al ejército francés, que logró salvarse», recoge el libro *Los Templarios* de Canal Historia.

Paralelamente a la Cruzada en Tierra Santa, el papa también había decretado otra en España y Portugal para expulsar a los musulmanes. Los templarios ayudaron a los dos monarcas y esta vez sí consiguieron victorias reseñables liberando Lisboa, Almería y Tarragona.

Como pago a sus servicios, los templarios recibieron múltiples tierras en la Península Ibérica, donde se instalaron buena parte de ellos. Y por Tierra Santa, las cosas también les iban bastante bien como constata Corral: «El fiasco de la Segunda Cruzada no desalentó a los templarios. Estaban bien asentados en Tierra Santa, donde disponían de varios castillos, encomiendas y posesiones diversas en Jerusalén y otras ciudades, en tanto en Europa el número de sus casas y conventos y sus cada vez más abundantes dominios los estaban convirtiendo en la institución más rica de la cristiandad. Hacia 1150 el número de caballeros templarios en Jerusalén debía de superar los trescientos, además de unos mil sargentos, a los que habría que añadir los turcoples, jinetes mercenarios contratados en Tierra Santa, y demás sirvientes y auxiliares. Quizá fuera ya la fuerza de combate más homogénea y sólida de cuantas guerreaban en ese territorio».

La imagen del monje soldado, valiente y piadoso seguía estando muy de moda en ese momento. Pero pronto caería en declive.

HUGO DE CHAMPAGNE: DE CONDE A VASALLO

Uno de los principales patrocinadores de los templarios fue Hugo I, conde de Champagne (1074-1126) que acabó renunciando a sus riquezas e ingresando en la Orden del Temple, bajo el mandato del Gran Maestre Hugo de Paynes, que anteriormente había sido vasallo suyo, un hecho inaudito para la época, como se explicó en el capítulo anterior.

El conde había tenido contacto con los templarios en Jerusalén, tras la primera cruzada entre los años 1120 y 1121. Su causa le había parecido tan altruista y necesaria que les había otorgado una renta de 30.000 libras angevinas anuales que sirvieron, probablemente, para las primeras excavaciones de los templarios.

Es muy probable que Hugo I fuera uno de los promotores del plan de los templarios para encontrar las reliquias sagradas y dar con el tesoro del rey Salomón. No es descabellado suponer que si realmente dieron con los objetos sagrados, el conde quisiera apartarse del mundanal ruido e ingresar en la Orden para estar cerca de ellos.

Sello real que se supone fue de Hugo de Champagne.

Poco interés tenía ya Hugo I por las cuestiones de este mundo tras haber sufrido un gran desengaño sentimental. El noble estaba seguro de que su mujer le había sido infiel, por lo que la repudió, desheredó a su hijo por considerarlo ilegítimo y cedió su título a su sobrino, antes de embarcarse de nuevo a Tierra Santa.

Tal y como destaca Corral: «Hugo de Champagne se hizo templario y dio a la Orden una nueva dimensión. Hasta ese momento, los templarios, tal vez unos quince caballeros, aunque otros señalan que eran unos treinta, pertenecían todos a la baja nobleza, en muchos casos probablemente incluso eran segundones carentes de feudos que administrar y de un medio propio del que vivir, pero con la incorporación del conde de Champagne el Temple ganaba para sus menguadas filas a uno de los más poderosos y ricos aristócratas de la cristiandad, señor además de una de las regiones de Europa donde más arraigo había alcanzado el ideal cruzado».

MISIÓN CELESTINA

Cuando los templarios regresaron a Europa para recabar los apoyos que necesitaban para fundar su Orden, tenían también otra misión: convencer a Fulco de Anjou para que se casara con Melisenda de Jerusalén. El encargo provenía del padre de la futura novia, el rey Balduino II. En Jerusalén no imperaba la ley sálica, por lo que las mujeres podían reinar y ella era la heredera de la corona. Su padre quería que el matrimonio sirviera para conseguir un buen rey consorte, que la apoyara, y también para estrechar las relaciones con las monarquías europeas. Fulco era un cruzado, un poderoso noble y a la sazón se había quedado viudo, por lo que encajaba a la perfección en lo estaba buscando el rey. Que recurriera a los templarios como casamenteros no fue casual. Fulco de Anjou era el principal mecenas de la incipiente Orden por lo que tenían una vía directa con él. A cambio, Balduino II les proporcionó lo que se podrían llamar cartas de recomendación de la época para que el papa y la nobleza europea apoyaran su causa.

La boda de Melisenda y Fulco en 1129.

Sin embargo, las negociaciones no fueron tan fáciles como pudieran parecer a simple vista. Al renunciar a su vida en Francia, Fulco no se conformaba con ejercer de rey consorte y finalmente el padre de la novia concedió que reinaran conjuntamente.

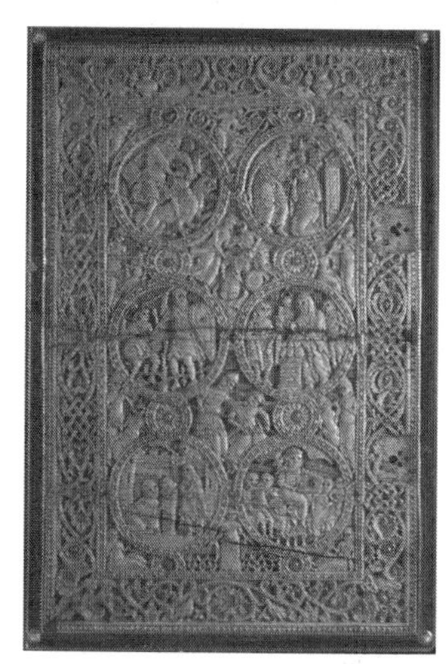

Grabado del siglo XIII sobre la historia de Fulco y Melisenda.

La boda se celebró el 2 de junio de 1129. Melisenda era una joven de 23 años, bella, esbelta y cultivada y Fulco un cuarentón bajito curtido en las Cruzadas. La convivencia no fue fácil pues él quiso excluirla del poder. Ella contaba con el apoyo de la primera generación de hijos de cruzados nacidos en Tierra Santa. Él pretendía imponer su corte de Anjou. Y lo hizo en muchas ocasiones jugando sucio.

Uno de los mayores apoyos de Melisenda era su primo, Hugo Puiset, conde de Jaffa y Fulco la acusó de haberle sido infiel con él e, incluso, orquestó un intento de asesinato fallido contra el noble.

Melisenda era una mujer de armas tomar y sus amenazas e intrigas consiguieron que su marido cediera y ella ganara poder. Cuentan los historiadores que la suya fue siempre una relación tormentosa, pero apasionada y tal vez, fruto de ello, un año después tuvieron un segundo hijo. Fulco murió un año después en un accidente de caza y Melisenda lloró sinceramente la muerte de su esposo.

El hecho de que Fulco fuera aliado de los templarios y ocupara el trono de Jerusalén favoreció mucho a la Orden.

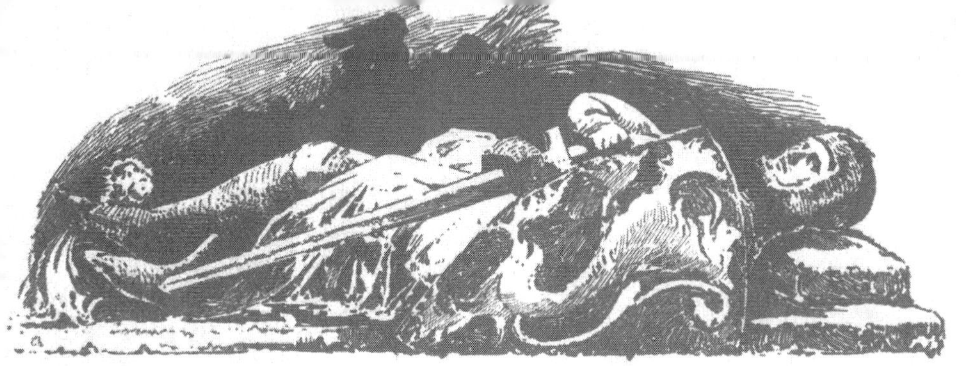

CAPÍTULO 3
LA ORGANIZACIÓN DE LA ORDEN

Antes de regresar al campo de batalla y presenciar cómo las sucesivas Cruzadas se saldaron con una apabullante derrota para la cristiandad, vamos a hacer una parada en el camino para entender el funcionamiento de la Orden del Temple. Y adentrarnos en su misión secreta, que iba más allá de la lucha contra los infieles.

En la Edad Media las órdenes religiosas tenían una organización muy jerarquizada con unas reglas muy marcadas que suponían una vida de austeridad y sacrificio para sus miembros. En el caso de los templarios no fue diferente. Se consiguieron algunas excepciones, como en el tema de la comida y los ayunos, como se ha comentado con anterioridad, pues tenían que contar con la energía suficiente para combatir.

De todas formas se ha de tener en cuenta que la Orden del Temple cuenta con una independencia que no tenía ninguna otra congregación. Ordenan a sus propios sacerdotes y no dependen ni del estado en el que se encuentren ni de los estamentos eclesiásticos. Ellos solo responden ante el papa. Esto permite que, pese a que sus normas eran conocidas, pudiera haber otras por las que se rigieron y que no aparecen en los estatutos. Este punto se desarrollará, a través de testimonios documentados, a lo largo de este capítulo.

La excepcionalidad de las normas que regían a los templarios es un tema básico para comprender su historia y sus secretos. Su posición, entre Oriente y Occidente, entre culturas y sabidurías milenarias era realmente única en la época y les permitió el acceso a un conocimiento místico cuyas dimensiones siguen siendo a día de hoy un interrogante.

Monjes y guerreros

La diferencia básica entre los templarios y cualquier otra congregación religiosa es que ellos tenían que empuñar una espada. Debían orar y ser puros de espíritu, pero también estar dispuestos a perder su vida en el campo de batalla. Y las normas que regían su forma de combatir también los distinguían del resto de caballeros.

Ellos debían luchar hasta la muerte, habitualmente en grupo, siguiendo unas maniobras específicas. Ninguno podía abandonar el campo de batalla a no ser que su superior así lo ordenara y eso no solía suceder.

«Los templarios eran guerreros llamados al martirio, personas dispuestas a desprenderse de su existencia individual para sacrificarla a lo que entendían como un bien mayor, la defensa de la Iglesia de Cristo. El tipo de vida pautado por la regla de la Orden los convertía en individuos disciplinados, obedientes, austeros y capaces de reprimir su voluntad incluso en las situaciones más extremas», reseña Canal Historia.

Uno de los temas que más se ha debatido es cómo se podía asesinar en nombre de Dios, teniendo en cuenta que los mandamientos lo prohíben. En este punto y en el contexto de la época, la teología se hizo más flexible porque convenía. La muerte de los musulmanes era vista como una forma de defender a Dios, sin que se entraran en otras consideraciones morales como si el fin justificaba los medios. Pero no podía ser simplemente un asesinato, tenía que haber un componente de sacrificio y de martirio.

«El caballero de Cristo mata a conciencia y muere tranquilo: muriendo, alcanza su salvación; matando, trabaja por Cristo. Sufrir o causar la muerte por Cristo no tiene, por un lado, nada de criminal y, por el otro, es merecedor de una inmensa gloria...», explica Michel Lamy en *La otra historia de los templarios* (Martínez Roca, 2005).

Los templarios fueron una fuerza militar temible porque nunca se retiraban del campo de batalla. Luchaban hasta la victoria o la muerte.

En este punto es importante entender que la capacidad de sacrificio de los templarios va más allá de la de cualquier caballero de la época. Por ejemplo, en muchas ocasiones, cuando los guerreros eran apresados y encarcelados, se podía liberarlos mediante el intercambio con otros prisioneros o el pago de un rescate. Los templarios, en sus normas, debido a su voto de pobreza, renunciaban a ese derecho. Una vez un Caballero de Cristo era encarcelado asumía que nunca más volvería a ver la luz del sol. Esto nos da una dimensión que hasta qué punto sacrificaban la individualidad por un ideal superior.

Este punto es importante para entender la complejidad de la Orden. Los templarios debían ser mártires, dispuestos a inmolarse por el bien de la cristiandad. Su vida no tenía valor y la organización tenía como objetivo el bien común. Este tipo de organización es muy habitual en las organizaciones secretas y sectas, en las que un ideal está por encima de sus adeptos. Por tanto, no sería muy difícil, como de hecho ocurrió, que los templarios tuvieran en su seno una organización que se mantenía en la sombra.

Los símbolos conocidos

La misión que debían llevar a cabo debía transmitirse no solo en sus costumbres, también en sus hábitos. Los hábitos eran habituales en todas las congregaciones porque eran una forma de lanzar un mensaje externo e interno. Por una parte, era una manera de mostrar al mundo quiénes eran: religiosos que pertenecían a tal o cual comunidad. Por otra, creaban una cohesión interna, funcionaban apelando a la pertenencia al grupo y al orgullo de formar parte de él.

Las ropas de los templarios eran también un símbolo de sus ideales y por ello escogieron el blanco para sus hábitos. La capa blanca simbolizaba la pureza que elevaba a los templarios por encima del resto de órdenes militares o monacales de la época. Habían sido los primeros en distinguir el camino que podía llevar a un caballero desde la corrupción del mundo hasta la luz de Dios, y su ropa les recordaba que era a esa pureza a la que servían. La ausencia de tinte en los paños con que se confeccionan sus prendas, siempre telas crudas sin tratamiento, también les concedía un aura de pobreza y humildad. No es de extrañar que ataviados con su hábito blanco y su inmaculada capa, los templarios debían de ofrecer una estampa impresionante frente a otros caballeros, lo que sin duda contribuyó a convencerse a sí mismos de que pertenecían a un grupo de elegidos por el Altísimo.

La cruz patada (ensanchada en los extremos) tenía una gran fuerza visual, que pretendía atemorizar al enemigo y a la vez recordarles su misión. Habitualmente, se le ha dado una interpretación dentro de la tradición cristiana, por la cual los cuatro brazos de la cruz representan a los cuatro evangelistas. Sin embargo, el símbolo tiene desde antiguo otras interpretaciones más paganas: podrían simbolizar los cuatro elementos básicos (tierra, aire, fuego y agua). También se relaciona con una rueda druida conocida como Crismón, que tiene ocho radios y que enlaza con las catedrales octogonales que edificaron los templarios.

«Todos los símbolos del Temple jugaban, pues, un papel esencial en la creación de una identidad común entre sus miembros. Pero sería uno de ellos, el pendón o *baussant*, el que en tiempo de guerra adquiere una relevancia desconocida hasta entonces. El pendón de la Orden del Temple era la insignia militar en torno a la cual se organizaban los batallones en plena campaña. Más larga que ancha, la bandera de los templarios era muy sencilla, pues solo tenía dos franjas de tela, una blanca y otra negra. Los colores eran una alusión evidente a la Orden cuyos frailes, según su clase, vestían de negro o de blanco. Además, como en el caso de los vestidos, los colores también simbolizaban la pureza y castidad de los templarios (blanco) siempre unida a su fuerza y valor (negro). Para algunos cronistas, como Jacobo de Vitry, los colores del pendón representaban también la franqueza y el calor con que los templarios acogían a sus amigos, y lo terribles que llegaban a ser con sus enemigos», ilustra Canal Historia.

Sin embargo, hay otra interpretación del sello. Los dos hombres compartiendo caballo podría hablar de la dualidad de los propios templarios, monjes y guerreros a la vez. Pero también de la convivencia de cristianos y musulmanes en Tierra Santa. Y esto abre un interesante camino sobre el intercambio de conocimiento que los caballeros de la Orden llevaron a cabo con el Islam.

Los símbolos sirvieron para cohesionar y dar a conocer al Temple, pero como se ha visto también albergaban otras interpretaciones que solo podían comprender los iniciados.

Reservado el derecho de admisión

Entrar en los templarios no era fácil. Y ese es uno de los puntos más contradictorios. Se trataba de una Orden que se acababa de constituir y que durante nueve años constó solo de nueve miembros. ¿Por qué no hacer proselitismo en busca de nuevos adeptos para engrosar sus filas?

Los templarios eran selectivos y en sus filas solo militaban aquellos que provenían de la nobleza y tenían contactos directos con el poder. Es cierto que muchos templarios eran hijos segundones, no primogénitos, que por tanto no podrían heredar tierras y esa era la mejor alternativa que tenían. Pero, aún así, e incluso si pertenecían a la nobleza baja, se habían educado en un ambiente muy diferente

al del resto de la población y contaban desde la cuna con una formación y unos contactos que les diferenciaban del resto de la plebe.

Una de las cosas que más llaman la atención es que los recién llegados estaban a prueba, eran novicios por un tiempo ilimitado que dictaminaban en cada caso sus superiores. Muchos han visto en esta práctica una forma de decidir si sus miembros eran o no de fiar, para poder iniciarlos en los secretos ocultos de la Orden.

«La vida de los templarios era cualquier cosa menos un camino de rosas. Su realidad cotidiana estaba llena de privaciones, esfuerzo, disciplina y obediencia, lo que sin duda constituía una prueba que no cualquiera podía superar. El noviciado garantizaba la firmeza de la vocación y permitía excluir a aquellos cuya voluntad podía quebrarse en el momento menos oportuno, el de la batalla de los mártires. Establecer, pues, un período de prueba parecía más que razonable, en especial cuando los votos que se pronunciarían al final de esta etapa tendrían carácter perpetuo», ilustra Canal Historia.

En principio, de puertas afuera, los templarios parecía una Orden abierta a cualquiera, pues lo único que publicitaban que exigían es lo siguiente:

–No tener esposa o prometida.
–No haber hecho voto de promesa en ninguna otra Orden.
–No tener ninguna deuda con un seglar que no pudiera pagar.
–Estar sano de cuerpo y no padecer enfermedades secretas.
–No ser siervo de ningún hombre.
–No ser sacerdote.
–No estar excomulgado.

Se le exigían los tres votos monásticos, el de obediencia al maestre y a cualquier superior, el de castidad de por vida y el de pobreza (vivir sin propiedades); y además tenía que jurar los votos como soldado de Cristo y observar las costumbres y tradiciones de la Orden, ayudar a conquistar la Tierra Santa de Jerusalén y no actuar en contra de ningún cristiano. El postulante pronunciaba a continuación la profesión de fe con la siguiente fórmula:

«Yo, X, estoy dispuesto a servir a la regla de los Caballeros de Cristo y de su caballería y prometo servirla con la ayuda de Dios por la recompensa de la vida eterna, de tal manera que a partir de este día no permitiré que mi cuello quede libre del yugo de la regla; y para que esta petición de mi profesión pueda ser firmemente observada, entrego este documento escrito en la presencia de los hermanos para siempre, y con mi mano lo pongo al pie del altar que está consagrado en honor de Dios Todopoderoso y de la bendita Virgen María y de todos los santos. Y de ahora en adelante prometo obediencia a Dios y a esta casa, y vivir sin propiedades, y mantener la castidad según el precepto de nuestro señor el papa, y observar firmemente la forma de vida de los hermanos de la casa de los Caballeros de Cristo».

Hasta aquí parece una organización abierta a todos. Sin embargo, la letra pequeña exigía mucho más. Los miembros tenían que ser caballeros y poseer el equipo correspondiente. Este requisito convertía, sin decirlo llanamente, a la Orden en elitista, pues solo los nobles podían cumplir con ese requisito.

En principio, la única condición indispensable para ingresar en la Orden era poseer la condición de hombre libre, es decir, no ser siervo. Sin embargo, para poder prestar un servicio de armas, además de ser libre, era necesario poseer un equipo mínimo y haber sido adiestrado en los usos de la caballería. En la práctica, esto suponía que solo los miembros de la nobleza (alta, media o baja) dispusiesen de los requisitos exigidos para ser caballero del Temple. Para quienes no disfrutaban de las ventajas materiales asociadas a la clase social más alta pero deseaban igualmente combatir en las filas de la Orden, quedaba la categoría de los sargentos. La diferencia social entre caballeros y sargentos no solo no desapareció con el tiempo, sino que se acentuó, de modo que ya en el siglo XIII los complementos de la regla recogieron las condiciones específicas exigidas a quienes pretendían convertirse en caballeros de la Orden: desde que solicitaba su admisión, el postulante debía indicar si lo era a título de caballero o de sargento, y para poder sumarse a los primeros era necesario haber sido armado caballero con anterioridad y ser hijo de caballero o descendiente de caballero por línea masculina.

¿Sociedad secreta?

Parémonos a analizar con detenimiento el anterior párrafo. Desde el principio se marca una diferencia entre caballeros y sargentos. Y esta diferencia no solo no mengua con el tiempo sino que cada vez se abre una brecha más grande. A nadie se le escapa que esta separación podría albergar que la cúpula dirigente, la que estaba compuesta por los altos mandos y los caballeros, pudiera tener unos objetivos que solo ellos conocían y que no tenían que comunicar al resto.

Por otra parte, los miembros que entraran tenían que ser de algún modo «apadrinados» por otros que ya estuvieran en la Orden. Esto permite controlar totalmente las nuevas incorporaciones. Es un funcionamiento muy similar al de las sociedades secretas, pero en este caso no tenían por qué ocultarse, simplemente poseer unas normas con suficientes especificaciones para poder crear una élite dispuesta a cumplir con una misión. Además, cualquier miembro de la cúpula dirigente podría denegar la entrada del solicitante sin argumentar ninguna razón.

Además, una de las faltas más castigadas era la simonía, que en este caso suponía que alguno de los que quería acceder a la Orden hubiera pagado, es decir sobornado, a alguno de los miembros para conseguir su recomendación. En las normas, se dedica una extensión bastante considerable a pautar los castigos que esto conllevaría.

El análisis pormenorizado de las normas del Temple aporta una interesante radiografía de una organización que ya en sus estatutos contaba con numerosas posibilidades de actuar en la sombra.

Tantas reglas como excepciones

En este sentido, otra de las excepciones también resulta cuanto menos curiosa. Pese a que los Caballeros de Cristo se comprometen de por vida, existen otras modalidades, como veremos a continuación en estas categorías en las que los caballeros se dividían:

–El permanente: era el que había hecho los votos, tomado el hábito y profesado renunciando al mundo para servir a la Orden de por vida. Eran los verdaderos monjes soldados, la esencia del Temple.

–El temporal: era quien decidía dedicarse a la Orden pero por un tiempo concreto y limitado durante el cual serviría como los caballeros permanentes, pero una vez cumplido el plazo podía regresar a su vida anterior. Esta noción de servicio temporal es por completo extraña al monacato cristiano, por lo que se ha visto en esta figura una influencia ajena a la Iglesia; de modo que no son considerados como hermanos.

–El de la Orden Tercera: eran caballeros que deseaban servir en el Temple pero sin renunciar a su vida. Podían seguir casados, si ya lo estaban, pero en ese caso debían dormir fuera del convento. Hubo reyes, como García Ramírez o Sancho VI de Navarra, y nobles que adoptaron este modelo.

¿Existe alguna otra Orden religiosa en la que se pueda entrar y salir o simplemente servir por un tiempo limitado? La respuesta es un no rotundo. ¿Por qué se les permitía hacerlo a los templarios? Se ha especulado mucho sobre esta cuestión. Algunos argumentan que fue un poco para compensar a sus patrocinadores o de atraerlos hacia la Orden. En el momento, resultaba muy prestigioso ser templario y algunos nobles quisieron serlo pero sin tener que llevar a cabo todas las renuncias que la Orden exigía. Otros han visto una forma de incrementar la capacidad de combate, incor-

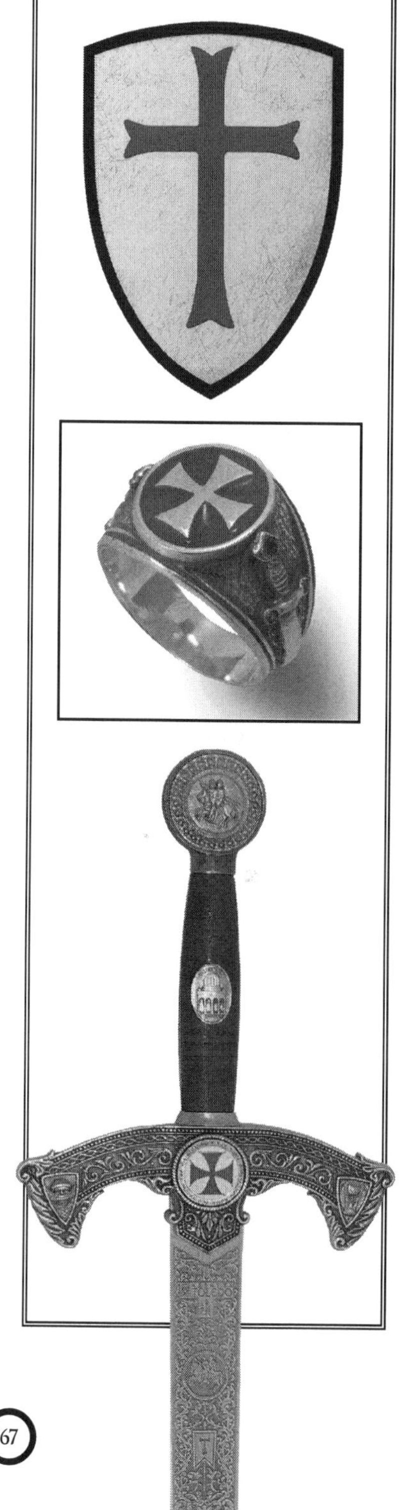

porando a buenos luchadores que no estaban dispuestos a renunciar de por vida a su independencia.

Por último, existe otra hipótesis que va ganando fuerza con el tiempo. Los templarios tenían una misión, encomendada por los círculos de poder, por personas influyentes que les habían allanado el camino y esas personas querían disfrutar también de los secretos que estaban consiguiendo los templarios, así como tomar decisiones en los cónclaves que llevaban a cabo. Curiosamente, esta norma solo se aplicaba a los caballeros, no a los otros miembros de rango inferior.

Las normas conocidas

La regla de los templarios es muy extensa y se va implementando con nuevas aportaciones a través de los años. Y sin embargo, no se habla nunca de una de sus tareas más importantes: el entrenamiento militar, que se mantiene en secreto, demostrando que no todos los documentos de la Orden muestran su auténtica organización.

De los documentos «oficiales» podemos concluir que la vida de un soldado de Dios era cansada, estricta y llena de privaciones. Se levantaban de madrugada a rezar, para volverse a acostar y ponerse en pie al cabo de pocas horas. En la Iglesia tenían que estar de pie, para fortalecer su cuerpo y espíritu. Durante el día se describen sus labores, que son de lo más repetitivo: tienen que comprobar varias veces al día el estado de las armas y caballos y rezar.

Se les impone que nunca levanten la voz y que estén en silencio la mayor parte del tiempo posible. De hecho, las conversaciones eran muy mal vistas entre los templarios. Durante la comida, tienen que permanecer en silencio, escuchando la lectura de las Sagradas Escrituras y no pueden levantarse de la mesa a no ser que sean llamados a las armas o haya un incendio. Además, no pueden ausentarse del convento si no es en compañía de otro templario y siempre comunicando el lugar adonde se dirigen.

Esta regla también permite controlar los movimientos de todos los miembros de la Orden, así como que algunos salgan sin que haya posibilidad de que los demás sepan qué es lo que van a hacer. La razón de que fueran de dos en dos se atribuye a la seguridad, pero resulta muy útil para misiones como las de buscar o desenterrar reliquias, para las que hacen falta como mínimo dos personas.

Otro punto en el que el Temple es especialmente estricto es en la relación con las mujeres. San Bernardo de Claraval así lo explica: «La compañía de mujeres es cosa peligrosa, pues a través de ella el diablo ha apartado a muchos del sendero que conduce al Paraíso. De ahora en adelante, que ninguna dama sea admitida como hermana en la casa del Temple; esa es la razón, queridísimos hermanos, por la que de ahora en adelante no es conveniente seguir esta costumbre, para que así la flor de la castidad pueda mantenerse por siempre entre vosotros.

Creemos que es peligroso que un religioso tenga demasiadas ocasiones de contemplar el rostro de una mujer, ya sea viuda, joven, madre, hermana, tía o cualquier otra cosa; y de ahora en adelante los caballeros de Jesucristo deberían evitar a toda costa los abrazos de las mujeres, por los que los hombres han perecido en tantas ocasiones, para que así puedan permanecer eternamente ante el rostro de Dios con una conciencia pura y una vida segura».

A los templarios se les prohibía besar o abrazar a sus madres o hermanas, para evitar cualquier tentación. La norma era especialmente dura seguramente porque se trataba de caballeros, con fama de mujeriegos y por ello se establecía una normativa tan dura.

De todas formas, aquí también encontramos casos excepcionales y cofradías que admitieron la presencia de mujeres. Esto nos habla de lo fácil que era para los templarios, sin el control de ningún estamento superior y en diseminados por diferentes territorios, adaptar la normativa para hacerla más laxa.

¿Cómo entrenaban? Otro secreto...

Este es uno de los grandes misterios del Temple, porque realmente, pese a tener unas normas que regulaban todos los aspectos de su vida diaria, en ningún momento se habla del entrenamiento que llevaban a cabo. Y no debía ser fácil, porque les convirtió en una fuerza de élite, que llevaba a cabo movimientos en el campo de batalla que tendrían que haber trabajado previamente.

Se supone que lo hacían en lo que se supone que era su tiempo libre, antes de cenar. Pero aún así, cabe preguntarse: ¿cómo es posible que un aspecto tan básico, que realmente es su razón de ser, no aparezca en sus normas de vida?

Esto viene a demostrar que habían muchos otros aspectos que no aparecían en los documentos oficiales y que se llevaban a cabo sin que quedara constancia.

Para empezar, un caballero había de practicar constantemente en el uso de las armas: esgrima con la espada, el uso del arco o montar a caballo, además de la lucha cuerpo a cuerpo. El entrenamiento constante y metódico era la única manera de mantenerse en forma, de fortalecer los músculos para adaptarlos al peso de las armas y armadura y de estar preparado para la batalla en todo momento. A todo ello hay que recordar que los templarios luchaban en grupo, habitualmente montados en sus caballos de guerra, lo que requería una preparación muy precisa para poder coordinar los movimientos que luego se aplicarían en el campo de batalla. Por lo que nos ha llegado sobre las actuaciones de los escuadrones de caballería templaria, resulta evidente que sus maniobras eran disciplinadas, por lo que debían de practicar constantemente para conseguir ser efectivos. La principal y más repetida maniobra de combate de su caballería pesada era la carga frontal, una táctica destinada a romper las defensas enemigas realizada con toda la contundencia posible. Para que resultara realmente eficaz se necesitaba una gran disciplina táctica en el ataque.

Queda claro, por lo tanto, que los templarios necesitaban entrenar casi a diario y que esa actividad no venía regulada. Seguramente, había otras tantas que no aparecían y que permitieron llevar a cabo actividades secretas.

El estatuto secreto del Temple

Todas estas excepcionalidades parecen creadas para albergar una sociedad secreta dentro de los templarios. Pero, ¿hay pruebas de que existiera? Todo indica que la respuesta es afirmativa. Es más, se ha encontrado un documento que bajo el nombre *secretum templi* corrobora esta teoría.

«En el origen de todos los misterios reales o imaginados sobre la Orden del Temple parece hallarse un enigmático personaje: el caballero catalán Roncellin de Fos, quien, de haber actuado tal y como describe la leyenda, fue el creador del "estatuto secreto de los templarios", es decir una Orden dentro de la Orden reservada a iniciados que habrían tenido como objetivo acabar con el poder de la jerarquía católica y los estamentos feudales, reservando la espiritualidad al corazón de cada uno», sugiere Carlos Chevallier Marina, autor del artículo «Templarios y sufíes, la conexión gnóstica», publicado en el número 52 de la revista *Más allá*.

El *Secretum Templi* fue encontrado en el siglo XIX y arroja una inquietante información sobre los templarios. Esta organización secreta pretendería hundir a la Iglesia Católica desde dentro, formando parte de ella, perteneciendo a una de sus organizaciones.

¿Por qué un caballero templario como Roncellin de Fos querría hacer algo así? La razón se encuentra en los desmanes que se estaban perpetrando en nombre de Dios. De Fos, a quien algunos atribuyen origen catalán y otro marsellés habría sido testigo de uno de los capítulos más sangrientos e ignominiosos de las Cruzadas cuando solo tenía quince años. Se trataba de la llamada Cruzada Albigense o Cátara (1209-1244) que tuvo lugar en el suroeste de Francia. El papa Inocencio III fue quien la orquestó y su brazo armado fue el cruel Simón de Montfort, que además de este protagonizó otros sangrientos capítulos en nombre del catolicismo. El objetivo de la Cruzada era acabar con los cátaros, a los que se había acusado de herejía. La toma de Béziers (1209) fue dirigida por Montfort que decidió que sus hombres asesinaran a todos los habitantes de la ciudad, sin preservar la vida de los que no eran cátaros. «¡Matadlos a todos, que Dios ya conocerá a los suyos!», gritó el legado papal. Y Montfort y sus hombres cumplieron sus órdenes. Ocho mil murieron ese día.

Aquel genocidio impulsado por la Iglesia Católica probablemente fue lo que llevaría a Roncellin de Fos a querer combatirla. También le acercó al conocimiento cátaro, que estaba presente en el *Secretum Templi*.

En siguientes capítulos abordaremos los contactos de los templarios con los cátaros y con el conocimiento gnóstico, pero el dato importante ahora es comprender que las reglas que regían a los templarios permitían el desarrollo de una sociedad secreta en su seno. Y que hay pruebas de que existió.

Esto permitiría, como ya se ha apuntado, que los templarios tuvieran la misión secreta de encontrar reliquias, que guardaron celosamente sin comunicar su hallazgo a nadie. Y también que entraran en contacto con doctrinas esotéricas que utilizaron ya fuera en su beneficio o en el de la cristiandad. Pero fuera como fuera lo hicieron de forma secreta.

Por último, la posibilidad de que Roncellin de Fos y sus seguidores quisieran acabar con la Iglesia Católica porque la consideraban maligna nos permite analizar las Cruzadas desde una óptica diferente. ¿Realmente estos valerosos soldados combatieron para ganarlas? El fiasco de las Cruzadas podría, en este caso, deberse a una estrategia orquestada desde dentro para que se saldaran con una derrota.

Costumbres cada vez más laxas

Si bien, como se ha descrito, la regla de los templarios regía todos los aspectos de su día a día, no siempre se cumplió. De hecho, tras la Segunda Cruzada podríamos decir que se inició una etapa de declive, en la que la congregación tuvo maestres que se ocupaban de su provecho personal y que se saltaron las normas.

Llegó un momento en que ser templario se había convertido en sinónimo de gloria y fortuna y los caballeros de la Orden se mostraban cada vez más altaneros y orgullosos de su pertenencia a la milicia cristiana. Se sentían elegidos por Dios, por lo que nadie los podía controlar en la tierra. Su poder e influencia creció de manera imparable al mismo tiempo que su riqueza. Este aura divina que los envolvía, sumada a que todos eran ya de por sí nobles de nacimiento, los convirtieron, si no lo eran ya, en individuos altivos, soberbios y además intocables. La razón principal de este cambio de actitud fue el ingreso masivo de miembros en la Orden. Tras la derrota de la Segunda Cruzada, los ataques musulmanes estaban a la orden del día. Los templarios tenían más trabajo que nunca y necesitaban como fuera engrosar sus filas. Cualquier caballero que quisiera entrar en la Orden era bien recibido, por lo que se aligeraron los procesos de admisión y se relajaron algunas reglas para que el ingreso en la Orden resultara más atractivo.

Por otra parte, para nutrir de combatientes a la Orden, también se tomó como una forma de conmutar una pena el hecho de entrar en ella. Delincuentes de todo tipo podían librarse del castigo si empuñaban una espada, por un tiempo determinado o de por vida, bajo la cruz templaria. De este modo la pureza de espíritu que se les exigía a los Caballeros de Cristo se consideró accesoria ante necesidades más acuciantes como era defender a los cristianos en apuros.

El panorama geopolítico con el que se había saldado la Segunda Cruzada era un auténtico polvorín y la acción de algunos templarios no ayudó a calmar las aguas. Tal y como destaca Corral: «No faltaron personajes sin escrúpulos, ávidos de poder y de riquezas a costa de lo que fuera, que llegaron a acuerdos con los templarios pese a ser considerados personas poco recomendables. Uno de ellos se llamaba Reinaldo de Chatillon, caballero de fortuna carente de tierras que buscó la alianza con el Temple para su exclusivo beneficio y que llegó a convertirse en príncipe de Antioquía al casarse con Constanza. Encumbrado por su matrimonio con la heredera de Antioquía, el poder no hizo sino acentuar su locura y comenzó a actuar como un loco soberbio».

Reinaldo de Chatillon y el declive templario

Este soldado de fortuna convertido en Caballero de Cristo para medrar a la nobleza es el ejemplo más extremo de los desmanes de los templarios que le pasaron una factura muy alta tanto a la Orden como a la cristiandad. Y también de la relajación de las costumbres, pues pese a haber entrado en la Orden, pudo contraer matrimonio con la princesa Constanza de Antioquía, que se había quedado viuda. Se casaron en secreto, pues ninguno de los gobernantes de la región veía con buenos ojos que la noble se emparentara con un hombre de rango inferior que a la sazón tenía fama de tener accesos de locura. El tiempo les dio la razón.

Reinaldo I de Antioquía acabó por dinamitar la precaria estabilidad de Oriente Próximo. Se enemistó con el que debía ser su aliado, el emperador bizantino Manuel I Commeno y preparó una expedición para atacar la isla de Chipre. Viendo la locura que aquello suponía, el patriarca de Antioquía se negó a sufragar los gastos. La crueldad de Reinaldo no se hizo esperar: lo torturó públicamente y cubrió sus heridas con miel y lo obligó a permanecer desnudo. Así fue como consiguió el dinero que le llevó a otra locura: el saqueo de la isla y la violación sistemática de todas sus mujeres. Esto, como es de imaginar, iba contra todos los principios del Temple.

Pero la jugada le salió mal, ya que el bizantino asedió Antioquía y para evitar la derrota, este personaje enajenado e histriónico, se presentó ante el rey, descalzo y con harapos y de rodillas le lloró para que no invadiera la ciudad, cosa que consiguió.

Sin embargo, había dinamitado la confianza entre los bizantinos y los cruzados y esa desunión favoreció a los musulmanes. El problema fue el apoyo que este personaje tuvo en todo momento por la Orden a la que había pertenecido, pues este nuevo maestre, Bertrán de Blanquefort, que había accedido al cargo en 1156 a la muerte de Montbard, no solo no denunció los abusos de Chatillon, sino que pactó con él y consiguió para el Temple el dominio de los pasos de Siria. Con ello se hacía con el control de las rutas y de los peajes correspondientes, por lo que nunca reprobó las acciones criminales de Chatillon. Estas acciones resultaron en un desastre para la Orden: en 1158 perdió trescientos caballeros en una batalla entre la localidad de Baniyas y el río Jordán. Solo sobrevivieron ochenta cristianos, entre ellos el maestre Blanquefort. Los supervivientes fueron apresados y paseados encadenados por las calles de Damasco para burla y mofa de la multitud. Al año siguiente, 1159, fue Chatillon el que fue capturado por los musulmanes en una escaramuza y trasladado también a Damasco, donde pasó preso dieciséis años. Pero su estancia en prisión no le quitó las ganas de crear problemas, que es lo que continuó haciendo en cuanto fue liberado.

Hacia la Tercera Cruzada

Las reyertas en diferentes regiones eran habituales y se saldaban siempre con la derrota cristiana, pese a los esfuerzos de los templarios. Esto permitió que el ejército musulmán se creciera y viera la posibilidad de recuperar los territorios que habían perdido en la Primera Cruzada, en especial Jerusalén, que era el que contaba con más valor simbólico.

El imperio bizantino, que cada vez estaba más alejado de la organización de los estados latinos, que habían surgido de las cruzadas y emprendió una aventura que resultó catastrófica. Intentó recuperar los territorios que le habían sido arrebatados por los musulmanes y perdió en la batalla de Miriocéfalo. Después de ello, el emperador Manuel de Bizancio tomó la decisión de no volver a embarcarse en grandes batallas y asegurar su territorio.

Esta decisión tuvo un gran impacto. Los cruzados habían perdido a uno de sus aliados, aunque la relación que habían tenido con el imperio bizantino, siempre había sido de amor-odio. Pero esa noticia envalentonó a Saladino, el sultán de Egipto y Siria, que supo ver la debilidad de los territorios de los cruzados y aprovechó la oportunidad. En 1177 se dirigió a Jerusalén y el rey Balduino IV pidió ayuda a los templarios, que respondieron con un ataque del que Saladino escapó de milagro.

Sin embargo, el musulmán no tardó en volver a la carga, pues en 1179 venció a los cristianos en el vado de Jacob, capturó el castillo de Beaufort y apresó a ochenta cristianos, casi todos templarios, incluido el maestre Eudes de Saint-Amand. La ley decía, y se cumplía a rajatabla, que no se podía pagar rescate alguno para recuperar a un hermano apresado en combate. Saladino lo sabía y los ejecutó a todos, caballeros, escuderos y sirvientes. Ni siquiera el maestre podía ser canjeado por dinero o por otro cautivo. El orgullo templario lo impedía y llegaba a ser tan seguido por los templarios, que el propio Saint-Amand, ante la propuesta de ser canjeado por un sobrino de Saladino

Retrato de Saladino.

preso por los cristianos, llegó a decirle al sultán que no había ningún hombre en el Islam que pudiera compararse con él. El maestre murió en prisión en octubre de ese mismo año en que fue apresado.

La situación era realmente complicada. Con el Gran Maestre de los templarios en prisión y con los musulmanes reforzados por sus victorias, la guerra parecía inminente. Para calmar la situación Jerusalén y Damasco pactaron una tregua que permitía el paso por sus territorios de personas y mercancías.

¿Locura o premeditación?

Quien acabó con ese precario equilibrio fue un antiguo templario, nada más y nada menos de Reinaldo de Chaitillon, que ya había salido de la cárcel. Como explicábamos antes, nuestro alocado Reinaldo de Chatillon fue liberado tras 16 años en su celda de Damasco. En cuanto salió, sirviéndose de sus habituales argucias, se casó con una joven viuda que le aportó el señorío de dos importantes fortalezas al este de Jerusalén, los castillos de Kayak y Shawrak. Los años de prisión en Damasco no solo no habían apaciguado el carácter belicoso de Chatillon, sino que lo habían acentuado. Evidentemente, no estaba dispuesto a respetar la tregua si había con ello algo que ganar. Sin encomendarse a nadie, atacó cerca del curso del río Jordán a una caravana de mercaderes que se dirigía desde La Meca a Damasco.

Chatillon, además, a cambio de varias donaciones, consiguió aliarse de nuevo con la Orden, como si nada hubiera pasado. Saladino se enfureció y prometió solemnemente que mataría a Reinaldo por sus crímenes. Los templarios, que habían permanecido sin maestre entre octubre de 1179, con la captura y muerte de Saint-Amand, y principios de 1181, eligieron entonces como nuevo maestre a Arnau

Ricardo y Saladino en la batalla de Arsuf, vistos por Gustave Doré.

de Torroja, que había ocupado la jefatura del Temple en Provenza y en la Corona de Aragón. Cuando viajó a Tierra Santa mantuvo el apoyo de la Orden a Chatillon que, en otoño de 1182 organizó una expedición militar para atacar la ciudad santa de La Meca. En el mar Rojo se encontró con un barco cargado con devotos musulmanes que iban en peregrinación al santuario de la Kaaba y lo hundió, matando a todos sus ocupantes.

La furia de los musulmanes por todos estos hechos estaba desatada y quedaba claro que las tropas cristianas que había en aquellos momentos en Tierra Santa no podrían hacer frente a un ataque. Por ello, Arnau de Torroja, el maestre templario, viajó a Europa para rogar que se convocara una nueva Cruzada, pero murió al llegar a su destino.

A todo esto, el reino de Jerusalén, tras la muerte de Balduino V se sumió en cuitas sucesorias. La debilidad de los cristianos era cada vez más obvia y Chatillon volvió a hacer de las suyas. Volvió a atacar una caravana y el rey de Jerusalén no condenó el ataque, por lo que agotó la paciencia de Saladino y dio por finalizada la tregua. A todo esto se le sumó que por entonces Gerardo de Ridefort fue ascendido a Gran Maestre de los Templarios. Eso no fueron buenas noticias, pues se trataba de un hombre temperamental que amaba más la guerra que la concordia. Todo ello llevó al reino de Jerusalén, apoyado por los templarios, a enfrentarse a la batalla de los Cuernos de Hattin.

Pero antes de entrar en el desenlace de esta batalla es necesario analizar la situación antes descrita. Se había llegado a una entente que más o menos garantizaba la paz. ¿Por qué se boicoteó esa iniciativa que acabó en un fiasco monumental? ¿Es casual que todas las figuras que «metieron la pata» estuvieran vinculadas con los templarios?

Todas estas acciones chapuceras y torpes llevadas a cabo por personas vinculadas al Temple a las que la historia ha calificado de locos, podrían tener otra explicación. ¿Y si hubieran sido premeditadas? ¿Y si hubieran seguido el plan secreto para acabar con el poderío de la Iglesia Católica en Tierra Santa? Si ese era el plan, no pudo salir mejor.

El principio del fin

La batalla de los Cuernos de Hattin fue un despropósito que se saldó con una derrota vergonzosa para los cristianos. Caballeros templarios, hombres de Chatillon y tropas del rey Guido cayeron en una emboscada de la que no pudieron escapar pese a las repetidas cargas de caballería que intentaron en diversas ocasiones. Todas fracasaron y poco a poco se hizo evidente que iban a ser masacrados por los musulmanes. El momento decisivo fue cuando la tienda roja que ocupaba el rey Guido, donde tenía alzado su estandarte de mando, era derribada. La batalla de los Cuernos de Hattin había terminado en derrota para los doscientos cincuenta templarios que participaron en ella, que eran una parte sustancial de los caballeros destinados en Tierra Santa. Solo se salvaron el maestre Ridefort y unos veinte caballeros. Saladino hizo traer a su presencia al Reinaldo de Chatillon y al rey Guido. Con Reinaldo no hubo piedad y fue el propio Saladino quien lo degolló, su cabeza fue cortada y su cuerpo arrastrado por caballos hasta destrozarlo por completo. Al rey Guido y al maestre templario Gerardo de Ridefort se les perdonó la vida pero fueron llevados presos a Damasco. Los templarios que habían sobrevivido a la batalla fueron decapitados por ulemas, musulmanes religiosos y sus cabezas clavadas en lo alto de picas.

La Vera Cruz, la reliquia más preciada del reino cristiano de Jerusalén, que portaba en la batalla el obispo de Acre, cayó en manos de Saladino. De su destino hay varias versiones. En una se dijo que fue enterrada bajo el umbral de la gran mezquita de los omeyas en Damasco para que todo musulmán pisara sobre ella al entrar a rezar. En otra se relata que un templario, antes de caer ante las cimitarras musulmanas, había logrado enterrarla en un lugar secreto. En una tercera versión se relata que fue a parar a Egipto, donde desapareció porque no despertaba el menor interés entre los musulmanes.

Sea como fuera, la derrota allanó el camino para que Saladino tomara Jerusalén el 2 de octubre de 1187. Lo primero que hizo fue derribar la cruz de los templarios y arrastrarla para que fuera pisoteada por las calles. Los del Temple habían perdido su principal sede y la cristiandad su plaza más preciada en Oriente Medio. Solo había una respuesta: la Tercera Cruzada.

LOS INVENTORES DE LA OCA

La vida monacal era aburrida, porque estaba así pensada. La diversión no suele ser compatible con una vida de penitencia. A los templarios, por ejemplo, se les tenía prohibidos la mayoría de los juegos. En su regla, se condenaba el backgammon y el ajedrez. En cambio, se les permitía jugar a las marelles, un juego de estrategia en un tablero con fichas. No podían apostar dinero, pero sí les permitían jugarse objetos inútiles que pudieran encontrar.

Sin embargo, son varias las fuentes que aseguran que los templarios contaban con otro juego, uno que probablemente crearon ellos mismos o adaptaron: el juego de la Oca. Varias son las razones por las que se les atribuye. La oca ha sido siempre el animal que protegía las granjas, pues sus graznidos alarmaban de cualquier amenaza. Asimismo, los templarios eran quienes protegían a los peregrinos.

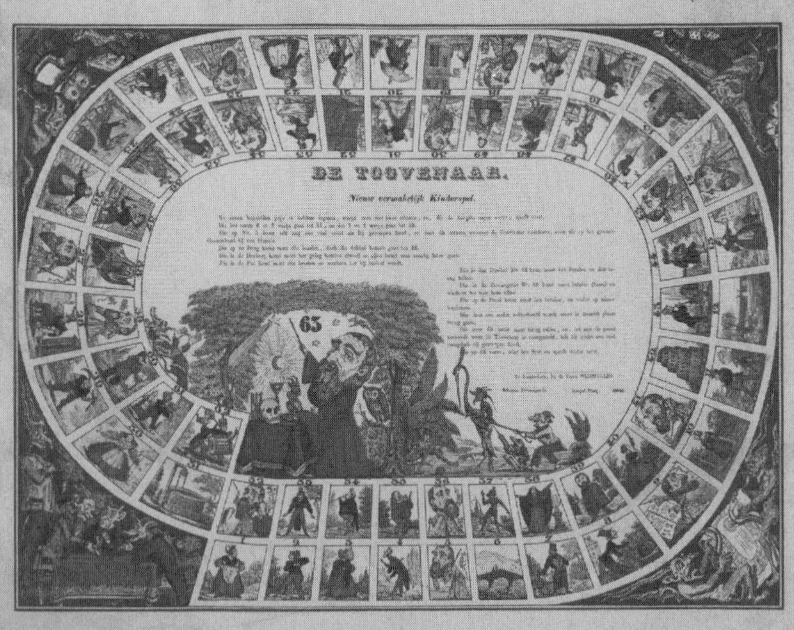

La hipótesis que atribuye a los templarios la creación del juego, alberga diferentes aproximaciones. Por una parte, podría tratarse de una especie de mapa en el que se marcasen las zonas seguras en Tierra Santa. En cambio, otras interpretaciones consideran que se sitúa en el Camino de Santiago. «Quienes defienden esta hipótesis afirman que los caballeros de la Orden del Temple tenían localizados los puntos exactos donde se obraba la transmutación mágica y espiritual a lo largo de la ruta. Y éste es el motivo por el que idearon un tablero que, reflejando su experiencia en el Camino de Santiago, obligara a cada jugador a avanzar paso a paso, mientras sorteaba los peligros. Las ocas del juego templario simbolizan los salvoconductos o enclaves seguros, aunque también podrían ser recintos, pueblos o caminos donde hubo asentamientos templarios», sugiere Mar Rey Bueno en el artículo «El juego de la oca, ¿una invención templaria?», publicado en el número 52 de la revista *Más Allá*.

Existe una explicación que supondría que el juego es un compendio de saber codificado y una metáfora de la vida. «Los templarios necesitaban codificar información sobre la Orden de manera que solo sus miembros la entendieran. Es así como, según algunos estudios, se les ocurrió crear un aparentemente inocente juego de mesa cuyas casillas tenían un doble significado: místico o religioso y materialista», asegura Rey.

EL ENIGMA DE LA LARGA VIDA DE LOS TEMPLARIOS

Uno de los datos que más ha intrigado a los investigadores históricos es que la esperanza de vida de los Caballeros de Cristo era superior al del resto de la población. Muy superior. Es cierto que muchos morían en el campo de batalla, pero los que lo hacían por causas naturales llegaban a alcanzar los setenta años. Una cifra impensable en el medievo, cuando la población pasaba a mejor vida entre los veinticinco y los cuarenta años.

Ejemplos no faltan. El fundador, Hugo de Paynes, murió a la edad de sesenta y ocho años. Incluso los que fueron ejecutados cuando la Orden fue perseguida, habían entrado en una vejez inaudita en la época. Jacques de Molay, que fue el último Gran Maestre, que murió en la hoguera, tenía setenta años. Y otro de los ejecutados, Godofredo de Chamay contaba con sesenta y tres.

Recientemente, algunos estudios han intentado demostrar que la clave podría estar en la dieta de los templarios. Los nobles ricos consumían mucha carne roja y entre ellos la obesidad era un símbolo de opulencia. Enfermedades como la gota, provocada seguramente por la desequilibrada alimentación, tenían hasta un punto de glamour entre las clases pudientes. El nivel de colesterol y de triglicéridos cabe suponer que era altísimo.

Por otra parte, el pueblo llano, se moría de hambre. Los déficits nutricionales eran enormes y su sistema inmunológico estaba por los suelos. Era difícil hacer frente a cualquier enfermedad. Y las condiciones higiénicas favorecían que virus y bacterias camparan a sus anchas.

Por ello, algunos especialistas han atribuido la longevidad de los templarios a la alimentación. Según el artículo de Irene Mira publicado en el diario *ABC* el 23 de agosto de 2019 bajo el título de «La dieta que convirtió a los caballeros Templarios en longevos guerreros implacables»: «La estricta alimentación y forma de vida de los miembros de la

Orden del Temple es considerada por estos investigadores como la "antesala de la dieta mediterránea": poca carne (dos veces por semana), muchas legumbres, pescado y fruta fresca. La explicación reside en el efecto positivo ejercitado en la flora intestinal. Esto les permitía, además, poseer la capacidad de luchar contra las enfermedades cardiovasculares habituales de la época. La Orden prohibía la caza y daba mucha importancia al consumo de pescado, por lo que se dedicaron a su cría. Otro alimento presente era el aceite de oliva, un producto muy ligado a la actual cultura del Mediterráneo. El agua la solían beber con zumo de naranja para enriquecer la carga antibacteriana y al vino le añadían la pulpa de aloe, que era una planta dotada de acciones antisépticas».

A esto se le ha de añadir que además seguían unas costumbres higiénicas, que se cree que copiaron de los musulmanes que les brindaban una protección ante las enfermedades. Y, por supuesto, que practicaban más ejercicio que el resto de la población.

Esta explicación podría ayudar a entender que la esperanza de vida de los templarios fuera un poco superior a la del resto de la población. Pero, ¿tanto? Estamos hablando de entre treinta y cuarenta años sobre el resto de la población. Esta diferencia sigue siendo un enigma para la ciencia.

Una de las explicaciones sería el contacto de los caballeros con las reliquias. Ellos eran custodios de muchas de ellas. Otra sería la posibilidad de que hubieran encontrado el Santo Grial, que se analizará en los próximos capítulos.

Franciscus Albanus Inu. et Pinx. Petrus de Petris delin Io. Hieronymus Frezza sculp. Romæ
LVCIFER
Cum priu. Sum. Pon

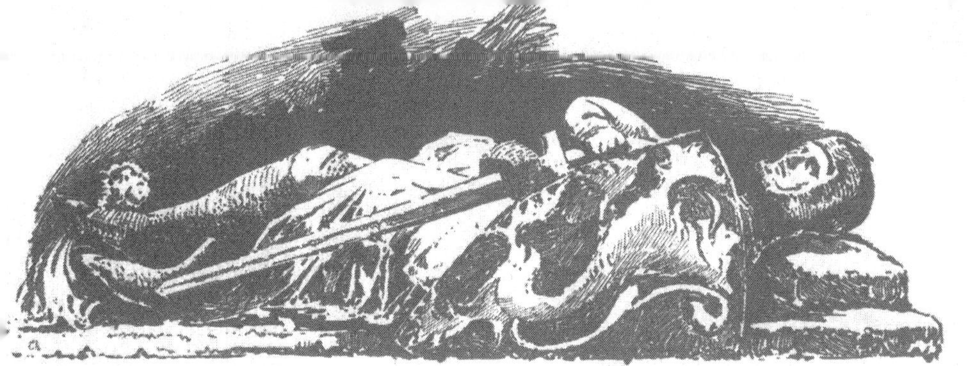

CAPÍTULO 4
EN BUSCA DE LA SABIDURÍA SECRETA

En 1187 Jerusalén cae en manos sarracenas y los templarios pierden su sede principal, aunque tienen propiedades por todo Oriente Medio y Europa. Por entonces, la Orden del Temple contaba con 68 años de existencia. Había crecido exponencialmente, había amasado una fortuna considerable y había participado en mil batallas. Pero ¿es posible que hiciera algo más? La mayoría de investigadores consideran que sí.

Los monjes guerreros estaban en contacto con todo tipo de credos, que buscaban el conocimiento, la revelación de un ser superior desde sus diferentes disciplinas. En ese sentido, su posición era única para empaparse de ese saber ancestral y utilizarlo en la Orden.

Para entender cómo se pudo dar este intercambio de saber es necesario comprender que el enfrentamiento con los musulmanes no era continuo. Lo era en el campo de batalla, pero los templarios vivían en un territorio multicultural en el que el intercambio de servicios y bienes se daba de forma natural. También el cultural. Y el religioso.

Es así como los templarios tuvieron contactos con secretos que pertenecían a culturas milenarias. ¿Fue casual o buscado? ¿Fueron a Tierra Santa con esa intención? ¿Fueron las Cruzadas un montaje

para conseguir esos secretos místicos? Existen argumentos a favor y otros en contra y es difícil dar una respuesta definitiva.

Lo que sí está claro es que los templarios tuvieron acceso a secretos místicos de otros credos que acabaron dejando una huella en sus costumbres y en la Orden. Muchos de aquellos secretos, como se verá a lo largo de este capítulo, tienen que ver con lo sagrado, la magia, la alquimia, con Dios, con Satán y con las reliquias. En las siguientes páginas de este libro se argumenta a qué conocimientos esotéricos pudieron tener acceso los templarios. Pero antes será necesario entender el contexto en el que vivieron.

Enemigos y amigos a la vez

Los musulmanes eran el enemigo a abatir por los cruzados. Pero se ha de matizar esta afirmación que ha llegado hasta nuestros días como un enunciado maniqueo. Antes de las Cruzadas y salvo algunas excepciones puntuales, la convivencia entre las tres grandes religiones en Tierra Santa fue pacífica. Judíos, cristianos y musulmanes compartían territorio, algunas veces bajo el poder de unos o de otros sin mayores problemas.

La Primera Cruzada cambió totalmente estas relaciones y avivó el odio religioso y el fanatismo de ambos bandos. Los diferentes credos, sintiéndose atacados por los demás, cerraron filas con los suyos y vieron al «otro» como el enemigo. Deshumanizaron a los que habían sido durante siglos sus vecinos para convertirlos en sus acérrimos enemigos. Esta fue una de las más tristes consecuencias de las Cruzadas. Incluso hay analistas que consideran que ese odio heredado es el que sigue enturbiando las relaciones entre Oriente y Occidente.

Pero pese a ello, muchas comunidades de diferentes religiones siguieron conviviendo con respeto y armonía. El fanatismo de las batallas no siempre llegaba a los ciudadanos de a pie, preocupados más por su día a día que por el Dios del vecino. Muchas veces se organizaban en guetos, que no tenían demasiado contacto, pero que tampoco estaban enfrentados entre sí.

En el comercio, por ejemplo, nunca importó ni la raza ni la religión. Las mercancías viajaban de este a oeste, y los mercaderes de todas las nacionalidades estaban en contacto. Se conocían, sentían curiosidad por las exóticas costumbres del otro y, en algunos casos, se creaban relaciones personales. Hablaban de sus países, de sus culturas, de su forma de vivir.

Antes de la llegada de los cruzados, las principales ciudades eran multiétnicas. Y no solo por la presencia de las diferentes religiones, sino porque dentro de cada una, había diferentes nacionalidades y diferentes ramas que entendían el mismo culto de forma distinta. Y también tenían secretos y sabidurías ancestrales.

En este sentido, es importante recordar que no todos los cristianos eran iguales. Los bizantinos tenían muchas diferencias con los europeos.

La diversidad cultural del imperio de Bizancio

El imperio de Bizancio era la escisión oriental del imperio Romano. Cuando este cayó, subsistió la parte que habían conquistado los romanos de Oriente Medio y su capital era Constantinopla (actual Estambul). Pese a ser cristianos, las relaciones con las monarquías europeas siempre habían sido tensas. Y la cosa se puso aún peor en 1054, poco antes de las Cruzadas, cuando se produjo el cisma entre la iglesia cristiana oriental y occidental. Más allá de los problemas religiosos, había una animadversión étnica. Los bizantinos, que eran asiáticos y que presentaban diversidad de razas, veían a los cristianos europeos como hijos de las invasiones bárbaras. Estos, por su parte, consideraban a los cristianos asiáticos como razas que habían perdido la pureza.

La cuestión religiosa aglutinó esta enemistad. El paso del tiempo y la distancia había provocado diferentes adaptaciones en el culto y todos reivindicaban las suyas como las auténticas y exigían que

Con las Cruzadas, las relaciones amistosas entre gentes de diferentes cultos se volvieron inadmisibles.

fueran seguidas por los otros. La autoridad era el punto que más tensiones provocaba. Los papas reclamaban el liderazgo de toda la cristiandad, mientras los patriarcas de Constantinopla se negaban a plegarse a su autoridad.

Tal y como reseña José Antonio Molero en el artículo «El cisma de oriente y occidente», en el número 51 de la revista *Momentos de la Historia*: «A estas causas de carácter general pueden añadirse los cargos –en realidad, pretextos– que los patriarcas Focio y Cerulario imputaron a la Iglesia de Roma, y que pueden resumirse en los cuatro siguientes: Que los papas no consideraban válido el sacramento de la confirmación administrado por un sacerdote; que los clérigos latinos se rapaban la barba y practicaban el celibato obligatorio; que los sacerdotes de la Iglesia Romana usaban pan ácimo en la Santa Misa, práctica considerada en Oriente una herejía de influencia judaica; y, en fin, que los papas habían introducido en el credo la afirmación de que el Espíritu Santo procede del Padre y del Hijo (*Credo in Spiritum Sanctum qui ex Patre Filioque procedit*), en contra de lo que sostenían los patriarcas orientales, que no reconocían esta última procedencia. Estos cargos, que hubiesen podido solucionarse con la convocatoria de un concilio, produjeron la separación definitiva. De otro modo, hubiesen prevalecido razones espurias a la esencia misma de la religión».

Los dos máximos mandatarios del cristianismo oriental y occidental acabaron acusándose de herejía y excumulgándose mutuamente.

Por tanto, las prácticas de los cristianos bizantinos eran diferentes y en su seno existen también diferentes tradiciones: la copta, la siríaca y la armenia. Asimismo, esta iglesia también contaba con «herejías» a las que perseguía, como la de los bogomilos o la de los paulicianos.

Todo ello sitúa a los templarios en un escenario donde conviven las filosofías, religiones, secretos esotéricos y místicos de buena parte de la historia de la humanidad hasta aquel entonces. No hay un lugar ni un momento histórico con tal diversidad. Y los caballeros de la Orden del Temple aprendieron de todas ellas.

El escenario geopolítico

Las costumbres del imperio Bizantino eran por su multiculturalidad mucho más tolerantes que las de los cruzados. El emperador Alejo I Comneno, cuando se ve asediado por los musulmanes y teme perder el poder, pide ayuda al papa Urbano II. Ante un enemigo común, el islam, se unen. Pero siguen siendo muy diferentes, y los unos recelan de los otros y con razón.

El papa Urbano II ve una ocasión perfecta para recuperar el mando de toda la cristiandad, pero los patriarcas de Constantinopla no están dispuestos a cederlo. La primera traición se produce tras la Primera Cruzada. El trato que había hecho Alejo I era que los reinos recuperados pasarían a formar parte del imperio Bizantino de nuevo. Pero tras la victoria cruzada, las monarquías europeas no cumplen con su palabra y establecen monarquías, que siguen el modelo feudal de Europa. En concreto se fundan cuatro: el reino de Jerusalén, el Condado de Edesa, el Condado de Trípoli y el principado de Antioquía. Los cuatro tienen su propio gobierno y se apoyan mutuamente, pero su estructura es frágil y están rodeadas de territorios musulmanes, que tras la cruzada, se han radicalizado en su odio a los cristianos. También, en un principio, cuentan con el apoyo del imperio Bizantino, pero las relaciones son cada vez más tensas.

De este modo, la población local, multi étnica y religiosa, que vivía en ciudades cosmopolitas, tenía que someterse a un poder mucho más jerárquico y férreo. En muchos casos, los monarcas recién llegados ejecutan u ordenan matanzas contra sus súbditos cristianos.

Las discusiones sobre quién adora al dios verdadero son tan viejas como la humanidad.

En este escenario no es de extrañar que la población local se sintiera más cercana a los que habitaban aquellas tierras antes de la llegada de los cruzados, sea cual sea su fe, que a la de los que acabaron viendo más como invasores que como libertadores. Esto también propicia un contacto religioso y cultural que se tiene que ocultar ante los gobernantes cruzados.

Las diferencias entre la población local y los cruzados, aumenta a medida que avanzan las cruzadas, pues entonces nace otro grupo: el de los descendientes de los primeros cruzados que ya se sienten más parte de Tierra Santa que de Europa.

Además, tal y como pasan los años, las cuitas sucesorias entre los gobernantes cruzados acaban por hacer cada vez más débil a sus reinos. Y en ese contexto, muchos pactan con los sultanes de territorios musulmanes, que tienen los mismos enemigos que ellos, para librarse de la amenaza de otros ejércitos cristianos. Todo ello, además de ser un gran galimatías, permite un contacto cultural y religioso que nunca antes se había dado.

Asimismo, los musulmanes también están divididos, no solo entre chiíes y suníes, sino en una gran amalgama, ya sea territorial o provocada por divergencias religiosas. Lo que geopolíticamente es un desastre, culturalmente y, sobre todo, desde un punto de sabiduría esotérica, es un caldo de cultivo único del que los templarios acaban sacando muchas enseñanzas ancestrales.

Y es que la posición de los guerreros de Dios era única. Por una parte, tenían contacto directo con la población árabe. Contrataban a los turcoples, que eran soldados de fortuna bizantinos (normalmente de padre turco y madre griega) que presentaban la diversidad cultural del cristianismo y el islam. Por otra parte, también contrataban criados musulmanes o les confiaban a estos la artesanía o el cultivo de sus tierras. Por otra parte, en muchas ocasiones eran los encargados de negociar con ejércitos musulmanes o, incluso, de llegar a acuerdos con ellos para enfrentarse a enemigos comunes.

Además, los templarios no estaban solo en Tierra Santa, también se habían asentado en Europa, donde tenían contacto por su trabajo tanto con cristianos como con herejes musulmanes. Esta amalgama de sabidurías caló con fuerza en la organización y les llevó a descubrir los secretos mejor guardados de la humanidad.

La conexión sufí

El sufismo es una corriente filosófica dentro del islam que aboga por la introspección para llegar a la auténtica revelación. La religión dicta el tipo de vida que han de llevar los buenos musulmanes, cómo se han de comportar. Pero ¿qué es lo que deberían hacer de puertas para adentro? Eso es lo que aborda el sufismo.

Para los sufíes la religión es un camino para llegar a Dios. Habitualmente representan una rueda, en la que en el centro está Dios. El perímetro es la religión y los radios la forma de acceder a él. También se considera que ese centro es el corazón, que es donde se encuentra la Verdad Suprema.

La religión, siguiendo este razonamiento, es lo exterior, y lo esencial, lo que traspasa las formas, es el conocimiento de lo divino y de lo sagrado, que está en el corazón. Para acceder a este conocimiento, se imponía la meditación, el baile, la poesía, las conversaciones con sabios sufís y en muchas ocasiones una vida ascética apartada del mundo. Curiosamente, las bases del sufismo están en otras religiones preislámicas como el zoroastrismo, maniqueísmo, nestorianismo y otras sectas iraníes.

Dentro del sufismo, las costumbres difieren de muchas otras ramas del islam.

El sufismo surgió como respuesta a los musulmanes que creían que era suficiente con seguir las normas de la religión, pero que realmente tenían una actitud orgullosa y poco caritativa. El sufismo predica que no puede haber una lucha exterior si no hay una interior, con uno mismo, mediante lo que llaman *yihad*, y que traducen con otra acepción que no es guerra santa, sino esfuerzo sagrado.

«En los inicios del sufismo, hacia el siglo VII, en Oriente Próximo, sus maestros practicaban retiros eremíticos para centrar su atención en privaciones físicas, en prácticas continuadas de oración o en una combinación de ambas. Grupos reducidos de discípulos aprendían de ellos y les imitaban después. Sin embargo, hacia el siglo XII surgió en el Al Andalus una variante muy diferente de lo que imperaba en el resto del mundo islámico, el sufismo colectivo», ilustra Carlos Chevallier Marina, en el artículo «Templarios y Sufíes», publicado en el número 52 de la revista *Más allá*.

Esta nueva modalidad suponía que pequeñas comunidades sufíes que solían apartarse del mundo para centrarse en revelar secretos divinos escogieran el desierto de Almería para asentarse. Y da la casualidad de que cuando Alfonso VII de Castilla conquistó esos territorios, les encomendó a los templarios el gobierno de Almería.

Está consensuado por buena parte de los investigadores especializados en el Temple, que los Caballeros de Dios tuvieron contacto con estas comunidades sufíes, porque las incursiones de los templarios eran siempre hacia el desierto, bien porque era el camino más corto hacia Granada, bien porque sus erosionadas colinas atesoraban minas de metales preciosos o bien porque en sus roquedales habitaban estos sabios gnósticos del islam. El contacto, en cualquier caso, parece que fue en efecto continuado entre ambos.

También se cree que en Oriente los templarios contactaron con los sufíes y, incluso, se considera que buena parte de su organización podría basarse en estos principios. Según el artículo «Templarios: ¿Herederos del islam?» publicado en *Año Cero* por Jaime Barrientos en julio de 2017: «Pero es que ni tan siquiera las órdenes de caballería se inventaron en Occidente. Al contrario, fueron copiadas de las existentes en el mundo islámico desde muchos siglos antes. De esta opinión es Joseph von Hammer-Purgstall en su obra *Sobre la caballería de los árabes anterior a la de Europa y sobre la influencia de la primera sobre la segunda*. También el jurista y filólogo Alí al-Sulami, en *Futuwah*, tratado de caballería sufí, recuerda que es precisamente en estas órdenes islámicas donde se encuentran las referencia a los nueve grados de jerarquía, siendo los tres primeros el de aprendiz, compañero y maestro».

El libro *Futuwah* habla justamente de la necesidad de que los soldados no combatan únicamente a los enemigos externos, sino que se enfrenten a los internos. Tienen que ser guerreros, pero de algún modo también monjes. Que es justo lo que son los templarios.

El gnosticismo y sus peligrosas ideas

Puntos en común con el sufismo presenta el gnosticismo, una corriente filosófica, que surgió en el siglo I en el seno del judaísmo y del cristianismo primitivo que estaba inspirada en creencias muy antiguas de la Grecia Clásica, sobre todo de las teorías de Platón, del helenismo y de las religiones mistéricas.

Los gnósticos consideraban, y aquí está el punto de conexión con los sufíes, que el auténtico conocimiento divino viene del individuo y no de la religión. Esto, como es de suponer, no hizo mucha gracia a la Iglesia Católica y los gnósticos fueron declarados herejes en los inicios del cristianismo.

Tuvieron que esconderse y sobrevivir en sectas y todos sus libros fueron quemados, por lo que poco sabemos de la vida que llevaban y, lo que es peor, de los misterios que escondían.

Sin embargo, sí que se saben algunos detalles de su credo. Creen que cada uno es el responsable de su propia salvación. Y lo que más irritó al cristianismo es que no creen en la fe sino en el conocimiento a través de la propia experiencia mística.

Pero aquí no acaban las razones por las que el cristianismo ha perseguido tanto a los gnósticos como a todas las sectas que después han defendido estas doctrinas.

Los gnósticos son dualistas: consideran que todo tiene su contrario. Bien frente a mal, materia frente a espíritu... Y en este sentido, creen que Dios es un Ser Supremo y oculto. Y, ahí viene la cuestión más peliaguda, Satán es el demiurgo que creó el mundo y que en muchos escritos se asocia con Yahvé, el dios judío y cristiano.

El gnosticismo de los sufíes postulaba, como el mazdeísmo y el zoroastrismo, la existencia de dos principios de diferente naturaleza: el bien y el mal. El mundo material, en el que impera la maldad, no fue creado por Dios, sino por el Demonio. Dios se encargó de crear el reino de los cielos y las almas que habitan los cuerpos de los hombres, pero estos últimos son la mayor obra concebida por Satanás. Por esta razón los gnósticos rechazaban los escritos del Antiguo Testamento, ya que eran incompatibles con sus creencias, entre otras razones por hacer a Dios responsable de la Creación. Asimismo, al igual que mazdeístas y zoroastrianos, postulaban la existencia de seres con una doble naturaleza, divina y humana: los ángeles o eones, cuyos representantes más destacados son los profetas Zoroastro y Jesucristo.

La posibilidad de que toda la religión católica sea un culto al mismísimo Diablo es una premisa demasiado peligrosa como para que no fuera perseguida. Y eso es lo que ocurrió, como se verá más adelante, con las diferentes sectas gnósticas que fueron apareciendo a lo largo de los siguientes siglos. ¿Por qué seguían surgiendo corrientes que sostenían esta afirmación si todos los documentos habían sido destruidos?

Aquí las opiniones se bifurcan. Algunos creen que subsistieron pequeñas organizaciones que fueron mutando a lo largo de los siglos. Sin embargo, resulta muy difícil, siguiendo esa premisa, justificar que en países tan alejados existan doctrinas de este tipo.

Por otra parte, algunos consideran que esta podría ser la gran revelación a la que se llegara a través de la meditación y otras formas de introspección. O a través del contacto con las reliquias, porque casualmente sobre casi todas estas sectas se proyecta la sospecha de que guardaron varias reliquias.

Y, también casualmente, como se verá en las siguientes páginas, los templarios tuvieron relación con todas las sectas gnósticas y, por ende, con las reliquias.

Los esenios y el mapa de las reliquias

Una de las primeras sectas gnósticas fue contemporánea a Jesucristo. Se trata de los esenios. Un gran misterio ha rodeado siempre a esta secta judía de la que se llegó a negar su existencia. Pero la verdad cayó por su propio peso cuando se encontraron los manuscritos del Mar Muerto. Estos documentos pertenecían a los esenios: eran transcripciones de la Biblia que utilizaban en la comunidad y también normas sociales que explicaban cómo vivían en la época.

Parece ser que los esenios, hartos de la corrupción a la que habían llegado los rabinos, se refugiaron a las orillas del Mar Muerto para apartarse del mundanal ruido y llevar una vida introspectiva que les permitiera acceder a las grandes revelaciones y salvarse. Son considerados gnósticos, aunque poco se sabe de sus costumbres.

Sobre lo que sí se ha hablado y mucho es sobre su relación con Jesús y con san Juan Bautista. Se sabe que san Juan Bautista, antes de perder la cabeza, contaba con innumerables seguidores. ¿Podrían ser los esenios? Esta es una pregunta que continúa abierta. Lo cierto es que en todas las sectas gnósticas, san Juan tiene una importancia básica. Y aquí se da una nueva casualidad: en la mayoría de los templos templarios se adora a este santo con gran devoción. ¿Podrían llegar a creer, como se ha insinuado alguna vez, que el verdadero Mesías era san Juan Bautista?

Pero, volviendo a los esenios, hay otro tema de vital importancia: su relación con Jesús. Y también con la filosofía que predica el cristianismo. Jesús hizo una escisión con el judaísmo, porque consideraba que había perdido su conexión con Dios. Los esenios criticaban a los fariseos. Es lo mismo que hizo Jesucristo en un pasaje de los evangelios, cuando enfurecido los expulsa del templo de «mi padre». Demasiadas casualidades.

«El Vaticano entró en pánico en 1947, cuando se iniciaron los estudios de los cientos de manuscritos de contexto religioso encontrados en unas cuevas en las proximidades del Mar Muerto en la localidad de Qumrán (Cisjordania) pertenecientes a la secta religiosa

En las cuevas próximas a Qumrán es donde se hallaron los famosos manuscritos del Mar Muerto.

de los esenios. Muchos de ellos habían sido escritos en los dos primeros siglos del cristianismo. El miedo de la Iglesia era que Jesús podía haber sido el fundador de la secta de los esenios, llamado el Maestro de justicia, lo que hacía tambalearse la originalidad del cristianismo», explica Jesús Arias en el artículo publicado en *El País*, el 27 de marzo de 2018, «¿Era Jesús el maestro de justicia esenio?».

La mayoría de teólogos han encontrado argumentos para negar que el Maestro de la Justicia que citan los esenios sea el Mesías cristiano, pero recientemente Benedicto XVI admitió que Jesús perteneció a la secta esenia. La razón que le llevó a esta conclusión fue una contradicción entre los evangelios que no pudo resolverse durante siglos. El evangelio de san Juan es el único que aporta datos que se contradicen con el resto en la fecha en la que murió Jesucristo. Los de Marcos, Lucas y Mateo sitúan la Última Cena el día de la pascua judía, cuando la comunidad conmemora que Moisés les liberó del yugo de los egipcios para iniciar el éxodo que los conduciría a la Tierra Prometida. Según explica Íñigo Domínguez en el artículo «El papa avala que Jesús era seguidor de la misteriosa secta de los esenios» publicado por *La Voz de Galicia* el 10 de abril de 2007: «Sin embargo, Juan dice que Jesús murió mientras se sacrificaban los corderos, es decir, la víspera de Pascua, por lo que no habría podido celebrar la cena. "Esta contradicción parecía irresoluble hasta hace unos años", explicó el papa».

Sin embargo, todo cuadraba si, como afirmó el pontífice, Jesús pertenecía a la secta de los esenios. Estos eran vegetarianos y seguían su propio calendario, que les llevaba a celebrar la fiesta judía un día antes que el resto de las comunidades.

Según las declaraciones de Benedicto XVI, Jesús celebró la Pascua según el calendario de Qumrán, y sin cordero, como la comunidad de los esenios. El cordero, añadió el papa, era el mismo Jesús, que iba a morir al día siguiente. No está mal, pero se nos plantean otras preguntas, como por ejemplo, si esto fue así, ¿por qué no se citan en el Nuevo Testamento? Y quedaría por saber también, entre otras cosas, cuál era la relación de Jesucristo con los esenios y con Juan Bautista.

Estas preguntas siguen a día de hoy sin respuesta aunque la relación entre esenios y Jesús ha quedado finalmente clara. Lo cual no deja de resultar inquietante. Esta afirmación se ha quedado en el enunciado, pero la profundidad que tiene debería haber hecho temblar los cimientos de la Iglesia Católica. Porque si Jesús pertenecía a los esenios y estos eran gnósticos, el Hijo de Dios creía que Yahvé del Antiguo Testamento era realmente el Diablo y su misión era mostrarnos al Ser Supremo que era el auténtico Dios. Es decir, la mitad de la historia sagrada se basa en el culto a Satán.

Y a todo este misterio se le ha de añadir el de la relación entre los esenios y los templarios. Si como todo parece indicar los caballeros del Temple tenían el rollo de cobre, ese manuscrito al que nos hemos referido en capítulos anteriores que era un inventario de las riquezas del Templo del rey Salomón, se abre un puente entre los esenios y los templarios.

Poco se sabe de los esenios. Si era la comunidad a la que pertenecía Jesús, según ha dejado claro el mapa, ¿por qué no aparecen en las escrituras? En los evangelios, que relatan la vida de Cristo, no hay ni una sola alusión a ellos, mientras que sí que se citan otros grupos de la época.

Hay varias hipótesis al respecto. Una podría ser el olvido de los evangelistas que escribieron las escrituras muchos años después. Pero otra, bastante interesante, habla de un olvido intencionado para ocultar la secta, que había querido apartarse del mundo. De este modo, podría seguir custodiando secretos o reliquias que habían sido encomendadas por Jesucristo.

¿Y qué relación podrían tener los esenios con Jesucristo? Para abordar este tema, tenemos que tener en cuenta que no se conoce el final de los esenios. Vivieron siempre en secreto y un día simplemente se volatilizaron, dejando los manuscritos y sin que haya ni un vestigio arqueológico de su presencia en las orillas del Mar Muerto. Algunos aseguran que emigraron con sus secretos a Europa, tal vez a Francia, donde podrían haber sido los antepasados de los fundadores de la Orden del Temple. Esta suposición enlaza con otra, que analizaremos más adelante y que apunta a que la familia, hija incluida, de Jesús pudieron llegar a la Galia después de la crucifixión. Esto explicaría que hubieran tenido acceso a la información del Rollo de Cobre y volvieran a Tierra Santa para encontrar las reliquias.

Los evangelios sinópticos

Las diferencias entre los evangelios de Mateo, Marcos y Lucas con el de san Juan fue la clave que permitió al papa concluir que Jesús pertenecía a los esenios. Pero ¿cuáles son las diferencias entre los evangelios? Se podría decir que el evangelio de san Juan va por libre, mientras los otros tres reproducen la misma historia. Este grupo se conoce como los evangelios sinópticos y fueron escritos entre 40 y 50 años después de su muerte. Los teólogos los denominan sinópticos por las palabras griegas *syn* (juntos) y *optica* (visión). Los hechos relatados, así como algunas de las descripciones muestran muchísimas coincidencias. Los investigadores consideran que el primero fue el de Marcos, que copiaron Mateo y Lucas dándole un estilo diferente. Los teólogos creen que estos dos evangelistas, además del texto de Marcos, se documentaron con otra fuente que no se ha encontrado y que podría estar formada por pequeños discursos de Jesús. ¿Por qué se hicieron diferentes versiones de los evangelios si en definitiva se iba a contar lo mismo? La razón podría ser la audiencia. Aunque este término no se usara en la época, el concepto estaba presente y cada uno de ellos está destinado a un público concreto, tal y como señala Bethany Seeley en el artículo «¿Por qué el Evangelio de Juan es diferente de los Evangelios Sinópticos?», publicado el 20 de noviembre de 2021 en *Ehow*: «Una de las razones por la que Juan es diferente a los evangelios sinópticos, es que tenía un propósito diferente para escribir su relato. La audiencia para la que estaba escribiendo era diferente y quiso hacer hincapié en diferentes aspectos de la vida y obra de Jesús. El evangelio de Mateo fue escrito con una audiencia judía en mente, y presenta a Jesús como el

Rey de los Judíos. El evangelio de Marcos fue escrito para una audiencia de gentiles romanos y presenta a Jesús como el Siervo del Hombre, haciendo hincapié en su ministerio. El evangelio de Lucas fue escrito para un público amplio y gentil y presenta a Jesús como el Hijo del Hombre, haciendo hincapié en su naturaleza humana».

El mismo mensaje para diferente público. Pero ¿qué ocurre con el de san Juan? Este es posterior y fue escrito hacia el año 100. Aquí las diferencias son grandes a nivel teológico. El Evangelio de Juan presenta a Jesús como el Hijo de Dios, y hace hincapié en su deidad. Juan dijo de su evangelio: «Estas empero son escritas, para que creáis que Jesús es el Cristo, el Hijo de Dios; y para que creyendo, tengáis vida en su nombre.» (Juan 20:31, RVA). Hay varias cosas que el evangelio de Juan no menciona, pero que están presentes en los evangelios sinópticos. Estos son el nacimiento virginal de Jesús, el bautismo de Jesús, las tentaciones de Jesús en el desierto, las parábolas, la transfiguración y la institución de la Cena del Señor.

El evangelio de Juan también incluye algún contenido que no aparece en los sinópticos. Estas adiciones son el Primer Ministerio de Jesús, las Bodas de Caná (donde Jesús realizó su primer milagro), sus encuentros con Nicodemo y con la Samaritana, la curación del paralítico de la piscina y del ciego, la resurrección de Lázaro, el pasaje de Jesús lavando los pies de sus discípulos, su «discurso de despedida» y partes de la narración de la Pasión.

Los evangelios apócrifos y sus peligrosas revelaciones

La visión de san Juan en los evangelios canónicos se contradice pues con la visión de los sinópticos. Pero aún hay más. Existe un evangelio de san Juan apócrifo, que no fue incluido en las Sagradas Escrituras. Antes de analizarlo, nos detendremos brevemente en la historia de los evangelios apócrifos. Estos son documentos que no fueron incluidos en la Biblia, pese a contener referencias históricas claras y detalles sobre la vida de Jesucristo. ¿Cuál fue la razón? La Iglesia argumenta que son fantasiosos o falsos, pero desde el siglo XIX se han estudiado y han revelado interesante información que podría haberse incluso en las Sagradas Escrituras lo que hace suponer que esa decisión podría obedecer a otros intereses.

Algunos estudiosos aseguran que en los apócrifos hay datos que se contradicen con la versión del cristianismo que transmite la Iglesia Católica. Pero también se cree que algunos contienen revelaciones solo aptas para iniciados. Verdades ocultas entre las líneas de los textos de un gran poder esotérico que no pueden estar al alcance de todo el mundo. Por esa razón, la Iglesia los había denostado y ocultado durante siglos.

Aquí llegamos a un punto importante que conecta con el gnosticismo, con el que tuvieron contacto los templarios como hemos descrito en este capítulo. Existe un grupo de evangelios, el más nutrido y potente, que se considera gnóstico. Textos atribuidos a Tomás, Marción, Judas, María Magdalena, Valentín y el evangelio griego de los egipcios. Y también escritos de san Juan que por alguna razón no se incluyeron en los evangelios canónicos.

Estos textos se conservaron mediante traducciones coptas (de los griegos que vivían en Constantinopla) del siglo IV. Por tanto, los templarios pudieron acceder a ellas a través de sus contactos en la capital del imperio Bizantino. El texto no puede tener un título más claro: *La revelación secreta de Juan*.

Consiste en una serie de revelaciones que recibe Juan tras la crucifixión de Jesucristo cuando está apenado por su muerte. Y entroncan con la creencia gnóstica de que Dios es el ser supremo pero no el autor de la creación del mundo. Dios es luz y Yahvé (o Jehová, como es llamado en otras religiones) es el demiurgo que surge de la oscuridad para crear el mundo. Él es el mal y por ello su actitud resulta tan cruel en el Antiguo Testamento. En cambio, a partir de la llegada de Jesucristo, nos hablan de un Dios mucho más benigno. En este sentido, *La revelación secreta de Juan* habla de Padre, Madre e Hijo, relacionando lo femenino con lo divino. Las primitivas iglesias coptas que seguían estas enseñanzas incluían mujeres en cargos eclesiásticos.

El maniqueísmo: auge y declive

En 216, en Oriente Próximo, en el seno de una familia de fuertes convicciones gnósticas nació Manes o Mané, el fundador del maniqueísmo, una disciplina gnóstica que acabaría extendiéndose por Europa y adoptando otros nombres. A los doce años de edad afirmó haber recibido un mensaje divino portado por un ángel que le anunciaba que, llegado el día indicado, abandonaría su vida tal como había sido hasta entonces y llevaría a cabo la misión para la cual había sido enviado a este mundo: predicar un nuevo credo. Doce años después, Manes recibió una segunda visita del mensajero de Dios, quien en esta ocasión le indicó que había llegado el momento de proclamar la nueva doctrina. El profeta emprendió entonces un viaje de peregrinación de dos años de duración que lo llevaría a recorrer el sur de Asia central, donde entró en contacto con el hinduismo y el budismo, religiones de las que el maniqueísmo tomó ciertos elementos. Hacia el 242, Manes alcanzó Persia, donde fue bien acogido en la corte del emperador Sap Uhr. Manes se declaró sucesor de Buda, Zoroastro y Jesucristo y con ello consiguió convertir a ciertos personajes de relevancia del entorno del soberano sasánida. Puede que incluso el mismo Sap Uhr se contara entre sus adeptos, no obstante, lo que más nos importa es que el profeta alcanzó una notable influencia, lo que le llevó a obtener la autorización imperial para predicar en tierras persas. El Mesías aprovechó bien el tiempo del que dispuso y en treinta y un años el maniqueísmo se difundió ampliamente por el área en la que el zoroastrismo era religión oficial. En ese período incluso traspasó sus fronteras hacia Asia central, la India, Palestina, Egipto e incluso Roma. Ningún gnóstico había llegado tan lejos.

¿Qué enseñanzas contenía el maniqueísmo para extenderse tan rápidamente? Es importante entender estos principios porque son los que seguramente influyeron a los templarios y se relacionan con los secretos que nunca se revelaron de su organización.

Los maniqueos creen en un universo dividido en dos partes: el reino de la luz, el cielo o mundo espiritual donde moran las almas; y el imperio de las tinieblas, el infierno o mundo terrenal donde habitan los hombres. Entre ellos dos se sitúan los eones, los mensajeros de Dios. Para Manes, las almas son de origen divino, han sido creadas por Dios; sin embargo, los cuerpos materiales de los seres humanos son obra del Demonio. El alma permanece ligada al cuerpo, su prisión, de forma tan estrecha que el ser humano ha perdido la conciencia de la procedencia divina de su esencia. El hombre vive por lo tanto en la ignorancia, no posee el conocimiento necesario para entender que puede liberarse de todo lo material y, de esta forma, encontrarse a sí mismo, conocer su doble naturaleza, que es dual, y, en definitiva, hallar a Dios. Es en este momento en el que entra en acción la gnosis: el conocimiento es el camino que nos lleva a Dios. La gnosis únicamente puede ser transmitida por los eones, los ángeles que como Jesucristo o el propio Manes han sido enviados por el Todopoderoso para liberar al hombre y conseguir que este logre la salvación alcanzando el nirvana. Esto último constituye una clara muestra de la influencia hinduista y budista que posee el maniqueísmo. Habrá también un día del Juicio Final en el que el triunfo de Dios supondrá la destrucción del mundo, el infierno en definitiva, en una devastadora aniquilación, propia de las fastuosas y extravagantes ideas orientales típicas de las religiones mistéricas y la gnosis. Esta visión apocalíptica hacía que los maniqueos mostraran una actitud pasiva ante la vida, con lo que su apatía resultaba inútil e incluso perjudicial para el Estado.

Manes pronto descubrió lo peligrosos que podían llegar a ser sus predicamentos, tanto para el estado, que se sintió amenazado, como para su propia vida. Mientras reinó Sap Uhr y su hijo Hormuzd (que solo estuvo un año en el trono), Manes contó con el apoyo para sentar las bases de un movimiento religioso y filosófico que llegaría a Europa muy probablemente de la mano de los templarios. Sin embargo, los buenos tiempos acabaron para él y para sus seguidores cuando llegó al trono Sasárida Bahram, un creyente acérrimo del zoroastrismo que no solo le dio la espalda sino que mandó detenerlo y tras una semana de torturas, el profeta murió. Para que quedara bien claro lo que les ocurriría a los que siguieran sus enseñanzas, colgó el cuerpo de Manes a las puertas de la ciudad.

Manes había desaparecido, pero su doctrina continuó expandiéndose por Asia central, donde su mayor éxito fue cosechado en el Turkestán, llegando a convertirse allí en religión oficial. A partir de esta región, alcanzó incluso China. También partió hacia Asia Menor y el norte de África, donde penetró a través de Egipto, y continuó por Hispania, Galia e Italia, lugares donde el número de adeptos quedaba restringido únicamente a pequeñas comunidades de fieles. No obstante, el camino fuera del ámbito de influencia persa tampoco fue sencillo, ya que, en la mayoría de ocasiones, allí por donde pasó, el maniqueísmo despertó el recelo de las autoridades religiosas: su atractivo y sencillo credo hacía peligrar la influencia que poseían las demás doctrinas.

Los templarios: los mensajeros del gnosticismo

¿Cómo se produjo esta expansión de las creencias maniqueas para que llegaran a Europa donde se convirtieron en una gran herejía que fue duramente perseguida? La clave está en los templarios, que fueron el nexo entre Oriente y Occidente. Esta «evangelización» es a todas luces consecuencia de las acciones de los cruzados. Las Cruzadas establecieron, a partir de finales del siglo XI, un contacto sin precedentes entre Oriente y Occidente, por lo que es muy probable que algunos cruzados importaran nuevas ideas y costumbres de aquellos lugares por donde pasaron cuando regresaron a sus hogares. Es más que probable que las doctrinas dualistas orientales fueran difundidas en Occidente por parte de los cruzados que viajaron a Tierra Santa. Cabe destacar al respecto que en las regiones de donde partieron la mayoría de sus huestes, como es el caso de Francia, Renania (región alemana que limita con el anterior país), Aquitania (ducado del sudoeste de Francia, por la época señorío del rey de Inglaterra) y Lombardía (región alpina italiana, entonces perteneciente al Sacro Imperio Romano Germánico), fueron también los lugares donde tuvo su origen el llamado segundo contagio herético. Es curioso, además, que unas décadas antes de que se iniciaran las expediciones a Tierra Santa, aquel primer contagio herético del año 1000 tuviera su génesis exactamente en esos mismos lugares de donde zarparon los ejércitos de la cruz.

Genéricamente, muchos autores se refieren a los cruzados para indicar que fueron los que llevaron estas ideas a Occidente. Pero algunos analistas van más allá. Los cruzados eran soldados con un objetivo claro: matar a los infieles y ganar la guerra para volver a casa. El contacto que pudieran tener con el maniqueísmo no tenía pinta de ser muy profundo.

En cambio, los templarios, que eran un grupo dentro de los cruzados, tenían otro tipo de contacto continuado e, incluso, puede que buscado. Tal vez, uno de los objetivos de su misión secreta fuera ese:

conocer la sabiduría gnóstica y extenderla por Europa. Sea como fuera, eso es lo que ocurrió. La filosofía maniquea tomó otros nombres y otras caras pero salvaguardó su esencia gnóstica para llegar a Europa.

Paulicanismo y bogomilismo

Pablo de Samosata, patriarca de Antioquía, cogió el relevo de las ideas gnósticas y fue perseguido por el emperador Aureliano en 272. Los gnósticos han aprendido bien la lección tras la muerte de Manes y esta vez se ocultan.

Los paulicanos vivían ocultos entre las comunidades católicas y así podían pasar inadvertidos. Es probable que transcurriera mucho tiempo hasta que se descubriera que entre los miembros de estas agrupaciones cristianas había maniqueos. A partir de ese momento, los paulicanos comenzaron a ser perseguidos y expulsados de la comunidades cristianas.

Este es un dato muy revelador, pues demuestra que ya hay un afán de infiltrarse en la sociedad para predicar sus creencias de forma secreta. Un *modus operandi* que podrían haber reproducido los templarios.

Sea como sea, el paulicanismo se asienta en Armenia, que es una región que linda con los dos imperios más poderosos del momento: Bizancio y Persia. Así como la mayoría de doctrinas gnósticas son contemplativas y tienden a predicar la pasividad de sus miembros y la no injerencia en los conflictos mundanos, el paulicanismo no comparte este punto. De hecho, espoleó a sus seguidores a que combatieran contra el imperio Bizantino consiguiendo algunas victorias.

Pablo de Samosata predicando el paulicanismo.

Aquí tenemos que hacer una nueva reflexión, pues las similitudes con los templarios son obvias: creyentes y soldados. Un modelo que poco después

LAS RELIGIONES MISTÉRICAS Y SUS MISTERIOS

Las sectas gnósticas se basaron en muchas ocasiones en las llamadas religiones mistéricas, que tenían extraños cultos que han permanecido en secreto hasta nuestros días. Estas religiones se desarrollaron paralelas a los cultos romanos, al margen de la religión oficial. «En este contexto específico, los términos "misterio" y "mistérico" derivan de la forma plural griega *mystêria*, que se empleaba en el marco de las celebraciones de Eleusis con el significado "iniciación". El latín proporcionó al vocablo la acepción más habitual que conocemos en el presente: algo oculto, secreto y de difícil comprensión», define Erica Couto en el artículo «¿Qué fueron las religiones mistéricas?», publicado en *Muy Interesante* en el 16 de abril de 2022.

A los miembros de estos cultos se les exigía secretismo y no podían revelar los rituales ni los conocimientos a los que accedían a nadie que no hubiera sido iniciado en la secta. La iniciación recibía el nombre de los misterios de Eleusis y presentaban una estructura muy similar a la de las iniciaciones de las sociedades secretas, tal y como recoge Couto.

«Para acceder a los misterios, el *mystês* o iniciado debía disponer de tiempo para realizar todos los rituales preparatorios y del dinero suficiente para pagar a los oficiantes. Además, los aspirantes a recibir la iniciación debían ser introducidos al culto a través de mistagogos, esto es, de amigos o conocidos ya iniciados en el culto».

Recordemos que los templarios también tenían que ser recomendados y llevar a cabo un ritual de iniciación, por lo que esta estructura, que copiaron algunas religiones gnósticas, podría ser la que reprodujeron los templarios, que ya habían tenido contacto con estas religiones o, incluso, seguían militando en ellas.

Muy pocos vestigios quedan de los bogomilos, entre ellos estas tumbas en la actual Bulgaria.

será copiado para combatir en nombre de la cristiandad. O tal vez para seguir propagando los secretos gnósticos.

La lucha de los armenios paulicanos acabó en 872, cuando fueron derrotados por el emperador bizantino Basilio I en la batalla de Batyrhax. La secta es duramente reprimida y perseguida y los supervivientes son deportados a los Balcanes y a Grecia.

Tras el destierro de los paulicanos armenios a tierras griegas, nuevos brotes dualistas eclosionan allí. Estos fermentos neo maniqueos se sumaron a los elementos preexistentes que ya había en la región tras las misiones de los seguidores de Manes en siglos anteriores. Por lo tanto resulta lógico pensar que sea a partir de la presencia balcánica de estos deportados cuando comencemos a ver de nuevo cómo un grupo de ascetas vuelve a predicar la existencia de los principios del bien y del mal en Europa. En este contexto surgió en los Balcanes la secta de los bogomilos a mediados del siglo X, cuyo nombre procede de Bogomil, un personaje del que no se sabe si fue real o pertenece a las leyendas.

El movimiento se extiende por toda Bulgaria y buena parte de Bizancio. ¿Cómo vivían los bogomilos? Pocos escritos se han conservado de la comunidad, que como todas las sectas gnósticas fue duramente aplastada. Sin embargo, encontramos documentos de sus perseguidores, que nos dan las claves de cómo vivían. El sacerdote Cosmas, en 970, los define así: «Las crónicas griegas y eslavas describen en qué forma la secta de los bogomilos se extendía por toda Bulgaria y buena parte de Bizancio. Destacan al respecto los escritos de un sacerdote cristiano, llamado Cosmas, que hacia el 970 decía: "se denominan a sí mismos simplemente cristianos, seducen a las almas débiles simulando la piedad más exagerada y el modo de vida más ascético; se burlan de las prácticas supersticiosas de la gran Iglesia, su culto a las imágenes, las cruces, las reliquias y su credulidad ante los milagros; niegan todo valor a sus sacramentos y pretenden redimir ellos mismos los pecados; entre ellos incluso hay mujeres"».

Aquí tenemos varios datos importantes. Uno es la presencia de reliquias, que está muy ligada a la misión de los templarios. Y por otra parte, la presencia de mujeres, que también es otro de los secretos que los historiadores han ocultado durante siglos.

Los bogomilos reniegan también del Antiguo Testamento y consideran que Yavhé era en verdad Satán. Existían dos categorías de fieles: los creyentes y los elegidos. Del mismo modo que los maniqueos, los creyentes bogomilos podían ingresar en la categoría de los elegidos si se sometían a un ritual de iniciación, una especie de sacramento, el único que practicaban, en el que recibían la gnosis que los conducía al Espíritu Santo. La ceremonia era muy sencilla: sobre la cabeza del neófito se colocaban las Sagradas Escrituras y se recitaba el padrenuestro mientras los demás asistentes cantaban himnos cogidos de las manos. No obstante, no era tan fácil llegar a participar en este rito, ya que para ello era necesario que el creyente recibiera una prolongada preparación que podía durar meses sino años.

Estas dos categorías propician la posibilidad de que se cree una sociedad secreta con los elegidos. Y es la que reproducirán los templarios en su jerarquía. Los bogomilios parece que renunciaron a sus creencias para convertirse al islam. Parece, porque es probable que algunos de ellos no lo hicieran y ocultaran que pertenecían a una secta secreta. Y lo que sí está probado es que las doctrinas gnósticas desembocaron en los cátaros, una secta duramente perseguida y sofocada. Las conexiones con los templarios y el Santo Grial son el inicio de un apasionante viaje que emprenderemos en el siguiente capítulo.

EL EVANGELIO APÓCRIFO DE JUDAS

Dentro de los denominados evangelios apócrifos encontramos uno que le da la vuelta a la historia de Jesucristo tal y como nos la han contado. Se trata del que se atribuye a Judas Iscariote, que en la Biblia aparece como el traidor que vende a su maestro por 30 monedas de plata. Para sellar su traición, besa a Jesús en la mejilla, pues ha pactado con los romanos que esa será la forma en la que les indicará quién es el Nazareno.

Este texto demostraría las raíces gnósticas de Jesucristo, ya que él mismo acusa al Dios del Antiguo Testamento de ser un demiurgo.

«El Evangelio de Judas es un vívido reflejo de la lucha librada hace mucho tiempo entre los gnósticos y la Iglesia jerárquica. Ya al inicio del texto, Jesús se ríe de sus discípulos por rezar a "vuestro dios", refiriéndose al dios demiurgo que creó el mundo. Compara a sus discípulos con un sacerdote del templo (casi con certeza una referencia a la ortodoxia de la Iglesia), a quien tilda de "maestro de falsedades" y acusa de "sembrar árboles infructíferos, en mi nombre, de manera vergonzosa"», recoge Andrew Cockburn en el artículo «El evangelio de Judas» publicado en *National Geographic* el 29 de agosto de 2019.

En este evangelio apócrifo, Judas es el favorito del Maestro y es por ello que le encarga que le ayude a liberarse de su cuerpo. Es decir, que tu traición es un mandato de Jesús que él cumple.

Restos del evangelio apócrifo de Judas.

Esta versión realmente desarticularía la Iglesia tal y como la conocemos. Por ello se cree que este y otros evangelios apócrifos fueron escondidos durante siglos para que nadie pudiera descubrir lo que revelaban.

Y aún existe otra razón por la que el personaje de Judas Iscariote ha sido etiquetado por la Iglesia como el traidor: el antisemitismo. Como comenta Cockburn, «Hay un trasfondo siniestro en las representaciones tradicionales de Judas. A medida que el cristianismo se distanciaba de sus orígenes como secta judía, los pensadores cristianos fueron encontrando cada vez más conveniente culpar al pueblo judío del arresto y la ejecución de Cristo, y presentar a Judas como el arquetipo de judío. Los cuatro Evangelios, por ejemplo, son indulgentes con Poncio Pilatos, el procurador romano de Judea, pero condenan a Judas y a los sumos sacerdotes judíos.

La «crónica secreta» nos presenta un Judas muy distinto. En esta versión, es un héroe. A diferencia de los otros discípulos, comprende verdaderamente el mensaje de Cristo. Al entregar a Jesús a las autoridades de Roma, no hace más que cumplir el mandato de su líder, plenamente consciente del destino que le espera. Jesús le advierte: "Te maldecirán"».

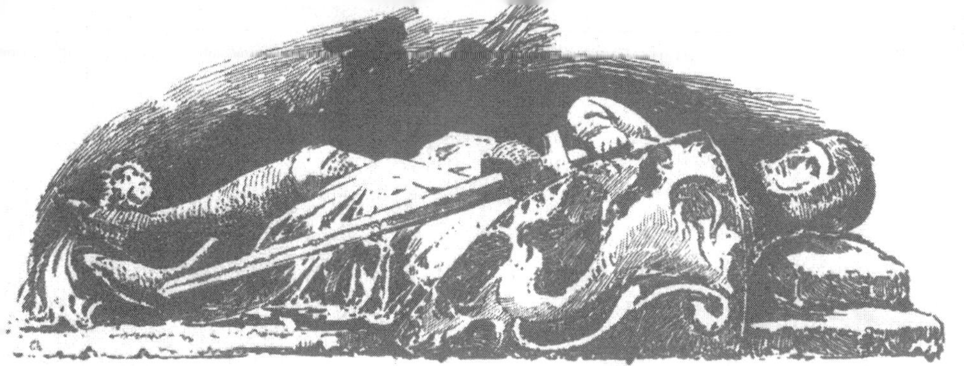

CAPÍTULO 5
CÁTAROS Y TEMPLARIOS

La relación entre cátaros y templarios es un enigma que los historiadores no han podido desentrañar. ¿Amigos? ¿Enemigos? Los caballeros del Temple tenían que erradicar a cualquier enemigo del clero y los cátaros, como veremos en las siguientes páginas, estaban considerados como tales. Sin embargo, no parece que los templarios estuvieran por la labor de perseguirlos.

Muchas son las pruebas que se analizarán en este capítulo y que nos hacen imaginar que es más que posible que tuvieran estrechos vínculos. Es más, es probable que tuvieran una misión común. Y tal vez una reliquia... la más famosa de la cristiandad.

Existe mucha literatura al respecto, pero ahora vamos a analizar los datos históricos y lo que la historia ha dejado de lado para poder acercarnos a la relación entre templarios, cátaros, gnosticismo y cristianismo.

La herencia gnóstica de los cátaros

En el capítulo anterior hemos seguido la evolución de las sectas gnósticas, siempre perseguidas por las grandes religiones y siempre escondiendo sus secretos para aparecer en otro territorio, para echar raíces y captar más adeptos. El último rastro lo dejamos en Bulgaria y ahora nos encontramos con que aparece una nueva secta gnóstica en Francia y que será conocida como catarismo.

En aquella época el lujo y la pompa de la Iglesia Católica provocaba muchas críticas entre buena parte de la población e, incluso, críticas en el seno de la propia institución. Los ideales cristianos se habían perdido, no quedaba ni rastro de pobreza que predicaban los apóstoles ni del altruismo del cristianismo primitivo. Pero cada vez que surgían voces disidentes, la Iglesia las acallaba acusándolas de herejía, un delito que conllevaba la muerte en la hoguera. Así mantenían su *status quo*.

Tal y como describe Pilar Jiménez en el artículo «Cátaros, el nacimiento de una herejía», publicado en *National Geographic Historia* el 24 de febrero de 2022: «Los cátaros se caracterizaron por su crítica radical contra el papado y la jerarquía romana y por pretender ser los únicos herederos de los apóstoles, conservando el poder espiritual de salvar a los hombres que Jesús les había confiado al volver en Pentecostés. Aunque se conocen focos cátaros en lugares como el obispado de Colonia, fue en las regiones meridionales de la cristiandad, principalmente en el sur de Francia, en los condados catalanes de los Pirineos y en Italia, donde al final se arraigaron. Allí, una serie de príncipes y señores feudales (los condes de Toulouse y de Foix, los vizcondes de Trencavel, señores de Albi, Carcasona, Béziers, Limoux y Agde) favorecieron la acogida e implantación de la herejía. En general, los cátaros se instalaron en los llamados castros o burgos castrales, pequeños pueblos fortificados que surgieron desde el año 1000 al abrigo de los castillos feudales».

Al amparo de la nobleza, se hicieron fuertes en la región de Albi, donde vivieron siguiendo sus costumbres, que eran realmente diferentes a las del resto de habitantes. Por ello se les llama albigenses o cátaros (que proviene del griego *katharoi* que significa «puros»). Ellos se autodenominan «hombres buenos» porque su convivencia no podía ser más pacífica.

Organización interna

Los hombres buenos se dividían en tres jerarquías. Los simpatizantes no tenían por qué ser cátaros, pero les apoyaban. Las buenas obras que llevaban a cabo y su carácter pacífico hizo que la población los viera con buenos ojos y sintiera simpatía por ellos. En el escalón superior se encontraban lo creyentes (*credentes*) que ya formaban parte de la organización, pero que no habían consagrado su vida en exclusiva a ella. Los que sí lo habían hecho eran los perfectos (*perfecti*) que venían a ser los sacerdotes de la organización, aunque no existía este sacramento y su figura era completamente diferente a la del clero del catolicismo. Gracias a sus textos sabemos que los buenos hombres abandonaban todas sus posesiones desde el instante mismo en el que hacían su ingreso en la categoría de perfectos. A partir de ese día, carecían de bienes propios y únicamente lograban obtener su sustento a través de las obras caritativas de los creyentes en beneficio de los cátaros. Hay que mencionar aquí las elevadas sumas que la Iglesia occitana llegó a atesorar, ya que no solo era cuantiosa la caridad del pueblo llano, sino que también muchos acaudalados caballeros y nobles languedocianos eran seguidores de su credo y, debido a ello, realizaron elevadas aportaciones económicas a su congregación. Ello se debe a que los cátaros hallaron simpatizantes entre muchos de los señores del Midi, tal vez seducidos por su atractiva doctrina, pero puede que también como consecuencia de que su voluntad fue cautivada por la excelente ocasión que se presentaba para expropiar las tierras y bienes de la Iglesia católica en el caso de que el catarismo acabara triunfando de forma definitiva en Occitania.

Esta posibilidad, como era de esperar, no agradó al clero católico que acabó por iniciar una cruel persecución contra los hombres buenos. Pero volviendo al tema de los perfectos, estos seguían trabajando para la comunidad con tareas manuales. El hecho de que los elegidos cátaros continuaran, a diferencia del clero católico, desarrollando profesiones laicas, hacía que mantuvieran un contacto más estrecho con sus creyentes, mucho más directo del que podía existir entre los de la Santa Sede y sus feligreses. El resultado fue que muchos seguidores de la doctrina católica acabaron siendo seducidos por las enseñanzas de los hombres buenos y, tras una exhaustiva preparación y el pertinente ritual de iniciación, pasarían a engrosar las filas de estos misioneros dualistas. Su predicación heterodoxa se basó también en el éxito en la utilización por parte de los perfectos de traducciones de la Biblia a lengua vulgar, por lo que las Sagradas Escrituras fueron accesibles para todos los cristianos. En aquella época, el clero católico empleaba las clásicas versiones en latín de los Evangelios, así evitaban poner al alcance de las masas los textos sagrados, algo que siempre despertó un gran recelo en el seno de su Iglesia.

Los perfectos solían vivir en casas comunitarias, abiertas al público y a sus familiares. Y en ellas se encontraban tanto hombres como mujeres que habían alcanzado este rango.

A diferencia de este último detalle, no difiere mucho de la vida que llevaban los templarios. Ellos eran guerreros en vez de artesanos, pero habían renunciado de igual modo a sus bienes y se dedicaban a ser piadosos y a rezar. Y también, pese a haber abrazado la pobreza como modo de vida, contaban con el apoyo financiero de la nobleza.

¿En qué creían los cátaros?

Eran dualistas, como todos los gnósticos y creían en el Bien y en el Mal, que estaban confrontados en una lucha eterna. El Bien era el Ser Supremo y el Mal era el demiurgo que había creado todo lo material, es decir, el Dios del Antiguo Testamento. Las escenas caprichosas y crueles que se describen en la Biblia demostraban que se trataba de Satán. Por tanto, la Iglesia Católica y su clero eran adoradores del diablo y por ello llevaban una vida apegada a los bienes materiales.

Como buenos gnósticos, los cátaros estaban convencidos de que somos alma y cuerpo y la primera está atrapada en el segundo. Por ello, la finalidad era apartarse de todo lo mundano y poder llegar a liberar el espíritu para que se reuniera con el Ser Supremo. Todo lo material para los cátaros era maligno.

Curiosamente el Ser Supremo era femenino y masculino. La deidad femenina recibía el nombre de Sofía (sabiduría) porque era la revelación a la que tenían que acceder, probablemente a través de los rituales que solo compartían con los iniciados.

Los cátaros creían en la metempsicosis, es decir en la reencarnación. Estas creencias, seguramente adquiridas de los contactos gnósticos con el budismo, señalaban que tras una rueda de reencarnaciones podrían renunciar al mundo y alcanzar la divinidad. La reencarnación era la razón por la que esta comunidad era vegana, aunque a los creyentes y simpatizantes se les permitía comer pescado.

El catarismo, al igual que las demás creencias dualistas de base cristiana, despreciaba ciertos elementos sumamente importantes para el catolicismo. Todos sus sacramentos eran rechazados y se rechazaban la totalidad de los objetos materiales que la Iglesia romana veneraba, como la sagrada cruz, sus templos, las reliquias de santos, los iconos, etc. Por todo ello no le daban importancia alguna al bautismo o la unción de los enfermos, sacramentos católicos que eran reemplazados por el llamado *consolament* cátaro. Rechazaban a su vez la confesión de los pecados que los feligreses católicos hacían en secreto a sus clérigos. En lugar de ello, realizaban confesiones públicas al aire libre que tenían un elevado poder de convocatoria. Tampoco daban valor alguno a la ordenación sacerdotal, ya que no reconocían la jerarquía eclesiástica ni la autoridad del Vaticano, siendo también reemplazado este sacramento por el mencionado ritual del *consolament*. Tampoco reconocían el matrimonio y los perfectos cátaros eran completamente célibes en una época en la que la abstinencia sexual del clero católico dejaba mucho que desear. El rechazo del matrimonio por parte de los cátaros sirvió a sus detractores para acusarlos de querer destruir la familia, pero hay que destacar que esta negación no implicaba la condena del concubinato de los creyentes, ya que la abstinencia sexual únicamente era obligatoria para los perfectos.

Otra de las creencias que ponía los pelos de punta a la curia católica era su interpretación de la figura de Jesús, pues los cátaros también negaban la humanidad de Jesucristo creyendo que era un ser celestial cuya alma se encarnó en un cuerpo humano tan solo en apariencia. Esta última afirmación rompía con uno de los principales dogmas cristianos, el de la doble naturaleza de Cristo: divina y humana y por sí sola ya constituía una enorme herejía.

Ellos estaban convencidos que Cristo no sufrió en la cruz, porque su cuerpo no era real y lo único que contaba era su espíritu.

En general esta comunidad llevaba una vida pacífica, porque no se podía mentir, matar, robar, ni siquiera jurar. Este punto es importante para comprender que provocaran ciertos recelos. Tampoco se daba valor alguno al juramento, un aspecto éste exclusivo del catarismo que no poseían las demás religiones dualistas. Con su negación del hecho de jurar, dejaban de reconocer, por lo tanto, las relaciones feudovasalláticas, aquellas mediante las cuales un noble juraba fidelidad a otro más poderoso a cambio de la cesión del usufructo de una porción de tierra o feudo, en las cuales este acto constituía un pilar fundamental. Como es lógico pensar, existía la posibilidad de que esta postura adoptada por los cátaros acabara por destruir desde sus propios cimientos a la sociedad feudal de los lugares donde su religión pudiera imponerse. ¿Tal vez esta actitud cátara frente al juramento era una reacción contra el opresor sistema feudo-señorial?

Este último punto nos hace pensar que los cátaros, tan espirituales y tan apartados del mundo podrían tener la aspiración revolucionaria de cambiar el sistema social. Algo que como veremos más adelante también compartían los templarios mediante el sistema financiero que crearon.

La reacción de la Iglesia Católica

Durante casi cuarenta años, la comunidad cátara no llamó la atención y vivió tranquilamente. Pero su expansión (la misión de los perfectos era evangelizar) empezó a preocupar al clero. ¿Y cómo reaccionaron? Este detalle es sumamente importante: enviaron a san Bernardo de Claraval. Justo el abad que había aupado la orden de los templarios es el encargado de intentar convencer a los cátaros de que abandonen su herejía. La versión oficial nos dibuja a san Bernardo predicando por las tierras de Languedoc, intentando recabar el apoyo de la nobleza cátara y argumentando en reuniones con destacados miembros de la secta. Después, también se ha documentado que ratificó su herejía y su desesperación al no poder combatir a los cátaros.

Esta es la primera vez que la Iglesia Católica accede a dialogar, a discutir cuestiones de fe con los miembros de una comunidad herética. En principio, el hecho ya es de por sí extraño. Pero que enviaran a san Bernardo, tan ligado a los templarios, resulta aún más sospechoso. Muchos investigadores apuntan a que en esas reuniones en las que san Bernardo se mostraba tan airado por las opiniones de los cátaros se produjo un intercambio de conocimientos o tal vez el acuerdo de una estrategia conjunta, pues es muy posible que la misión de los templarios fuera la misma que la de los cátaros. E, incluso es muy posible que los cátaros y los templarios fueran lo mismo.

La intervención de san Bernardo retrasó lo inevitable. Tras su muerte la animadversión de la Iglesia Católica hacia los cátaros se recrudeció y acabó teniendo trágicas consecuencias.

«En 1209, el papa Inocencio III puso en marcha una de las iniciativas más vergonzosas de la cristiandad: la cruzada contra los albigenses, la única que, bajo el emblema de la cruz, enfrentó a cristianos contra cristianos y que dio inicio al exterminio de los cátaros», afirma Javier Navarrete en el artículo «Templarios, Cátaros y Masones» publicado en el número 52 de la revista *Más Allá*.

Habían pasado más de 60 años desde que san Bernardo intentara convencer a las comunidades cátaras de que renunciaran a la herejía (o simulara hacerlo). En ese tiempo, los cátaros se habían asentado en la región y contaban con innumerables apoyos. ¿Por qué esperó tanto tiempo la Iglesia Católica para combatir la herejía? ¿Y por qué lo hizo justo en ese momento y con tanta virulencia?

Para comprenderlo, tenemos que encaminarnos a Tierra Santa de nuevo y acompañar a cruzados y templarios en dos nuevas cruzadas. Estas dos guerras centraron la atención de las monarquías europeas, que dejaron aparcado el tema de los cátaros. La comunidad se asentó y creció sin esperar la furibunda represión que sufrirían al acabar la Cuarta Cruzada.

La Tercera Cruzada: una nueva derrota

Recordemos que Jerusalén había sido conquistada por Saladino, los templarios habían perdido su sede y la cristiandad sus lugares santos. El 2 de octubre de 1187, la conquista de la Ciudad Santa fue un tremendo golpe para la cristiandad que respondió con la convocatoria de una nueva Cruzada. Esta se planteó como un compromiso de las monarquías europeas absoluto y por ello fue conocida como la Cruzada de los Reyes, pues los máximos mandatarios la dirigieron. No sirvió de nada, pues la derrota fue colosal.

Tres de los principales reyes europeos, Felipe II Augusto de Francia, Ricardo I Corazón de León de Inglaterra y el emperador germánico Federico I Barbarroja, partieron hacia las costas de Palestina con el objetivo de recuperar la ciudad de Cristo. Sin embargo, la Cruzada lograría escasos éxitos. Federico I pereció ahogado en 1190 y, de los tres líderes iniciales, ya solo quedaban Felipe II y Ricardo, acérrimos enemigos en Europa, pero que en esos momentos se vieron obligados a pactar una tregua para aunar esfuerzos y conseguir tomar al asalto san Juan de Acre en julio de 1192. Este puerto del Mediterráneo constituía un estratégico puesto avanzado muy importante de cara a sitiar Jerusalén, el objetivo último de la empresa.

El papel de los templarios no fue muy lucido, sobre todo por la intervención de su Gran Maestre, que, contraviniendo las normas de la Orden, había sido liberado de su cautiverio. Gerardo de Ridefort volvió a mostrar su carácter irreflexivo en Acre, cuando el ejército cruzado se replegó y él se quedó en el campo de batalla, gritando como un poseso en una escena bastante ridícula que provocó vergüenza ajena. Según relata Corral en *La Breve Historia de los Templarios*:

Si nos atenemos a las crónicas de la época, Gerardo de Ridefort, desquiciado y loco, se negó a abandonar el campo de batalla. La escena que presenciaron ambos bandos fue cuanto menos esperpéntica. Completamente solo, Ridefort blandía su espada amenazando al ejército musulmán. Todos los demás cristianos se habían retirado a sus posiciones defensivas y ni uno solo de los templarios se había quedado al lado de su maestre. Este, fuera de sí, desafió a los musulmanes a combatir. Durante un buen rato los hombres de Saladino contemplaron con asombro a aquel personaje gritando como un poseso y amenazándolos con su espada. Cansados y hasta divertidos con sus bravatas, lo capturaron fácilmente, pero en esta

segunda ocasión Saladino no se anduvo por las ramas y ordenó su ejecución allí mismo.

No parece que los caballeros del Temple lloraran mucho su muerte. Las decisiones alocadas y poco estratégicas de Ridefort habían llevado a la Orden a una deriva y seguramente habían sido la razón por la que los sarracenos se hicieron con Jerusalén. A partir de ese momento, los templarios volvieron a recuperar su prestigio bajo el mandato del siguiente Gran Maestre, Robert de Sable, que fue apadrinado por Ricardo Corazón de León porque era un pariente lejano suyo. Uno de los escasos éxitos de la Tercera Cruzada, la toma de Acre, se debió en buena parte a los esfuerzos templarios. Sin embargo, no sirvió para que recuperaran la reliquia que les había sido arrebatada en la última cruzada, la Vera Cruz, su estandarte. Cuando las tropas cruzadas entraron en Acre, masacraron a todos los musulmanes, por lo que Saladino se negó a devolverles la Vera Cruz.

Esta victoria parecía allanar el camino hacia la toma de Jerusalén, pero la unión entre los británicos y franceses era cada vez más insostenible y las viejas rencillas existentes entre los dos monarcas surgieron de nuevo y sus ejércitos acabaron por separarse pese a lo cerca que estaban de conquistar las murallas de la Ciudad Santa Felipe II Augusto partió raudo a Francia con el único deseo de lanzar una ofensiva contra las posesiones inglesas en suelo continental. Ante la ausencia de Ricardo, que continuaba combatiendo a Saladino en Tierra Santa, podía resultar en una victoria definitiva sobre los ingleses.

El rey Ricardo siguió adelante con su plan, apoyado por sus inseparables templarios, pero cada vez las noticias que llegaban de su país eran más inquietantes. Por una parte, su hermano Juan estaba intentando hacerse con el trono. Por otra parte, su compañero de las Cruzadas y enemigo en Europa, el rey de Francia, pretendía adentrarse en su territorio. El monarca llegó con los templarios a las puertas de Jerusalén, pero sus fuerzas y las de su enemigo eran muy parejas. Ante la necesidad de volver a Inglaterra, acabaron pactando una tregua de cinco años.

En resumen, la Tercera Cruzada logró recuperar algunos puertos como Acre, pero fracasó en el gran objetivo que se había planeado en 1188: la reconquista de Jerusalén. La muerte de Saladino vino a dar un respiro a los cristianos, sobre todo cuando su imperio se desmembró entre sus tres hijos, que se repartieron Alepo, Damasco y Egipto. La gran obra unificadora musulmana, el sueño de Saladino, parecía que jamás se iba a cumplir.

La guerra va mal, los templarios van bien

Con esta frase se podría resumir la situación de los templarios entre la Tercera y la Cuarta Cruzada. Seguían siendo considerados y valorados por representar el ideal caballeresco que cantaban los romances. Ricardo Corazón de León se había convertido en el protagonista de muchos de ellos, acompañado siempre por los templarios.

Pero no solo disfrutaban de fama y prestigio. También contaban con una pujante situación económica. Sus posesiones habían alcanzado un número extraordinario, podían disponer de miles de encomiendas y las rentas que generaban eran capaces de suministrar recursos económicos y humanos para mantener su presencia en Tierra Santa de manera indefinida. Poseían castillos y fortalezas en la costa de Palestina, en el Líbano y en el norte de Siria y sus fuerzas militares se habían fortalecido. Además, llegaron muchos caballeros noveles procedentes de Europa y así pudieron recuperarse de las enormes pérdidas sufridas en la guerra contra Saladino.

Como se explicará en los siguientes capítulos, las actividades económicas de los templarios también les habían procurado muchas ganancias. Y mucho poder. Se podría decir que eran los primeros banqueros del mundo.

Todo este éxito no encajó demasiado bien en los ideales de humildad y pobreza de los templarios, que recibieron una bula del papa en la que les advertía de los peligros de dejarse llevar por el orgullo.

La situación de los templarios era buena, pero su fama empezaba a decaer y los que durante tanto tiempo les habían apoyado incondicionalmente, ahora parecían no estar tan encantados con ellos.

En esta época, varios investigadores coinciden en que llevaron a cabo diferentes excavaciones en busca de reliquias. Sin embargo, las principales, las que se habían descubierto, estaban en Constantinopla, la capital del Imperio Bizantino. Y las relaciones con el otro reino cristiano que había en la zona eran cada vez más tensas.

Se cree que los templarios intentaron acceder a algunas de las reliquias, pero que los bizantinos se negaron. De ser cierta esta aseveración, se entendería en parte lo que ocurrió después. De todos modos, no hay justificación posible: la Cuarta Cruzada fue una auténtica locura. Occidente perdió totalmente la cabeza, tal vez por la ambición del papa Inocencio III, quizá por el afán de los templarios de conseguir reliquias. Sea como fuera, el resultado fue catastrófico.

La Cuarta Cruzada: la vergüenza de Occidente

Las relaciones entre el imperio Bizantino y los cruzados eran realmente tensas. Pese a que todos eran cristianos, estaban separados por un cisma que separó la Iglesia Ortodoxa de la Católica. Parecía que la lucha contra el islam tendría que aunarles como cristianos, pero no fue así. Las decisiones políticas los separaron desde el principio. En la Primera Cruzada, el emperador bizantino Alejo I pidió ayuda a los cristianos de Occidente para combatir a los sarracenos, con el trato de que una vez concluida la batalla, le retornarían los territorios que habían pertenecido a su imperio. Los cruzados rompieron su promesa y crearon sus propios reinos, lo que creó una afrenta difícil de perdonar.

Durante las diferentes reyertas, como ya se ha explicado, tanto bizantinos como cruzados llegaron a pactar con musulmanes, en ocasiones incluso antes de hacerlo con sus aliados naturales, que serían los cristianos. Cuenta la leyenda que cuando Saladino tomó Jerusalén, el emperador de Bizancio le felicitó.

Cuando Inocencio III ordenó la Cuarta Cruzada, existían esperanzas fundadas de ganarla, pues los hijos de Saladino se habían

repartido el imperio de su padre y algunos estaban enfrentados entre sí.

Los cruzados solían reunirse en las inmediaciones de Constantinopla o en la propia ciudad para empezar la campaña contra los sarracenos. Antes de continuar el relato, es necesario conocer cómo era Constantinopla en aquel momento. Constantinopla, la antigua Bizancio, seguía siendo a comienzos del siglo XIII una de las ciudades más populosas y ricas del mundo. Ocho siglos de cristianismo habían plagado sus calles de decenas de iglesias y monasterios en los cuales se guardaban tesoros extraordinarios para la fe cristiana. Existían barrios de comerciantes venecianos, genoveses, pisanos y alemanes que estaban repletos de tiendas y almacenes rebosantes de mercancías de dos mundos, Oriente y Occidente. La metrópolis era el cruce de todas las rutas, donde se unían los cuatro puntos cardinales que tenía una población de más de medio millón de habitantes. Semejante agrupación de almas requería un suministro constante de alimentos y productos básicos, además que su refinada aristocracia demandaba joyas y sedas. Sus escuelas, universidad y bibliotecas necesitaban suministros constantes de papiros y pergaminos, y sus templos cera, iconos, orfebrería y productos para la liturgia. La población estaba acostumbrada a las amenazas procedentes de todas partes, pero se sentía segura tras su triple cinturón de murallas dotadas de fosos y parapetos. Eran tan sólidas y formidables que habían resistido todos los ataques hasta le fecha, incluso los que los árabes lanzaron contra ellas en el momento de mayor pujanza en la expansión del Islam. Sus habitantes habían hecho frente con éxito a todas las amenazas, pero no se podían imaginar lo que se les venía encima.

El problema que tenían en aquel momento era una pugna intestina por el poder que llevó al emperador Alejo III a huir y a que los dos sucesores en el cargo murieran de una forma cruel. La situación era realmente preocupante y la reacción de los cruzados fue la más inesperada y temeraria.

Las crónicas cuentan que el 6 de abril de 1204 se lanzaron sobre unas murallas apenas custodiadas por unos pocos mercenarios. El asalto apenas duró seis días y el dux de Venecia, que había encabezado la Cruzada, y los nobles que mandaban los variopintos contingentes, tomaron una decisión que resultaría histórica a la par que traumática. Dieron permiso durante tres días a los cruzados para que tomaran cuanto quisieran de la ciudad. El resultado: uno de los mayores y más sangrientos saqueos de la historia de la humanidad. Casas particulares, templos, palacios, almacenes, tiendas... todo fue arrasado y saqueado. Se perdieron en el fragor destructivo piezas de arte extraordinarias. El saqueo indiscriminado tuvo como consecuencia una matanza terrible de y violaciones en masa. Las iglesias pasaron a ser tabernas y los conventos prostíbulos. La Cuarta Cruzada se había olvidado de los musulmanes y se dedicaron a saquear la mayor de las ciudades cristianas, que además era la primera defensa de la cristiandad frente al Islam.

La herida que se creó entre ortodoxos y católicos duró casi 1000 años y solo acabó en 2001, cuando el papa Juan Pablo II y el arzobispo Christódulos firmaron la primera declaración conjunta. Nunca antes los representantes del catolicismo y la ortodoxia se habían reunido. Y el Sumo Pontífice aprovechó para disculparse por el desastre de la Cuarta Cruzada: «Algunos recuerdos son especialmente dolorosos y algunos acontecimientos del lejano pasado han dejado heridas profundas en la mente y el corazón de las personas de hoy. Me refiero al desastroso saqueo de la ciudad imperial de Constantinopla, y el hecho de que fueran cristianos latinos llena a los católicos de una gran consternación».

¿Adónde fueron a parar las reliquias?

En esta orgía de destrucción desaparecieron las reliquias más importantes con las que contaba la cristiandad: la Sábana Santa, los Clavos de Cristo, la Corona de Espinas, la Cadena de Hierro con la que ataron a Jesús, la Lanza, las Sandalias, Ropajes de Santa María, el brazo de san Jorge, la cabeza de san Juan Bautista y un sinfín más que pertenecían al Antiguo Testamento. El saqueo fue sistemático y según los documentos de la época, los soldados se dedicaron a amontonar las riquezas para después repartirlas y los «eclesiásticos» hicieron lo propio con las reliquias. Pero no existe documentación que explique adonde se llevaron. El término «eclesiásticos» es vago y solo nos puede hacer pensar en los templarios. Fueron soldados los que saquearon la ciudad y entre ellos, los únicos que eran monjes eran los templarios, que además tradicionalmente eran los custodios de los objetos sagrados.

El papa Inocencio III había prohibido el robo y comercio con reliquias, así que quien fuera que las tuviera debía esconderlas para no acabar en la hoguera. Y es más que posible que eso es lo que hicieran los templarios. Hay un caso muy claro, que ya hemos descrito en capítulos anteriores: el de la Sábana Santa. Apareció siglos después en Francia, en la región de influencia de los templarios y de la mano de un descendiente de la familia de uno de ellos. Este es el camino que con toda probabilidad siguieron el resto de reliquias. Pero, ¿dónde están ahora mismo? Esto sigue siendo un misterio. Desde que la orden del Temple fue perseguida y sus principales miembros ejecutados, se ha especulado mucho, como se verá más adelante, sobre el destino final de estos artefactos a los que se les conferían poderes mágicos. Más adelante, retomaremos esta cuestión. El hecho de que los templarios se pudieran quedar con las reliquias, plantea cuestiones que los historiadores aún no han podido resolver. ¿Fue la toma de Constantinopla un acto orquestado por los templarios para conseguir apoderarse de las reliquias? ¿O, por el contrario, al verse inmersos en aquella vorágine destructiva, se apresuraron a guardar los objetos sagrados para que no cayesen en el pillaje y la destrucción?

Es difícil saber exactamente lo que ocurrió. La decisión de atacar Constantinopla y de quedarse ahí, sin intentar tomar Jerusalén, que era el auténtico objetivo de la Cruzada, es tan demencial que cualquier explicación podría parecer válida.

Ayudando a sus amigos

Tras estas dos batallas, toca regresar a Europa, justamente en el lugar donde nos habíamos quedado, en Albi, con los cátaros. Pero antes, es necesario reflexionar sobre las implicaciones morales que supuso la toma de Constantinopla. Hasta el momento las cruzadas se habían convocado para luchar contra los musulmanes. En la Cuarta se enfrentaron a hermanos cristianos, aunque fueran ortodoxos. Y a nadie pareció preocuparle demasiado.

LA RUTA DE LOS CÁTAROS

El catarismo fue extinguido y, seguramente, no habríamos vuelto a oír esta palabra si no hubiera sido por el turismo. Todas las guías de viaje de la Occitania francesa reproducen su historia en un pequeño apartado, antes de empezar a describir la ruta de los cátaros. Tal y como relata Javier Ramos en «La ruta de los cátaros», publicado en *Lugares con historia* el 7 de agosto de 2007: «En la actualidad, las huellas del catarismo se conservan, desafiando al paso del tiempo, en una región que parece estar bendecida por la naturaleza, y en la que nos podremos sumergir recorriendo unas serpenteantes carreteras que se internan por profundos valles arropados por una exuberante vegetación. Sobre las montañas que jalonan nuestro trayecto, observamos imponentes castillos, erigidos en cimas prácticamente impenetrables, motivo por el cual fueron utilizados como refugio por los últimos supervivientes de la herejía antes de desaparecer de la historia».

La voz de los cátaros fue acallada, pero cada día centenares de turistas la rememoran escuchando cómo los guías cuentan la represión que vivieron y admirando los castillos en los que fueron asediados. Carcasona, Foix, Mireoix, Montségur, Albi y un sinfín más de antiguos feudos cátaros siguen albergando en sus muros la historia de un holocausto que acabó con la vida de aproximadamente 30.000 personas.

En 2016, el papa Francisco pidió perdón por la matanza que la Iglesia llevó a cabo contra los cátaros, los valdenses (otro grupo perseguido por herejía) y los indígenas mexicanos.

Esto creó un precedente en el que se suponía que los cruzados podían pelear contra otros cristianos y eso eran muy malas noticias para los cátaros. La Tercera y Cuarta Cruzada habían aglutinado la atención de la Santa Sede y los habían dejado fuera de foco. Pero tras el fiasco, el Vaticano necesitaba un nuevo enemigo que abatir y un triunfo que apuntarse. Y ahí estaban los cátaros: en el lugar y en el momento menos adecuado.

El año 1209, el papa Inocencio III, ávido de poder y decidido a dotar a la Iglesia de un monolitismo inquebrantable, se inventó una nueva cruzada, pero para sorpresa de muchos, no dirigida contra los musulmanes, sino contra los cátaros del sur de Francia. Los condenó por herejes y entre la proclamación de esta Cruzada y el año 1244, miles de cátaros o albigenses fueron condenados a la hoguera, en una persecución implacable y harto sangrienta. La idea de la Santa Cruzada se transformó en un instrumento del poder papal enfocada a una causa de su interés. Como no podía ser de otra manera, Inocencio se sirvió de los templarios en tan cruenta empresa.

¿Cómo respondieron los templarios? Algunas fuentes aseguran que obedecieron, otras que lo hicieron ver y algunas que se negaron en redondo. Y es que a estas alturas las similitudes entre cátaros y templarios eran demasiadas. «Fue una de las iniciativas más vergonzosas de la cristiandad: la cruzada contra los albigenses, la única que, bajo el emblema de la cruz enfrentó a cristianos contra cristianos y que dio inicio al exterminio de los cátaros. Herejes y templarios compartieron, entre otras cosas, un territorio. En la Provenza y el Languedoc, regiones por las que se extendió el catarismo, la Orden del Temple controlaba así la mitad de sus posesiones continentales. La convivencia entre ambas comunidades era tan natural que muchos templarios procedían de familias cátaras y gran parte del personal administrativo de la Orden profesaba la herejía. Algunos estudiosos afirman incluso que Bertrand de Blanchefort, Gran Maestre del Temple entre 1156 y 1169, era cátaro. El trato de favor con el que los templarios distinguían a los herejes era manifiesto. La Orden, que constituyó uno de los más valerosos ejércitos enfrentados a los musulmanes en las Cruzadas se abstuvo prácticamente de participar en la persecución de los albigenses», asegura Navarrete.

Esto, seguramente, no fue muy bien recibido por la Santa Sede, que descubrió que los templarios no le eran totalmente incondicionales. Y este punto negativo, sumado a otras muchas circunstancias, pudo pesar a la hora de, años después, condenar a los propios templarios como herejes. Los soldados de Cristo intentaron, en muchas ocasiones, proteger a los cátaros y escondieron en sus encomiendas a muchos de ellos. Así mismo, también se negaron a cumplir la prohibición de enterrarlos en Campo Santo y les dieron sepultura en sus cementerios. Pero aún así no pudieron impedir la masacre que acabó con los cátaros y que es otro de los episodios vergonzosos del cristianismo.

Templo solar, Santo Grial y tesoro cátaro

Las guerras religiosas siempre tienen algo irracional, difícil de explicar. Sin embargo, en cierto modo, es fácil entender las Cruzadas, que enfrentaron a dos religiones opuestas. Sin embargo, resulta más costoso hacerse cargo de las razones que llevaron a perpetrar una matanza como la de los cátaros. César Vidal aporta una explicación en su artículo «El genocidio contra los disidentes: cátaros y valdenses»: «Puede resultar llamativo que el Papa considerara a los herejes más peligrosos que a los musulmanes, pero, desde cierto punto de vista, así era. Los que creían en el islam estaban situados en tierras lejanas o, como en el caso de España, eran combatidos en una dilatada lucha de liberación nacional. No suponían ningún desafío, a decir verdad, para el poder papal. El hereje, sin embargo, planteaba no solo el problema de la cercanía sino además el del desafío al monopolio espiritual que se había adjudicado desde hacía siglos. En el caso de los cátaros, por añadidura, había dejado de manifiesto que, desde un punto de vista meramente dialéctico, ni era inferior ni fácil de derrotar. Partiendo de la propia concepción católica, solo cabía exterminarlo hasta el último».

Y eso es lo que hicieron exactamente los cristianos. Acabar hasta con el último cátaro. Sin embargo, existe una leyenda sobre el final de los cátaros. Fueron asediados en el castillo de Montségur, al sureste de Carcasona, una imponente fortificación situada a 1.207 metros de altura en un terreno tan escarpado que parecía inexpugnable. No lo fue. Sin embargo el imponente edificio tenía otras cualidades más allá de las que arrojan un nuevo enigma al capítulo final de los cátaros. Según un artículo publicado en *National Geographic* por Sergi Grau Torras: «En la década de los cincuenta, el ingeniero e historiador Fernand Niel, tras hacer unas mediciones detalladas y cálculos precisos sobre Montségur, concluyó que el recinto era un templo solar y zodiacal. Los cátaros lo habrían construido de manera que los muros quedaran alineados con la salida del Sol durante los solsticios y equinocios». De todas formas, Grau Torras sugiere que estos cálculos fueron hechos antes de la remodelación del castillo, por lo que las conclusiones puede que no fueran las mismas en el tiempo de los cátaros. De todas formas, la posibilidad de que en aquella época un castillo estuviera diseñado como un templo solar abre infinidad de interrogantes sobre cuál sería su función.

Pero volvamos ahora al 1244, cuando la ciudad de Carcasona había sido tomada y los últimos cátaros se habían refugiado en la fortaleza. Cuando los cruzados entraron, lanzaron a la hoguera a los últimos resistentes, no sin antes interrogarlos. Los cátaros confiesan que durante el asedio escondieron sus riquezas en bosques y cuevas de la región y que, justo antes de que tomaran el castillo, un grupo que depende de la versión oscila entre dos y cuatro personas, escapó para poner a buen recaudo el tesoro.

Según un artículo de Juan José Sánchez-Oro Rosa publicado en el número 74 de *Ojo Crítico*: «La reiteración de los comentarios y el contenido de los mismos, permite aceptar sin mayores problemas la existencia de un tesoro en Montségur y la puesta en fuga de varios cátaros para trasladarlo a otro lugar. [...] En opinión del historiador Michel Roquebert, los cruzados católicos, hacia la Navidad de 1243, iniciaron una aproximación definitiva a las inmediaciones de Montségur. Entonces los asaltantes llevaban unos siete u ocho meses de asedio y consiguieron avanzar hasta el pie mismo de la montaña. La proximidad del enemigo pudo hacer que los cercados optarán por trasladar fuera de la plaza aquellos enseres más valiosos ante la amenaza de una conquista inminente. Dos cátaros, entre ellos un diácono de la iglesia de Tolosa, habrían sido los autores de la operación. Por otro lado, el superar a los centinelas enemigos debió resultarles una tarea bastante fácil, puesto que el testimonio de Imbert de Salles detalla que los vigilantes eran oriundos de Camon. Esta localidad estaba a unos 20 kilómetros de Montségur y, seguramente, las huestes católicas habrían reclutado allí algunos de sus hombres. La ventaja para los fugados fue que Pierre Roger de Mirepoix, señor de la guarnición de Montségur, tenía lazos familiares directos con aquella villa: el ama de cría de su hijo era oriunda de aquella población y a la vez esposa de uno de sus hombres de mayor confianza. Por lo que bien pudieron mover los hilos de ese parentesco para ganarse la complicidad de los soldados de Camon y facilitar la fuga.

Por último, el custodio del tesoro y dueño de la gruta fortificada donde, según Imbert, quedó aquel alojado, era miembro de la familia Châteauverdun, la cual había demostrado repetidas veces su apego a la causa cátara. Ahora bien, ¿de qué cueva se trataba? No puede determinarse con certeza. Sabemos que este tipo de grutas fortificadas resultaban habituales en la región como la que en la actualidad pueden contemplarse en Bouan. Un documento de febrero de 1213 nombra seis de estas cuevas en manos del conde de Foix: Souloumbrie, Subitan, Ornolac, Verdun, Alliat y Niaux. Por su parte, Napoleón Peyrat a finales del siglo XIX creyó identificar la cueva del tesoro cátaro en Lombrive, tras seguir ciertas tradiciones populares que hoy en día se han demostrado falsas».

Muchas son las especulaciones en torno al contenido del fabuloso tesoro. Uno de los testimonios de la Inquisición hablaba explícitamente de oro, plata e infinidad de monedas. A muchos expertos les resulta extraña esta descripción tan detallada sobre todo porque los religiosos predicaban la vida austera y lejos de las comodidades terrenales. Es cierto que este régimen estaba planteado como sobrio y desapegado, pero estaba destinado exclusivamente para los perfectos de la comunidad y al resto se les estaba permitido poseer bienes. Incluso, además, se incentivaba la economía burguesa comercial y artesanal para que la riqueza generada llegara, tras su reparto más o menos equitativo, a todo el mundo. Hay que tener en cuenta que durante el asedio de Montségur, el capital acumulado en el castillo sirvió para adquirir provisiones en las localidades adyacentes, sobornar a enemigos y pagar a soldados mercenarios que ejercían de protectores, entre otras muchas acciones habituales durante un conflicto armado.

Podría, pues, tratarse de un tesoro de riquezas, a la antigua usanza. Aunque también se ha especulado con la posibilidad de que el tesoro fuera el Santo Grial o que aquellas riquezas fueran en verdad una colección de reliquias que estaban custodiando conjuntamente con los templarios. También es posible que estos ayudaran a los últimos cátaros a encontrarlas y a esconderlas.

¿Adónde fueron a parar? Para adentrarnos en este misterio tendremos que sumergirnos en el siguiente capítulo.

LA CRUELDAD DE SIMÓN DE MONTFORT

Gran estratega, profundamente religioso y manifiestamente sádico. Esta es la definición que se desprende de las crónicas de la época sobre Simón de Montfort, que tras participar en la Cuarta Cruzada se encargó de dirigir la que acabó por exterminar a los cátaros.

Era un ferviente católico, que nunca engañó a su mujer, cosa rara en aquella época tan proclive al concubinato, y que obligaba a sus soldados a comulgar antes de la batalla. Pero su piedad acababa ahí, porque con el enemigo no tenía ninguna. Los cátaros que encontraba a su paso eran lanzados a la hoguera sin juicio previo. En Beziers, como se explicó en el capítulo 3, acabó con la vida de toda la población. Toda. 8.000 personas en las que se encontraban también cristianos y por supuesto mujeres, niños, bebés…

Otra de sus costumbres era enterrar vivos a sus enemigos o torturarlos. En este sentido, en los anales de lo macabro ha quedado grabado uno de los episodios que recogen Barreras y Durán: «En abril de 1210, los cruzados tomarían Bram, localidad del Lauragais en la que sus hordas no tardaron en dar nuevamente muestras de su extraordinaria crueldad. Por orden de Simón de Montfort, se seleccionó a cien prisioneros para que fueran sometidos a una tortura ejemplar: se les arrancaron los ojos

y se les cortaron las orejas, la nariz y los labios. No satisfecho con esto, el líder cruzado hizo que los mutilados se desplazaran hasta el cercano castillo de Cabaret guiados por otro prisionero al que los caballeros franceses habían tenido la gentileza de permitirle conservar uno de sus ojos. Con esta exhibición de sadismo, los cruzados deseaban continuar atemorizando a las poblaciones locales, ya que allá por donde pasó tan insólita procesión, a buen seguro que no dejó a nadie indiferente».

Diversas representacoines de Simón de Montfort, el azote de los cátaros.

Las tácticas y la ambición de Montfort hicieron recelar incluso a sus aliados, el papa y el rey de Francia que lo consideraban incontrolable y que en algunas ocasiones desaceleraron el curso de las cruzadas para que no adquiriera tanto poder. El 25 de junio de 1218 fue alcanzado por la piedra de una catapulta que lanzaron unas mujeres resistentes tolosanas y que le aplastaron el cráneo.

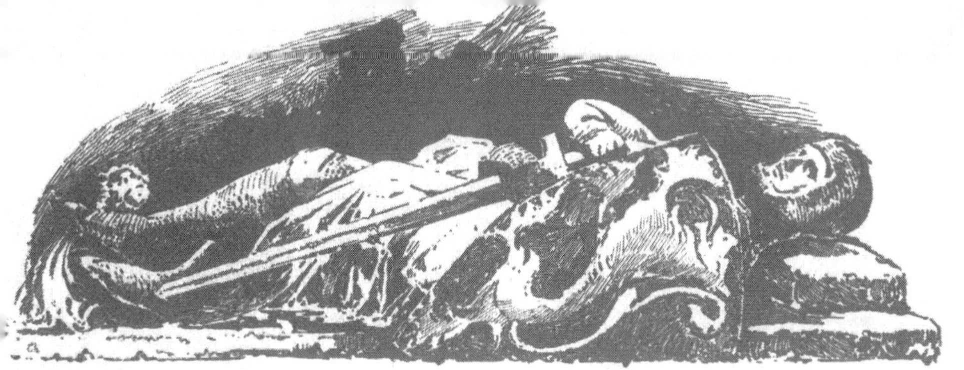

CAPÍTULO 6
EN BUSCA DEL SANTO GRIAL

Mucho se ha especulado sobre la supuesta misión secreta de los templarios. Teniendo en cuenta que ellos eran los custodios de las reliquias, no es descabellado pensar que quisieran encontrar una de las más deseadas de la cristiandad: el Santo Grial. Este objeto mítico, alrededor del cual se entrelaza la historia y la fábula, la fantasía y la fe, el cristianismo y el paganismo.

Para algunos, solo el poder de una reliquia así podría explicar el rápido ascenso y el rotundo éxito que alcanzaron los templarios en tan poco tiempo. Pero todo son especulaciones. El Santo Grial sigue sin aparecer y hay muchos que dudan incluso de su existencia.

En este capítulo nos acercaremos a todas las leyendas que rodean al Santo Grial, pero también a los hechos históricos que podrían apuntalar estas teorías. Lo que sí podemos afirmar es que la historia de los templarios, en cualquier de las versiones, acaba siempre confluyendo con este mítico objeto.

¿Qué es el Santo Grial?

Según la tradición cristiana, el Santo Grial es el cáliz que Jesús utilizó en la Última Cena. A partir de ese pasaje, la Iglesia instauró el sacramento de la Eucaristía. Se considera que José de Arimatea, un amigo del Mesías que cedió el sepulcro en el que fue enterrado, recogió en el cáliz la sangre que brotó de su cuerpo cuando el centurión romano Longinos le clavó la lanza en el costado. El recipiente fue escondido con el resto de reliquias de la Pasión y nunca más se ha encontrado, pero ha sido el objeto sagrado que más especulaciones, obras literarias y películas ha protagonizado.

El nombre de grial aparece en diferentes idiomas: *graal* en francés antiguo, galaico-portugués e inglés medio, *grazal* en provenzal y *gresaal* en catalán. Los filólogos creen que podría provenir de la palabra latina *gradalis*, que era un plato o una bandeja o una fuente que era llevado en los diferentes momentos (*gradus*) de la comida. Sin embargo, en la Baja Edad Media se consideró que el término provenía de *Sang Rèal*, es decir sangre real, haciendo referencia a que contenía la sangre de Jesucristo.

A partir de aquí, las leyendas se entrelazan con hechos históricos, con secretos ocultos, tal vez desde el principio de los tiempos porque como se verá en el siguiente apartado, el Grial podría estar presente desde mucho antes del cristianismo.

¿Qué poderes se le atribuye al Santo Grial? Desde ser la fuente de la inmortalidad, hasta poder alimentar a ejércitos, pasando por conceder un poder incalculable a quien lo custodie. El Santo Grial contiene también una lección, una sabiduría oculta que conecta a los hombres con un poder superior.

Antecedentes paganos

Se sabe que muchas de las tradiciones cristianas provienen de otras paganas que fueron asimiladas por esta religión. El Santo Grial u objetos de poderes y dimensiones muy similares están presentes en los mitos de la antigüedad.

Según recoge Juan Eslava Galán en el libro *Templarios, griales, vírgenes negras y otros enigmas de la historia* (Editorial Planeta, 2013): «El Grial o cáliz de Cristo adopta, en las versiones paganas más antiguas, muy diversas formas: bandeja, piedra, copa, caldero, mesa o piedra preciosa. Es posible que la primera representación griálica fuera el círculo, representación de la bóveda celeste interpretada como un cuenco invertido. Un sentido similar puede tener los círculos pintados o esculpidos que aparecen en algunos monumentos prehistóricos, así como las esferas de piedra y las estelas redondeadas que suelen asociarse a las culturas megalíticas. Muchas de ellas, vestigio de una religión matriarcal, han recibido culto en tiempos cristianos. El vaso o recipiente, como representación de matriz de la creación, se utiliza en muchos ritos. Entre los celtas es un caldero en el que se renace o que inagotablemente dispensa alimentos a los guerreros, como el cuerno de la abundancia de otras mitologías (sueño muy acariciado por los famélicos celtas); en los cultos de Dionisos se bebía de un vaso sagrado; algo parecido era el Kernos de los misterios de Eleusis».

La relación entre la feminidad y la fecundidad y el Grial es muy interesante, sobre todo si la analizamos bajo el punto de vista de los gnósticos. Ellos creían en una deidad femenina, Sofía, la sabiduría. Era oscura y solo mostraba su luz a los iniciados. Algunos investigadores consideran que el Santo Grial podría ser una representación de Sophia, Sofía o la diosa de la sabiduría.

La abundancia tanto física como espiritual está presente en los antecedentes paganos del Grial. Las leyendas celtas están repletas de objetos mágicos, piedras, lanzas, espadas y calderos. En las mitologías irlandesa, galesa y celta se cree que estos objetos mágicos son los que le dan el poder a guerreros y reyes. Muchas teorías de los historiadores apuntan a que las ollas para cocinar en los calderos de los antiguos mitos y leyendas de Bretaña fueron con seguridad los predecesores del Grial. El caldero en estas historias fantásticas era símbolo de abundancia que repartía recursos y conocimientos infinitos, pero también se interpreta como símbolo de resurrección, pues en ellos se arrojan a los muertos para que resuciten al día siguiente. El caldero alimenta a los guerreros celtas como la sangre contenida en el cáliz sagrado nutre la fe de los cristianos y les otorga una vida nueva.

Aún hay más historias paganas de objetos que a lo largo de la historia que podrían enlazar con el Santo Grial. Por ejemplo, en alguna de las leyendas griálicas el cáliz pasa a ser una esmeralda que el diablo llevaba incrustada en la frente y que se le cayó en una batalla. Esa piedra, según la mitología hindú, es el Tercer Ojo, la puerta que abre el conocimiento más místico. Esto también enlaza con las creencias gnósticas y la posibilidad de la creación de una sociedad secreta para acceder a un conocimiento superior.

Siguiendo el hijo de estas leyendas, Satanás está en la Tierra en busca de esa piedra sin la que no puede volver al plano espiritual. La piedra es por tanto, como el Tercer Ojo, la puerta de acceso a la espiritualidad. La piedra se menciona como *lapsit exillis* (piedra del destino) o *lapis lapsus ex caelis* (piedra caída del cielo). La última acepción ha dado pábulo a algunas hipótesis sobre la procedencia extraterrestre del Grial.

La mitología irlandesa tiene leyendas que reproducen historias de piedras caídas del cielo que podrían haberse diluido en las del Grial.

Asimismo, la esmeralda griálica también conecta con la piedra filosofal que tan afanosamente buscaban los alquimistas en la Edad Media. Esa piedra podía convertir cualquier metal en oro. Pero también se le atribuía el poder de rejuvenecer e, incluso, de conceder la inmortalidad. Y esos poderes tenían que ver con la iluminación, con el deseo de trascender a un plano más espiritual.

El Grial es una clara metáfora de la unión del hombre con lo divino y también del conocimiento, pero sobre todo la ascensión a un estado superior de conocimiento en que se conecta directamente con el Altísimo. Así el hombre alcanza su máxima perfección y plenitud espiritual.

A nadie se le escapa que todas estas coincidencias enlazan a la perfección con la idea de que los templarios buscaban reliquias que solo serían aptos para iniciados, que les conferían una iluminación espiritual y, acaso, un gran poder terrenal.

Leyendas que podrían no ser cuentos

En general, la corriente escéptica tiende a considerar que el Santo Grial es una fabulación, que empieza con la publicación de Perceval, el cuento del Grial de Chrétien de Troyes, que es considerado el padre de la novela y el iniciador de los mitos artúricos. Muchas de las historias que cuenta en esta novela misteriosamente inacabada se han tomado como ciertas y eso ha servido para negar la existencia del Grial y considerarlo fruto de la imaginación.

Pero vayamos por partes. Como se ha dicho, a Chrétien de Troyes se le considera el primer novelista y no había una tradición previa. ¿Por qué? Pues porque hasta aquel momento buena parte de lo que se podía considerar producción literaria pretendía explicar historias verídicas, adornadas, por supuesto, para hacerlas más digeribles, pero «inspiradas en hechos reales».

Un ejemplo mucho más antiguo, pero que viene al caso de las grandes epopeyas clásicas, como *La Ilíada* y *La Odisea* de Homero

o *La Eneida* de Virgilio. Las tres recogen historias míticas pero se basan en hechos históricos que adornan para atraer a su público. Por ejemplo, durante siglos se creyó que la ciudad de Troya era una fantasía. Y sin embargo en 1871, el arqueólogo Heinrich Schliemann encontró la mítica ciudad y demostró que no era ficticia. Está situada en la actual provincia turca de Çanakkale, junto al estrecho de los Dardanelos, y entre los ríos Escamandro (Karamenderes) y Simois (Dümruk Su), muy cerca del Mar Negro.

Sirva este ejemplo para comprender que durante siglos la literatura, la historia y el periodismo iban de la mano y que parte de la información sobre el Grial que se ha desechado por considerarla fruto de la imaginación del autor, podría no serlo.

Aquí se ha de añadir un dato en el que muy pocos investigadores han recaído y que resulta de vital importancia para entender la vinculación de las historias griálicas y los templarios. El autor de la primera de ellas, la mencionada *Perceval*, Chrétien de Troyes, como su nombre indica nació en Troyes (donde tuvo lugar el famoso concilio que de fundación de los Templarios) en la región de la Champaña (el área de influencia de la Orden). Por tanto podría tener contacto directo con las historias que los templarios contaban en aquel momento. Su novela apareció en el siglo XII, por lo que podría haber accedido de primera mano a esa información. Se cree que fue clérigo en una corte, probablemente la de María de Francia. No se conoce a qué orden pertenecía, lo que deja muchas posibilidades abiertas. Por último hay un dato que resulta de gran importancia: en muchas de sus biografías se considera que o era cátaro o nació en el seno de una familia que seguía esta doctrina.

Estos datos nos darían un nuevo enfoque a la hora de abordar su obra que seguramente tiene más de real de lo que se ha considerado hasta este momento.

Perceval, el inicio de las leyendas artúricas

Las historias del rey Arturo y los caballeros de la Mesa Redonda se basan en la búsqueda del Grial. La primera, que es la del mencionado Chrétien de Troyes, aporta información ciertamente interesante para acercarnos a esta reliquia.

La primera vez que la ve Perceval es en el castillo del rey Pescador, un monarca enfermo al que ha acudido a auxiliar: «Las antorchas daban luz a la sala con tal resplandor que no podría hallarse en todo el mundo una estancia iluminada de modo semejante. Mientras estaban charlando con placer, apareció un paje que salía del aposento contiguo. [...] Aparecieron entonces otros dos pajes, robustos y bien parecidos, cada uno de los cuales portaba una lámpara de oro con incrustaciones: en cada lámpara brillaban no menos de diez cirios. Luego apareció un Grial que llevaba entre sus manos una bella y gentil doncella, ricamente ataviada. La seguían dos criados. Cuando entró portando el Grial, invadió la sala tan gran claridad que la luz de los cirios palideció como ocurre con la luna y las estrellas cuando sale el sol. Detrás de la doncella iba otra que portaba una bandeja de plata. El Grial que iba delante era del oro más puro, adornado con una variedad de ricas piedras preciosas como no se encontrarán otras en la tierra o en el mar: ninguna gema podía compararse con el Grial».

De aquí podemos sacar dos datos importantes, que tienen mucho que revelar sobre el Grial y en los que profundizaremos más adelante. El primero es que la que la custodia sea una mujer. El segundo es que esté escondido en un castillo. Algunas de las hipótesis que desgranaremos más adelante contienen estos dos elementos: la presencia femenina en el contacto con lo divino y la necesidad de tener custodiado el Grial en una fortificación.

Por otra parte, el ritual parece una iniciación en la que Perceval toma contacto con el objeto mágico que después ya no vuelve a ver. Cuando se despierta, el castillo está en ruinas y dedicará su vida a la búsqueda de la reliquia mágica. La visión del Grial en el resto de leyendas artúricas suele ser también efímera. Los caballeros de la Mesa Redonda también lo verán por unos instantes, pero dedicarán toda su vida a buscarlo. El Grial representa en estos casos una iluminación, el contacto con la espiritualidad que marca un camino de inicio y de evolución personal que es más importante que la finalidad de encontrar el objeto místico.

¿Un escritor templario?

Otro libro que sigue la historia del Grial y que también se considera pura ficción es *José de Arimatea* del francés Robert de Boron. Poco se sabe de este escritor, que nació en el siglo XII y murió en el XIII. Los pocos datos de su vida parten de su obra. En el libro se refiere a sí mismo como caballero. También habla del señor al que sirve, al que llama Pierre el Gentil. Por las descripciones que hace, se cree que podría tratarse de Gautier de Montbéliard. Este noble se enroló en la Cuarta Cruzada, la que culminó con el bochornoso saqueo de Constantinopla, en el que desaparecieron las reliquias más codiciadas de la cristiandad. Si Boron era su caballero es muy probable que estuviera allí y tuviera información de primera mano que después reflejara en sus libros.

Sabemos por lo tanto que Boron era un caballero, pero ¿podría ser un caballero templario? Todo parece indicar que sí. Montbéliard, a quién servía, fue regente de Chipre. Esta isla fue regalada por Ricardo Corazón de León a los templarios y tras la caída de Jerusalén se convirtió en su base. Por tanto, hay muchos números para que el escritor vistiera el hábito blanco.

Lo que revela en su libro es realmente interesante. Se centra en la historia de José de Arimatea, justo después de la resurrección de Cristo. El hombre es acusado de haber robado el cadáver del Mesías y encarcelado. No lo alimentan durante meses, pensando que así morirá de hambre. Pero él sobrevive durante doce años (o cuarenta y dos, según la versión), gracias a la contemplación del Santo Grial. En este tiempo, se le aparece Jesús y le revela los misterios del Grial. En otras versiones, es el Mesías el que le libera.

Hagamos una pausa en el relato para aportar un detalle que podría establecer un vínculo con todo lo que se está contando y los templarios. Durante la Edad Media se reivindicó la figura de José de Arimatea. ¿Y quién lo hizo? Pues curiosamente san Bernardo de Claraval, el máximo promotor de los tem-

plarios con la Santa Sede. Es como mínimo un dato curioso a tener en cuenta. Y como se verá más adelante no es una casualidad, pues el santo también reivindicó a otro personaje de vital importancia en todo lo que se relaciona con el Grial.

Sea como fuere, la mayoría de estas historias coinciden en que José de Arimatea abandonó Palestina en un barco rumbo a Europa acompañado de un grupo de seguidores. Entre ellos se encontraba Lázaro, María Magdalena, Marta, Felipe y las madres de algunos de los apóstoles. María se quedó en Francia con Felipe y el resto siguió rumbo a Inglaterra. Allí decide, por una revelación divina, establecerse en Avalon, en una abadía en la que cumple con su función de custodiar el Santo Grial. Uno de sus descendientes será el rey Arturo.

¿Pero dónde está la mítica Avalon? La mayoría de estudios la ubican en Glastonbury, en Somerset, al sur de Inglaterra. Aunque hay algunas dudas al respecto, pues en muchas crónicas se indica, por ejemplo, que en 1184, la abadía de Glastonbury sufrió un devastador incendio y, durante los trabajos de reconstrucción, unos obreros encontraron, a dos metros de profundidad, una losa de piedra y una cruz de plomo con la inscripción HIC IACET SEPULTUS INCLITUS REX ARTURIUS IN INSULA AVALONIA («Aquí yace sepultado el famoso rey Arturo, en la isla de Avalon»). Debajo de la losa encontraron un enorme tronco ahuecado que contenía un esqueleto cuyo cráneo presentaba señales de heridas. A su lado yacían unos huesos más delicados, presumiblemente de mujer y restos de cabello rubio que muchos indicaron que podría ser la reina Ginebra. Los monjes preservaron los huesos con todos los honores entre las más preciadas reliquias de la abadía. Es cierto que toda esta historia de las reliquias artúricas en la abadía de Glastonbury despide un tufillo de falsificación, quizá alentada, cuando no tramada, por los monjes para vincular al monasterio con la legendaria Avalon, la isla maravillosa, y atraer beneficios de la monarquía. De ser así, funcionó a las mil maravillas, porque al poco tiempo, Glastonbury y Avalon fueron para siempre de la mano y nadie discutía que José de Arimatea, el legendario portador del Grial, se hubiese afincado en aquel convento.

El Grial metafórico

Otra de las teorías que ha ganado más enteros en el último tiempo es que el Grial en sí no sea un objeto físico, sino que representa un ideal espiritual que se ha de alcanzar, una iluminación como la que precisamente buscaban los cátaros y seguramente los templarios. El Grial como un camino a seguir hacia la perfección, que es lo que buscaban estos dos colectivos. Y tal vez el sendero para una iglesia que no traicione la intención primigenia de su creador. Eslava Galán lo sintetiza de forma brillante: «A nivel filosófico, el Grial representa la armonización de la dualidad esencial, lo masculino frente a lo femenino, que se identifican con la Virgen madre, portadora del Grial, y el propio Jesucristo, rey del Grial. Otra interesante teoría establece una dicotomía entre la Iglesia pública, representada por Pedro y el papado, y la Iglesia secreta, representada por José de Arimatea y los que después de él llevaron el título de Rey Pescador. Esta Iglesia secreta representaría la gnosis cristiana, y el Grial simboliza el conocimiento y la plena unión con la divinidad a la que los iniciados aspiran. Esta teoría se ramifica a su vez y genera sus propios mitos. Se ha especulado sobre la existencia de una Iglesia secreta, y sobre el legado iniciático que Cristo confió al apóstol Juan, transmitido luego a los custodios del Santo Sepulcro y a los templarios».

El Grial podría ser una misión, la que ocultaban los templarios. La creación de una nueva Iglesia que debía permanecer en la sombra y compartir su sabiduría únicamente con los iniciados.

Todas las leyendas artúricas versan sobre hombres que lo dejan todo para lanzarse en la busca de un objeto mítico. Desde el principio, hay una condición: solo los puros lo conseguirán. Esto parece tener relación con los perfectos cátaros o el ideal de pureza templario.

Son relatos que tuvieron un enorme éxito y que siguen fascinando. ¿Cuál es la fórmula para conectar con el público durante siglos? La clave está en que la búsqueda del Grial es una búsqueda interior. Es el camino de estos protagonistas para conocerse mejor, para entender su naturaleza y la del mundo y eso es algo universal. Y su lucha por ser mejores. En resumen, en distintos poemas se narran las aventuras de Lanzarote, Gawain, Bors, Perceval y Galahad en su búsqueda del Grial y el éxito final quedaba reservado, por la gracia divina, a solo tres de ellos: Galahad porque preservó su pureza; Perceval porque mantuvo su inocencia; y Bors, porque nunca dejó de ser humilde. Los otros caballeros fracasaron a causa de sus pecados: Lanzarote porque cometió adulterio con la reina y por lo tanto, solo alcanzó a ver el Grial en sueños; Gawain porque no se percató del aspecto místico de la empresa y siguió un camino equivocado.

El evangelio de Jesús

Recientemente, una nueva teoría se ha sumado a la búsqueda del Grial. Es la que mantiene el historiador inglés Grigor Fedan: «La copa es solo un símbolo para las enseñanzas reales de Jesús, escritas por él mismo. Se llamó así con el objetivo de evitar la persecución que sufrían los cristianos en aquel momento. Estas enseñanzas en un primer momento se escondieron en la Biblioteca de Alejandría, en Egipto, el mayor almacén de conocimiento de la Antigüedad. En el siglo IV d.C. este evangelio fue trasladado a una localización secreta en las montañas de Tibesti, las más grandes del Sahara, en Chad. Posteriormente, los caballeros templarios hicieron copias de este Evangelio, que fue ocultado antes de que la orden fuese disuelta en el siglo XIV. Probablemente haya un ejemplar enterrado bajo la pequeña capilla de Rosslyn, a escasos 15 kilómetros de Edimburgo, en Escocia, y los masones podrían tener otra copia. El original, escrito por Jesús, se habría atesorado en algún lugar sagrado, por su valor místico más que práctico».

La declaración del historiador contiene puntos en los que profundizaremos más adelante, pues hay varias teorías que mantienen que cuando los templarios fueron perseguidos, embarcaron su tesoro y documentos de vital importancia hacia Edimburgo, concretamente a la capilla de Rosslyn. Sea como sea, lo que destaca de la hipótesis del historiador es que el Grial cumpliría con su misión de iluminar, pero en vez de hacerlo a través de poderes mágicos, lo haría mediante la palabra del Mesías. La razón por la que no se menciona en ningún momento que Jesucristo hubiera recopilado sus propias enseñanzas es que los primeros cristianos tenían que ocultarse y temían que si los romanos los encontraran, pudieran destruir el legado escrito del Maestro. Por ello, en vez de hablar explícitamente de ese evangelio, se referían a él como el Santo Grial.

¿Por qué, después de tantos años, los que custodian este evangelio no lo han mostrado al mundo? Aquí entramos en el plano de la especulación, pero es muy probable que se deba a que no todo el mundo está preparado para ello. Se trataría de una revelación solo apta para iniciados. Y la forma de mantenerlo así sería a través de una sociedad secreta.

Nada sabemos de lo que podría contener el Evangelio de Jesucristo, pero el historiador Grigor Fedan está totalmente convencido de que si viera la luz cambiaría para siempre la historia del cristianismo. Tal vez esa podría ser una de las razones para que se mantuviera oculto.

La Sangre Real

El Código da Vinci de Dan Brown (2003) es uno de los bestsellers más famosos del mundo: ha vendido 79 millones de ejemplares y ha sido traducido a 44 idiomas. La historia mantiene que el Santo Grial no es un objeto, sino que significa «Santa Sangre» y hace alusión al linaje secreto de Jesucristo.

«Algunos poetas medievales del siglo XII contemporáneos a la aparición por vez primera en la literatura europea de la leyenda del Grial, aluden a una "Familia Grial". Presumiblemente eran los custodios del santo cáliz, que más tarde se demostraron indignos de tal privilegio. Los estudiosos del Santo Grial establecen a veces una conexión entre la palabra *sangraal* y *gradales*; palabra esta que parece significar copa, fuente o taza en lengua provenzal. Mas también se ha sugerido que descomponiendo el término sangraal en dos elementos, tendremos *sang raal*, que en el francés antiguo equivale a "sangre real" o "regia"», describe Margaret Starbird en el libro *María Magdalena y el Santo Grial* (Editorial Planeta, 2005).

Según esta teoría, María Magdalena fue la esposa de Jesús y concibió una hija. Tras la crucifixión, huyó a Francia, custodiada por los seguidores del Mesías donde se ocultó. Sus descendientes fueron la dinastía merovingia. Ese sería el secreto que la Iglesia Católica habría ocultado durante siglos.

La propuesta es atractiva como trama, pero ¿hay algo más allá de la ficción? A partir de la publicación del libro surgieron múltiples seguidores y detractores de esta teoría. Pero lo cierto es que no es una historia de nuevo cuño y que lleva siglos rumoreándose.

Tanto en el arte, literatura y folclore medievales, así como en los acontecimientos históricos y en la Biblia, abundan tetimonios que relacionan a la Magdalena con la sangraal de las leyendas. Muchas de esos relatos serán objeto de debate desde entonces en un intento por demostrar que la supuesta novia o amiga íntima de Jesús fue tal vez de manera accidental dejada al margen de la historia como consecuencia de un tumulto político en la provincia romana de Israel después de que Jesús fuera crucificado.

¿Quién era María Magdalena?

En la Biblia existe una confusión sobre quién era María Magdalena que tal vez haya sido aprovechada para denostar a uno de los escasos personajes femeninos que tuvieron cierta relevancia en la vida de Jesucristo. La confusión es que aparecen dos Marías (además de la virgen): una sería María Betania, la hermana de Lázaro, a quien Jesucristo resucita, y la otra sería la «pecadora» a la que absuelve de sus pecados.

Según Starbird: «Hay fuertes razones que sugieren la posibilidad de identificar a María Magdalena con María de Betania, hermana de Marta y de Lázaro, mencionada en los Evangelios de Lucas y de Juan. Esa María apacible estaba sentada a los pies de Jesús mientras su hermana Marta se afanaba por servir a sus huéspedes (Lucas 10, 38-42) y más tarde ungió a Jesús con nardo (Juan 11, 2; 12, 3).

Las referencias bíblicas a María Magdalena incluyen la información de que fue una de las mujeres que acompañaban a Jesús después de haberla sanado de la posesión de siete demonios (Lucas 8, 2; Marcos 16, 9). También informan que había sido una de las mujeres presentes al pie de la cruz de Jesús (Marcos 15, 40; Mateo 27, 56; Juan 19, 25) y una de las que se acercaron a la tumba de Jesús con las primeras luces del alba de Pascua (Marcos 16, 1; Mateo 28, 1; Lucas 24, 10; Juan 20, 1 y ss.). El Evangelio de Juan dice que fue sola a la tumba y que se encontró con Jesús, al que confundió en un primer momento con el jardinero; al reconocerlo se abalanzó sobre él para abrazarla, llamándole *rabboni*, forma cariñosa del término *rabbí* (maestro). Resulta evidente que esa María, llamada la Magdalena, era una amiga y compañera íntima de Jesús».

El papa Gregorio I aseguró que consideraba que María Betania era la misma mujer pecadora a la que Jesús le sacó los siete demonios. Y aún hay más: en el calendario cristiano no se celebra la festividad de María de Betania, pero sí la de la otra hermana de Lázaro, Marta. En cambio hay un día asignado para conmemorar el santo de María Magdalena: el 22 de julio, justamente una semana antes que el de Marta, por lo que parece lógico que se dieran días próximos a la veneración de las dos hermanas.

Pero aún hay más misterios. En el Antiguo Testamento existe un libro anómalo por su contenido en comparación al resto: el Cantar de los Cantares. No habla ni de profetas ni de normas para regular la comunidad, que suelen ser los temas que abordan las Sagradas Escrituras. Este libro viene a ser un canto al amor y una recopilación de consejos para la vida en matrimonio.

Durante siglos ha sido atribuido a Salomón, pero ahora se sabe que es imposible que cronológicamente se escribiera entonces. Lo más curioso es que en la Edad Media lo interpretaron como contemporáneo a la vida de Jesucristo. ¿Y quién fue el principal impulsor de esta interpretación? Un viejo amigo de este libro y, por supuesto, de los templarios.

En sus sermones del Antiguo Testamento, Bernardo de Claraval equipara simbólicamente la esposa del Cantar de los Cantares con la Iglesia y con el alma de cada creyente. El prototipo que elige como ejemplo de «esposa» de Cristo es María, la hermana de Lázaro, aquella que permaneció sentada a los pies de Jesús asimilando sus enseñanzas (Lucas 10, 38-42) y que posteriormente ungió sus pies con un perfume de nardo y los secó con su cabellera (Juan 11, 2; 12, 3). Pero en ese mismo sermón Bernardo dice también que es posible que la tal María de Betania sea la misma mujer que María Magdalena. Novecientos años antes de estos sermones, ya un teólogo cristiano de

Alejandría llamado Orígenes (185-254), equiparaba explícitamente a la Magdalena con la esposa del Cantar de los Cantares. Tal asociación se difundió ampliamente y fue aceptada en la Edad Media.

La «esposa» del Cantar de los Cantares es negra y enlaza con las deidades veneradas por las religiones mistéricas y posteriormente por el gnosticismo. Las vírgenes negras representan la sabiduría, que está oculta y que solo es revelada al iniciado tras rituales concretos o una vida entregada al perfeccionamiento del alma. Más o menos lo que predicaban los cátaros.

Tal y como destacan Ana Silvia Karaciz y María Martha Fernández en el artículo «Sophia Nigrans, la diosa del Grial» publicado en el número 52 de la revista *Más Allá*: «La civilización agraria de la antigua Europa [...] considera el color negro como el color de la vida. Era el color de la Madre Tierra, nutriente, contenedora, la que da luz a sus hijos y los llama nuevamente a su vientre cuando acaban sus vidas. Y esta Madre, que es una y sepulcro a la vez, que guarda en su seno la sabiduría de los hijos que retornaron a sus entrañas, permitirá a los ancestros responder a los enigmas que los vivos les plantearon durante milenios. Delicada, se manifestó de muchas maneras, y fue trascendiendo el tiempo, abriéndose en un abanico de formas detrás de las cuales se mantenía el núcleo casi inalcanzable de la sabiduría secreta».

Este vínculo entre las vírgenes negras y María Magdalena, expuesto por un representante de la Iglesia Católica tan prestigioso como san Bernardo de Claraval, abre la puerta a suposiciones ciertamente inquietantes que enlazarían la religión cristiana con ritos ancestrales paganos.

La prostituta vilipendiada

María de Betania parece por tanto ser María Magdalena y la mayoría de los investigadores de la Biblia están convencidos de que era una discípula de Jesús. Y otros muchos están convencidos de que fue su esposa. Estas dos afirmaciones harían temblar los cimientos de la Iglesia. Siempre se ha considerado que el sacerdocio solo lo podían ejercer hombres, pues Jesús escogió varones como discípulos. Pero los historiadores aseguran que había más de doce y que entre sus filas también se contaban muchas mujeres.

La afirmación de que María Magdalena fuera su mujer resulta aún más demoledora, pues da al traste con la imagen que la Iglesia Católica nos ha hecho llegar de Jesucristo. Y si en algún momento se admite que se han equivocado, ¿cuántos errores más deberían de admitir? Los cimientos del cristianismo podrían zozobrar.

Por eso, tal vez, María Magdalena ha sido definida como una prostituta y una pecadora y su papel en la vida de Jesucristo se ha minimizado.

«Es una gran figura bíblica que, sin embargo, la Iglesia católica tachó durante siglos, sin misericordia, de prostituta, adúltera, pecadora, poseída por siete demonios, llorona», describe Juan G. Bedoya en el artículo «María Magdalena, de prostituta a apóstol de apóstoles», publicado el 26 de marzo de 2006. En este artículo, el periodista acusa a Pedro de ser el creador de la mala fama de María de una forma amena y clara:

«Fue el apóstol Pedro quien puso la primera piedra de tales maledicencias. María Magdalena financió y sostuvo, junto a otras muchas mujeres, los tres años de campaña por Palestina del fundador cristiano. "Ayudó con sus bienes al Maestro", dice el evangelio de Lucas. Cuando fueron creciendo como secta judía, antes de hacer la romería (a Roma), para hacerse grandes hasta sustituir al Imperio romano, es probable que la temperamental mujer de Magdala quiso imponer su autoridad como compañera predilecta de Jesús y la mejor amiga de la madre, María. Pedro ya había expresado su enojo por cómo era tratada, con qué cariño y deferencia. Para acabar con su prestigio, pronto se empezó a decir que había sido prostituta, o que estuvo poseída por el demonio, o que no tenía la fuerza necesaria para mandar...

Cabe imaginar la escena. No está en película alguna, pero imaginemos. Magdalena, la amiga de María y la más amada por Jesús, no ha huido cuando detuvieron y crucificaron al jefe y es la primera a la que se aparece el Resucitado. En cambio, Pedro, señalado por el fundador como la piedra sobre la que se edificará la Iglesia, huyó y negó al maestro tres veces por miedo. Antes, Pedro había criticado a María Magdalena en presencia de Jesús, por metomentodo y parlanchina. El Maestro la defendió con aplomo. No es imaginación. El conflicto aparece en varios evangelios, oficiales o no. Por ejemplo, en el de Tomás. "Las discusiones entre la Magdalena y Pedro aparecen en más lugares, también en el Evangelio de María, que data seguramente del siglo II. Ahí se muestra a Leví, discípulo de Jesús, replicándole a Pedro cuando este critica a Magdalena: 'Si el Salvador la ha hecho digna, ¿quién eres tú entonces para despreciarla? Con seguridad el Salvador la conoce bien; por eso la amó más que a nosotros". Lo escribe Diarmaid MacCulloch en su imponente *Historia de la Cristiandad*».

El valor de las mujeres cercanas a Jesucristo tras la crucifixión es algo que alabó Juan Pablo II, asegurando que demostraron ser mucho más fuertes que los hombres. Pero por supuesto, en la época nadie admitió aquello. Y mucho menos el que negó a su Maestro tres veces. El resto de apóstoles también sentía celos de María Magdalena. Incluso cuando Jesús vivía. Esto se desprende de los evangelios apócrifos, concretamente del de Felipe, que comenta que los seguidores de Cristo se sentían celosos de su consorte, que le besaba en la boca.

La Iglesia reprodujo la idea que tenía Pedro, que por algo era su fundador, y aunque el cristianismo oriental honró siempre a la Magdalena por su cercanía con Jesucristo, la Iglesia Católica, en Occidente, tuvo una relación ambivalente con el personaje. Nunca dijo literalmente que fuera una prostituta, pero sí se plegó siempre a aquella interpretación de Gregorio Magno de que todas las mujeres supuestamente pecadoras que habían transitado por los textos evangélicos eran la misma mujer: María de Magdala, la amiga del Señor, una prostituta arrepentida. La piadosa calumnia ya había hecho su efecto y se mantendría por los siglos de los siglos.

Este fragmento contiene una información relevante en su inicio. La Iglesia Oriental, donde las creencias gnósticas estaban más enraizadas y con las que los templarios tuvieron más contacto, honraban a la Magdalena.

Sea como fuera, la acusación de prostitución o de ser adúltera eran las que más rápidamente daban al traste con la credibilidad de una mujer. Pero a día de hoy, carecen de verosimilitud. Se ha demostrado que era una mujer rica y culta, que sufragó los gastos de la predicación de Jesucristo. Y el peso de estas evidencias es tal, que el propio Vaticano ha tenido que rectificar y admite que se ha de «ensalzar la importancia de esta mujer que mostró un gran amor a Cristo y que fue tan amada por Cristo, y para resaltar la especial misión de esta mujer, ejemplo y modelo para toda mujer en la Iglesia». Así lo sentenció el Vaticano hace apenas dos años. La prostituta se alza desde entonces como apostola apostolurum, «la apóstol de los apóstoles».

Esta rectificación no va más allá y no habla de otra de las hipótesis que circulan sobre la santa denostada. Ella podría haber fundado una Iglesia en los albores del cristianismo que estaba enfrentada a la de Pedro, que adoptó un modelo más machista que dejó fuera a las mujeres. Teólogos como Xavier Pikaza subrayan cómo la iglesia fue constituyéndose como una religión de varones: «Al principio no fue así. Todavía a mediados del siglo II, a pesar del ascenso imparable de una visión jerárquica y patriarcal de los ministerios cristianos, una parte considerable de las iglesias cristianas se hallaban dirigidas por mujeres. La iglesia oficial ha podido tener miedo ante María Magdalena y ha preferido destacar el papel de María, la madre de Jesús».

La esposa de Jesucristo

Una vez ha quedado claro la importancia que tuvo María Magdalena en la religión cristiana, vamos a tratar otra problemática cuestión. ¿Se casó con Jesucristo? Esta idea resulta terriblemente turbadora para la Iglesia Católica, que aboga por el celibato de los sacerdotes que siguen el ejemplo del Mesías.

Hay un hecho que todos los evangelistas destacan y todos vinculan a una mujer llamada María: la unción de Jesucristo. La supuesta pecadora vierte aceite sobre el Maestro. Este momento de la historia sobre la unción de Jesús por la mujer en Betania es uno de los episodios más importantes de los que recuerdan los evangelios del Nuevo Testamento. Su significado debe de ser muy grande cuando los cuatro evangelios canónicos informan sobre tan raro episodio.

La unción era una costumbre servía para nombrar rey a alguien. Y también se llevaba a cabo en los matrimonios. El ritual, tal y como se describe en los evangelios, parece seguir la tradición de la unción de un rey por parte de una sacerdotisa antes de que se desposaran. Starbird apunta: «En Grecia ese rito se llamó *hieròs gámos* o "matrimonio sagrado". La unción de la cabeza tenía un significado erótico, pues la cabeza era símbolo del falo que la mujer unge con vistas a la penetración durante la consumación física del matrimonio. El novio elegido era ungido por la sacerdotisa real, vicaria y representante de la diosa. Cantos de amor, alabanza y acción de gracias acompañaban a la pareja y continuaban luego de consumarse su unión matrimonial, celebrándose un espléndido banquete de bodas para toda la ciudad en medio del regocijo general de los ciudadanos. A veces la fiesta se prolongaba varios días. La bendición de la unión regia tenía que reflejarse en la continuada fertilidad de cosechas y a través de su unión con la sacerdotisa el rey/consorte recibía un estatus regio. Se convertía en el ungido, en el Mesías de los hebreos».

Estas prácticas parece que fueron cediendo terreno a las que presentaban a un dios masculino, de poder ilimitado. Pero muchos especialistas apuntan la posibilidad de que María fue una sacerdotisa, proveniente de un linaje hebreo, probablemente de la línea de Benjamín. Con la unión con el nazareno, descendiente de la tribu de David, se unirían dos estirpes reales. De ahí podría provenir el término: Sangre Real, Santo Grial.

Esto enlaza de nuevo con el gnosticismo, los cátaros y los rituales que podrían llevar a cabo una sociedad secreta de templarios. Estas doctrinas adoran a dos deidades, una masculina y otra femenina.

Si se considera el hecho de que María fuera una sacerdotisa, también se comprendería la importancia de la unión. Y que se la tildara de prostituta, porque muchas sacerdotisas eran llamadas, con gran respeto, prostitutas del templo.

Pero ¿por qué no aparece ninguna mención a la supuesta boda de Jesucristo en la Biblia? En la novela *Rey Jesús* (1946), Robert Graves, uno de los mitógrafos más importantes del siglo XX, sugiere que el linaje y matrimonio de Jesús estuvieron ocultos a todos, no conociéndolos más que un grupo selecto de dirigentes realistas.

LO QUE SABEMOS DE JOSÉ DE ARIMATEA

Leyenda e historia se juntan en este personaje, que es el único que aparece citado casi de igual modo en las Santas Escrituras. Lo definen como discípulo de Jesucristo, aunque san Juan matiza que lo hacía en secreto, por miedo a las autoridades romanas y judías. Por la información que se proporciona de él, parece que era un hombre influyente y rico, pues tenía un sepulcro recién construido que es el que le ofrece a Jesús. También parece que el lugar donde tuvo lugar la Última Cena era una propiedad suya.

Según los evangelios apócrifos podía tratarse del tío abuelo de Jesucristo, el hermano de san José, que al morir este, se había convertido en su tutor. Ello explicaría que su relación fuera tan cercana.

Cuando murió Jesucristo, hubo una desbandada de sus discípulos. Pedro había renegado de su maestro y el resto tuvo que ocultarse para evitar las represalias de judíos y de romanos. Pero el único que se mantuvo al lado del cuerpo crucificado de Cristo fue José de Arimatea, que además tomó una decisión muy valiente dada las circunstancias: le pidió al gobernador romano Poncio Pilatos que le diera el cuerpo de Jesucristo. Él, con ayuda de otro discípulo que se oculta de serlo, Nicodemo, descolgaron el cuerpo, lo envolvieron en lienzos blancos y lo llevaron al sepulcro, que sellaron con una roca.

Tras ser encarcelado, huyó, según algunas historias, acompañando a María Magdalena y a sus hermanos Lázaro y Marta. A partir de aquí, las leyendas se multiplican de tal modo que es imposible que un hombre hiciera tantas cosas. Se le atribuye haber evangelizado Francia, España, Portugal e Inglaterra. En este último país tiene un especial culto, pues se le considera el fundador de la primera iglesia cristiana, la abadía de Glastonbury, donde según la leyenda está enterrado el rey Arturo. De hecho, en las leyendas artúricas se le considera el abuelo del mítico rey.

Para proteger la estirpe real había que mantener aquel matrimonio oculto a los romanos y a los tetrarcas herodianos. Tras la crucifixión de Jesús, la protección de su mujer y su familia tuvo que ser un compromiso sagrado para los pocos que conocían su identidad. Toda referencia al matrimonio de Jesús hubo de ser deliberadamente oscurecida, controlada o eliminada. Pero la mujer embarazada del ungido hijo de David debió de ser la portadora de la esperanza de Israel, la portadora de la sangraal. En las condiciones de ocupación de Israel por los romanos, la Sagrada Familia había de permanecer en la clandestinidad y tenía que ser protegida a toda costa por la facción realista de Palestina. Parece obvio que después de la muerte de Jesús, María Magdalena no permaneció por más tiempo en Jerusalén. Ni en el libro de los Hechos de los Apóstoles ni en las Cartas de Pablo hay mención alguna a María, Marta o Lázaro. Y en cualquier caso no es probable que a María se la identificase jamás como la viuda de Jesús, pues el peligro habría sido demasiado grande.

La huida de la Sagrada Familia

Con esta situación, María debía escapar, sobre todo porque según se cuenta en esta teoría estaba embarazada de una hija a la que llamaría Sara. Y la acompañó José de Arimatea, que es el custodio del Grial, que en esta hipótesis no es un objeto físico. Se cree que la primera escala del viaje fue Egipto, que era el país que en aquellos tiempos acogía a los judíos huidos por cualquier razón. Allí podría haber nacido Sara. Después del parto, se dirigieron a Francia.

«Estudiosos de arqueología y de lingüística han descubierto que ciertos topónimos y algunas leyendas contienen "fósiles" del pasado remoto de tal área geográfica. A lo largo de años de transmisión oral la verdad puede haber sido embellecida con ciertos cambios y los relatos pueden haberse abreviado; pero persisten algunos rasgos de verdad en forma fósil, enterrados en los nombres de pueblos y lugares. En la ciudad Les Saintes-Maries-de-la-Mer, en Francia, se celebra cada año del 23 al 25 de mayo una fiesta en una capilla en honor de santa Sara la egipcia, llamada también Sara Kali, la reina negra. Un análisis más detallado revela que dicha fiesta, cuyos orígenes se remontan a la Edad Media, se celebra en honor de un niño egipcio, que acompañaba a María Magdalena, a Marta y a Lázaro, que llegó con ellos en un pequeño barco, que atracó en el lugar el año 42 d. C. El pueblo parece haber supuesto que tal niño, al ser egipcio, era de piel oscura y que, en una interpolación posterior, debió de ser criado de la familia de Betania, pues no era posible encontrar otra explicación a su presencia», ilustra Margaret Starbird.

La María Magdalena "oficial" que se nos muestra en la Bilbia podría no ser un retrato muy exacto sobre esta mujer.

Es muy probable que la niña se transformara en un niño por las costumbres de la época, que solo hablaban de los hijos varones y acaso por la necesidad de ocultar datos más específicos que pudieran hacer peligrar la seguridad de la hija de Jesús. Tenemos que tener en cuenta además que se recupera el mito de la virgen negra o de la deidad femenina y oscura que representa la sabiduría. También es curioso el nombre, Sara, que en hebreo significa princesa.

Los descendientes de Cristo

A partir de aquí se multiplican las posibilidades. ¿Qué ocurrió con Sara y su descendencia? Una de las teorías más extendidas es que acabaron formando la dinastía merovingia, pues existen testimonios que sugieren que la descendencia real de Jesús y de María Magdalena acabó fluyendo por las venas de los monarcas merovingios de Francia. El propio nombre merovingio puede ser un fósil lingüístico porque la familia real de los francos llama meroveo a uno de sus ancestros. Ahora bien, la palabra merovingio se compone fonéticamente de dos sílabas radicales, en las que fácilmente podemos reconocer mer y vin: María y vino. Descompuesto el apelativo de ese modo, bien puede entenderse como una alusión al "vino de María" o tal vez al "vino de la Madre". La descendencia regia de Israel quizá sobrevivió a la persecución y pudo imponerse a los merovingios de Europa y a las familias emparentadas a los mismos, que guardaron durante siglos sus genealogías secretas. La Primera Cruzada podría así haberse entendido como una tentativa por restablecer a un heredero de la progenie de David en el trono de Jerusalén en la persona de Godofredo de Bouillon el cual, según la leyenda, pertenecía al linaje merovingio.

Los templarios: la sociedad secreta ancestral

Si damos crédito a estas teorías, tenemos que replantearnos el origen de los templarios. Desde su llegada a Francia, María y Sara están protegidas por un grupo de fieles que las custodian. Muchos apuntan la posibilidad de que estos custodios se establecieran como una sociedad secreta que no pudiera revelar su misión. Una sociedad que mantuvo el secreto solo apto para iniciados durante siglos y que durante las Cruzadas viera la posibilidad de establecerse oficialmente sin revelar su misión. Este podría ser el origen de los templarios. Tal vez también el de los cátaros.

Custodiar el Santo Grial suponía proteger con la propia vida el secreto de la estirpe de Cristo. Ello explicaría que los templarios nacieran en Francia y tuvieran estructuras de poder opacas para que una pequeña élite compartiera el secreto que provocaría las iras de la Iglesia Católica.

Una de las características comunes de cátaros y templarios era el culto a María Magdalena. En los templos que construyeron estos últimos se veneraba siempre a la Santa confiriéndole en lugar a veces más importante que a la propia Virgen María y a Jesucristo. De hecho, uno de los ejemplos más enigmáticos se halla en la vidriera de la catedral de Chartres. Todo parece indicar que se trata de la representación de María Magdalena llegando a Francia. La catedral está dedicada a la Ascensión de Nuestra Señora, pero parece que en muchas ocasiones los templarios encubrían el culto a la Magdalena con el de la Virgen. Asimismo, su juramento era «por Dios y por nuestra señora» en vez de «Por Dios y la Virgen Santísima», que es lo que se estilaba en la época.

Los cátaros también eran fervientes adoradores de María Magdalena, lo que es otro dato que estrecha los vínculos entre los templarios y los cátaros tanto que cobran sentido las teorías que aseguran que eran lo mismo.

Si el secreto de los templarios era uno que podía hundir a la religión católica, no es de extrañar que la reacción de esta fuera tan brutal contra los templarios, como se verá en el siguiente capítulo.

LOS NAZIS Y EL SANTO GRIAL

De sobras es conocida la afición de los nazis, en concreto de Hitler y Himmler, por las reliquias religiosas y en concreto por el Santo Grial. El encargado de buscarlo fue Otto Rahn, un medievalista que había estado desde joven obsesionado por la historia del mítico cáliz. Siempre estuvo seguro de su vinculación con los cátaros, que eran otra de sus obsesiones y a los que dedicó su tesis doctoral.

Estaba convencido de que se encontraba en Montségur, el castillo donde se refugiaron los últimos cátaros. La razón era porque en la obra *Parsifal* el famoso poeta Wolfram von Eschenbach lo situaba en un castillo en los Pirineos llamado Mountsalvatsche, que él identificó por el nombre y la ubicación con Montségur. Se dedicó a explorar el castillo y las cuevas y publicó dos libros con títulos que dan bastante que pensar: *Cruzada contra el Grial* y *La corte de Lucifer*. Este último libro expone que los cátaros no consideraban a Lucifer maligno, sino que era Luzbel, el portador de la luz. También mantenía que el Santo Grial era una piedra preciosa que se había desprendido de la corona (como hemos visto en este capítulo).

Aquellos libros llamaron la atención del jefe de las SS, Heinrich Himmler, que lo reclutó para su equipo de buscadores de artefactos mágicos. Se rumoreaba que Rahn tenía antepasados judíos y que además era homosexual. Según afirma J.M. Sadurí en el artículo «Otto Rahn, el buscador del Santo Grial» para los nazis publicado en *National Geographic* el 13 de marzo de 2020: «En realidad, Rahn era un firme detractor del régimen nazi e incluso llegó a frecuentar algún que otro circulo contrario al nazismo, pero el historiador no tuvo más remedio que aceptar la tarea que le habían encomendado. "Un hombre necesita comer, ¿Qué esperabas que hiciera? ¿decirle que no a Himmler?", le dijo Rahn a un amigo. También se vio obligado a entrar a formar parte de las SS en 1936».

Hitler y Himmler querían encontrar las reliquias de la cristiandad para utilizar sus supuestos poderes divinos en su beneficio.

Para sobrellevar la situación, Rahn empezó a beber. Era todo lo contrario a un representante de la raza aria: fumaba, no practicaba deporte y se emborrachaba. En una de sus juergas perdió tanto los papeles que acabó siendo acusado de conducta deshonesta. Le degradaron, le obligaron a no beber durante dos años y a que se casara. Finalmente fue enviado al campo de Dachau. «Aquella estancia lo sumió en una depresión crónica. Escribió a un amigo: "Ya no es posible por más tiempo vivir en el país en el que se ha convertido mi patria. Ya no puedo dormir y comer. Es como si una pesadilla se posara sobre mí"», recoge Sadurní.

Su muerte sigue siendo un misterio. A la salida del campo, abandonó a su mujer y presentó su dimisión en las SS. El 13 de marzo de 1939 se encontró su cuerpo en las montañas de Austria congelado y rodeado de unos frascos que podrían haber contenido veneno. Tenía 35 años.

La pérdida de este colaborador no frenó la campaña de Himmler por encontrar el Santo Grial y otras reliquias. Uno de los lugares a los que viajó Himmler fue a la montaña de Montserrat, cerca de Barcelona. También se interesó por encontrar el Arca de la Alianza en Toledo. Evidentemente, nunca encontró ninguna de las reliquias que buscaba.

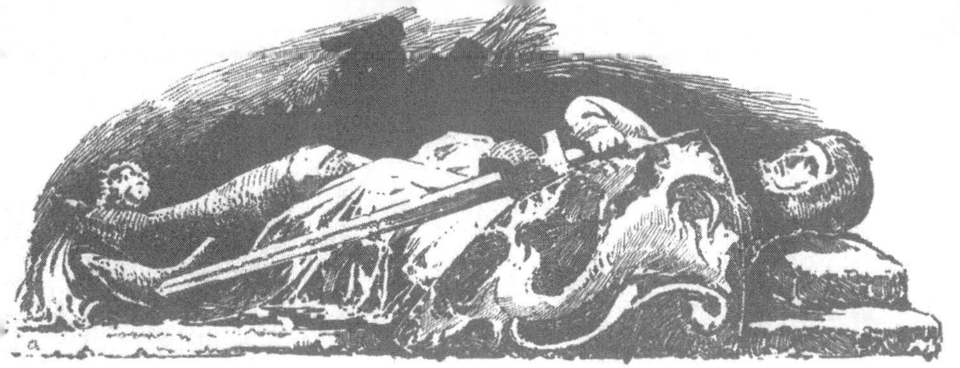

CAPÍTULO 7
EL PRINCIPIO DEL FIN

Volvemos a empuñar la lanza y a dirigirnos al campo de batalla, donde por mucho que los trovadores adornen la historia y realcen las gestas caballerescas, no se puede decir que las cosas vayan bien. La Cuarta Cruzada, con el arbitrario y codicioso saqueo de Constantinopla, ha acabado con el ideal cruzado. Los defensores de la Cristiandad solo han acabado por desestabilizar más el Próximo Oriente y han demostrado que anteponen la codicia a la fe. Pero aún así no ha pasado nada. La Cruzada contra los cátaros ha confirmado la deriva hacia guerras descoordinadas y patosas que siempre están a punto de lograr algo que en el último momento no se consigue. Esta será la tónica de las próximas cinco Cruzadas.

Y pese a todo, los templarios seguirán aumentando su prestigio y, sobre todo, sus bienes. En este capítulo trataremos de un tema de vital importancia para entender que el aumento de las riquezas de la Orden continúe imparable pese al hundimiento de los resultados en el campo de batalla. La razón es que los Caballeros de Cristo fueron los inventores de la banca moderna.

Al acabar este capítulo, nos encontraremos con una decisión repentina y abrupta: la disolución de la Orden y la persecución de la misma, tema que abordaremos en el próximo capítulo. Pero ahora mismo, como decíamos, es el momento de dirigirnos al campo de batalla.

Templarios y hospitalarios a la greña

Los templarios tenían una competencia de la que aún no hemos hablado. Se trataba de los Caballeros de la Soberana Orden Militar y Hospitalaria de san Juan de Jerusalén, también monjes guerreros y también con un estatus que les permitía no rendir cuentas a ningún estado ni jerarquía religiosa. Lo hacían directamente al papa.

El origen de los hospitalarios era muy diferente al de los templarios. El objetivo inicial de la Orden era atender a los peregrinos enfermos. Sin embargo, tras la Primera Cruzada, y probablemente después de observar lo bien que les iba a los templarios, se metamorfosearon de enfermeros a guerreros y en 1130, doce años después de la formación de los templarios, cogen las armas. De todos modos, nunca abandonaron su función asistencial, por lo que tenían un plus del que carecían los templarios. Su popularidad creció enormemente. Aunque el ideal caballeresco por antonomasia seguía siendo el de los templarios, que tal vez por aquello de quien golpea primero, golpea dos veces, seguían en el *top 10* de temas de los trovadores de la época.

La competitividad entre hospitalarios y templarios no tardó en llegar. Ambas órdenes estaban más ávidas de méritos y bienes que de trabajar conjuntamente para la victoria. Cuando las cosas iban bien, ambas se apoyaban, pero cuando empezaron las derrotas también lo hizo el enfrentamiento.

Tras la Cuarta Cruzada se podría decir que Tierra Santa era un sindiós, en el que ambas órdenes pactaron con los musulmanes y tomaron decisiones por intereses propios. Y ahí es donde se produjeron los primeros enfrentamientos sonados entre ambos, que pasaron de las palabras a las manos. Tal y como describe Corral: «Las órdenes de templarios, hospitalarios y del Santo Sepulcro mantenían sus actividades gracias a las rentas que les llegaban de sus encomiendas de Europa, pero daba la impresión de que el papado y los reyes cristianos habían renunciado a recuperar Jerusalén. La tensión fue en aumento y el ancestral odio que se profesaban mutuamente templarios y hospitalarios estalló de modo violento en 1217, produciéndose entre ambas órdenes enfrentamientos armados en las calles de algunas ciudades de Palestina, con muertos por ambos bandos; la animadversión recíproca ya no desaparecería nunca».

Los musulmanes debían frotarse las manos viendo cómo los monjes soldados en vez de atacarlos a ellos, lo hacían entre sí. Am-

Templarios y hospitalarios primero fueron hermanos de armas, pero sus intereses acabaron chocando.

bas órdenes habían jurado no atacar a cristianos, pero tras el saqueo de Constantinopla y la Cruzada contra los cátaros, todos parecían haber olvidado aquella promesa.

Las razones del enfrentamiento que más se han reseñado es la competitividad territorial y económica. La función de ambas órdenes era la misma, por lo que los ingresos y las nuevas incorporaciones que se hacían en una, despertaban la envidia de la otra. Y viceversa. Lo mismo ocurría con el territorio. El área de influencia de cada una de las órdenes era codiciada por la otra.

Pero ¿había razones ocultas que justificaran esta enemistad entre hermanos cristianos? Hemos de tener en cuenta que los hospitalarios vivían una situación idéntica a la de los templarios, estaban en contacto con otras culturas, religiones y saberes ancestrales. Aquí se bifurcan las hipótesis. Algunos estudiosos consideran que la camaradería inicial entre ambas órdenes se tornó en enemistad cuando los hospitalarios descubrieron que los templarios tenían una organización secreta dentro de su estructura en la que se compartía un saber solo apto para iniciados. Sin embargo, hay quien asegura que lo supieron desde el primer momento. De hecho, compartían esa estructura y ese supuesto culto, pero por alguna razón adoptaron visiones y prácticas diferentes que los separaron.

La principal razón que sustenta esta idea es el culto a san Juan Bautista que ambas organizaciones profesan. Los hospitalarios llevan a su santo en su nombre, por lo que es lógico que consagren sus templos al santo. En los de los templarios aparece muy a menudo la imagen del primo de Jesús. Y lo más curioso es que en muchas de estas representaciones, ya sea de templarios y hospitalarios, se le concede más importancia al Bautista que al propio Mesías. ¿Cuál podría ser la razón? La respuesta podría encontrarse en el mandeanismo, una secta gnóstica oriental que considera a san Juan Bautista el auténtico salvador. En este sentido, también se apunta que el enfrentamiento entre ambas órdenes podía deberse a que ambas querían custodiar la cabeza del santo o que hicieron una interpretación diferente de las enseñanzas de esta secta.

Sea como fuere, lo cierto es que el enfrentamiento entre unos y otros es un hecho a partir de la Quinta Cruzada que irá en aumento con el paso de los años y que probablemente jugó un papel decisivo en la disolución de los templarios. Para dirimir las luchas intestinas, nada mejor que un enemigo externo y un buen conflicto bélico. Y eso es precisamente lo que tuvieron.

Hacia la Quinta y Sexta Cruzada

Habían pasado dieciocho años desde el final de la Cuarta Cruzada (1204) y parecía que los monarcas europeos le habían dado la espalda a Tierra Santa. No era de extrañar. La situación en Occidente requería su atención: enfrentamientos entre Francia e Inglaterra, un imperio alemán muy inestable e Italia en pleno proceso de atomización.

¿Quién se acordaba ya de Jerusalén y de los peregrinos? Los templarios y hospitalarios se encargaron de hacer de Pepito Grillo y llamar la atención del papa y de los monarcas europeos para que organizaran una nueva Cruzada. En este sentido, se considera que los templarios fueron los que más le insistieron al papa Inocencio III. Y se salieron con la suya, el pontífice convocó la Quinta Cruzada, a la que respondieron franceses, alemanes, austríacos y húngaros. La expedición fue comandada por el monarca de estos últimos, el rey Andrés. Pero el hombre, tras haber cumplido su peregrinación, perdió el interés por la contienda y regresó a su país.

La Quinta Cruzada fue una de las que más efectivos militares reunió de varios países y se centró en primera instancia en conquistar El Cairo.

Y como casi siempre, la falta de planificación y de coordinación supuso una operación militar caótica. Los ejércitos de cada país iban a la suya y así no había forma de apuntarse una victoria. Recordemos que la campaña militar de la Quinta Cruzada tenía como objetivo Egipto, donde radicaba el poder del imperio mameluco. El plan consistía en destruir las bases musulmanas en el delta del Nilo e intentar la conquista de El Cairo. La ocupación de la ciudad de Damieta, en el gran brazo oriental del río, era vital para continuar avanzando hacia la capital. Los cruzados llegaron al delta en la primavera de 1218 y durante un año, en el que sufrieron todo tipo de penalidades, se mantuvieron firmes hasta que el 21 de agosto de 1219 decidieron ocupar Damieta. Como solía ser habitual, templarios y hospitalarios fueron los primeros en lanzarse al asalto; el resultado fue cincuenta templarios y treinta dos hospitalarios muertos, pero por desgracia para ellos, el sacrificio fyue en vano y tuvieron que retirarse. El asedio de Damieta acabó de manera inesperada, pues los musulmanes, aislados y sin alimentos, fueron muriendo de hambre y de enfermedades. Cuando los cruzados se dieron cuenta de lo que estaba pasando, se acercaron con cautela a la ciudad y la tomaron sin apenas resistencia. El sultán de Egipto les ofreció un trato: les entregaría Palestina a cambio de la paz y de la devolución de Damieta, además de devolverles la reliquia de la Vera Cruz.

Era un buen trato, que hubiera supuesto la estabilización del territorio, al menos durante una temporada. Entonces, ¿por qué no lo aceptaron? Esa es una de las preguntas que los historiadores siguen

EL MANDEANISMO: LOS FANS DE JUAN EL BAUTISTA

Los Caballeros de la Soberana Orden Militar y Hospitalaria de san Juan de Jerusalén, como su nombre indica, veneraban a san Juan. Algo que también hacían los templarios, que consagraban sus iglesias al precursor del cristianismo. Se ha insinuado que ambas organizaciones podían pertenecer a una secta gnóstica, el mandeanismo, que se separaba radicalmente de los principios de la religión católica.

Recordemos que san Juan Bautista aparece en las Sagradas Escrituras como el primo de Jesús y el que le bautiza, instaurando así ese sacramento que adoptó la Iglesia. También pertenecía a la secta de los esenios, que son los que tenían el mapa de las reliquias en el famoso Rollo de Cobre encontrado en el Mar Muerto. Esa era la misma secta, como se ha señalado en capítulos anteriores, a la que perteneció Jesucristo. Por ello se considera que el Maestro podría haber sido discípulo de su primo así como sus seguidores. Él bautizaba a sus adeptos para prepararlos para la inminente llegada del Mesías y abogaba por una vida de penitencia.

Herodes Antipas, el tetrarca de Galilea, le encarceló, porque en sus sermones criticó que se hubiera casado con Herodías, su sobrina, que antes había estado desposada con su hermano. Herodías quería que Herodes condenara a muerte al predicador que ponía en tela de juicio su matrimonio. Sin embargo, Herodes temía a aquel hombre puro y se negaba a hacerlo, pero desbordado por su deseo por la hija de su mujer, Salomé, le prometió que le concedería lo que deseara si representaba ante sí la danza de los siete velos. La joven accedió y consultó cuál debería ser la recompensa a pedir con su madre. Esta se lo dejó claro: la cabeza de san Juan Bautista. Y Herodes Antipas cumplió con su promesa y se la presentó en una bandeja de plata.

El culto a la figura de el Bautista no es patrimonio del catolicismo y también cuenta con seguidores en el islam. La secta del mandeanismo, también conocida como sabianismo,

se originó en los tres primeros siglos tras la muerte de Jesucristo. Renegaban de la importancia de este, de Mahoma y de Abraham pues para ellos el auténtico profeta y Mesías era san Juan.

Resulta muy reveladora su estructura: los miembros no podían decir que pertenecían a la secta y solo los iniciados podían acceder a los secretos místicos cuando estuvieran realmente preparados para ellos. Esta estructura de sociedad secreta debió ser ciertamente inspiradora para los templarios.

sin resolver. Los templarios no estuvieron de acuerdo y utilizaron todas sus influencias para rechazarlo. ¿Por qué? Esta actitud parece que quisiera conducir a Occidente a una nueva derrota, que es lo que acabó ocurriendo, y cumplía la hoja de ruta secreta de debilitar a la cristiandad desde dentro.

Al final el acuerdo nunca se llevó a cabo y volvieron a batallar. Los cruzados dominaban parte del delta del Nilo, pero estaban atrapados en un terreno pantanoso que además se inundaba cada año con las crecidas del río. En el verano de 1220 los musulmanes abrieron los canales de aguas y toda la zona se inundó, causando un enorme desconcierto en los cruzados, que iniciaron una desordenada retirada. Miles de musulmanes cayeron sobre ellos provocando una matanza. Los cruzados capitularon y abandonaron Egipto. La Vera Cruz que el sultán había ofrecido devolver a los cristianos se quedó en manos infieles.

Pese a las continuas derrotas, los cruzados no aprendían o no querían aprender. Y seguían manteniendo una fe en la victoria que a vista de hoy y de los resultados que habían cosechado parece bastante infundada. ¿Por qué seguían peleando? Los templarios azuzaban al papa para que convocara una nueva Cruzada y este acabó concediéndosela seis años después de la derrota de la Quinta. El resultado de la Sexta fue igualmente desastroso.

La encabezaba el emperador de Alemania Federico II, que había sido excomulgado. Por esta razón, los templarios no podían mostrarse a su lado, pero acabaron por cabalgar con él, observando cierta distancia y, finalmente, pelearon codo con codo dejando siempre bien claro antes que no seguirían sus órdenes directas. Federico II fue muy hábil y solo llegar a Tierra Santa se casó con Isabel, la hija del rey de Jerusalén y tuvieron un hijo que murió al poco de nacer, por lo que el emperador se autoproclamó rey de Jerusalén. Su objetivo era claro y recuperaba el espíritu de las anteriores Cruzadas: recuperar Jerusalén.

La ciudad santa, destruida por tantas guerras, había dejado de tener una importancia estratégica para los musulmanes, por lo que el emperador germano optó por la vía diplomática y negoció con el sultán de Egipto la recuperación de Jerusalén, Nazaret y Belén, a cambio de que Hebrón quedara en manos musulmanas. Eso sí, se deberían respetar los lugares sagrados de todas las religiones. Y los musulmanes tendrían el control del Templo de Salomón y de las mezquitas de la Roca y de al-Aqsa en las que se seguiría llevando a cabo el rito islámico.

Complots templarios

Los templarios pusieron el grito en el cielo al enterarse del posible trato. Ellos querían recuperar a toda costa su base en Tierra Santa y aquello les pareció poco menos que una humillación. Se cuenta que incluso intentaron asesinar al emperador, lo que demuestra que dentro de la organización tenía que haber una sociedad secreta capaz de orquestar una acción así. Pero el tiro les salió por la culata, el emperador se enteró de sus planes, los acusó de traición y trató de vengarse de ellos, e incluso urdió planes para secuestrar al Gran Maestre, que no se materializaron.

Finalmente, Federico II, rey de Jerusalén, se volvió a Alemania, dejando la región desprotegida. Fueron años caóticos de enfrentamientos entre templarios y hospitalarios y de campañas sin ton ni son. Pero, finalmente, el Gran Maestre Amiand de Périgord pactó con el gobernador Ismail de Damasco la retirada de los musulmanes de las mezquitas y así pudo cumplir con su deseo de que la Orden volviera a alojarse en su antigua base en el Templo de Salomón.

Ese parecía ser el principal objetivo de los templarios. Se argumenta que su orgullo estaba en juego, pero ¿había algo más? Eso parece. Volvemos al tema de las reliquias. Una hipótesis argumenta que debían seguir haciendo excavaciones para encontrarlas. Otra asegura que bajo la explanada habían escondido las reliquias, entre ellas probablemente el Arca de la Alianza, y querían recuperarlas.

Federico II es proclamado rey de Jerusalén.

Cuando volvieron a tomar la que había sido su base de operaciones, lo primero que hicieron fue ponerse a construir. De puertas afuera, la muralla. De puertas adentro, y según parecen indicar las excavaciones datadas de la época, siguieron escrutando en el subsuelo.

Sin embargo, de poco les sirvió, pues la recuperación de su casa matriz en la explanada del Templo fue efímera. Ayub, sultán de Egipto, lanzó un ataque contra su enemigo, el señor de Damasco, al que ayudaron los templarios. En el verano de 1244 Ayub se dirigió contra Jerusalén, donde los templarios casi habían acabado las fortificaciones, pero no fueron suficientes para resistir el ataque de los egipcios, apoyados por varios regimientos de feroces jinetes joresmios, mercenarios reclutados por Baibars en Asia Central. Las divisiones y luchas internas en el bando musulmán eran las mismas que en el cristiano. Los defensores no eran muchos y la ciudad cayó en manos musulmanas el 11 de junio. De los seis mil pobladores cristianos que había en ella solo se salvaron trescientos. Jerusalén fue saqueada y la iglesia del Santo Sepulcro, tal vez la más venerada de la cristiandad, fue quemada hasta los cimientos.

Aún así las esperanzas de una hipotética victoria despertaron de nuevo casi veinte años después cuando se convocó una nueva Cruzada.

A por la Séptima Cruzada

El líder de esta nueva incursión de Próximo Oriente fue Luis IX, un hombre profundamente religioso que compartía con los templarios la obsesión por las reliquias. La Orden vio en este nuevo líder un compañero con intereses similares y en la nueva Cruzada una forma de recuperar su prestigio y situarse por encima de los hospitalarios. Pero su precipitación les salió cara y en 1249 una emboscada acabó con la vida de cientos de templarios y de su maestre, que fue sustituido por Reinaldo de Vichiers, que era un hombre de confianza del monarca francés.

Luis IX de Francia, un obseso de las reliquias de la cristiandad.

Las Cruzadas, a aquellas alturas, se habían convertido en un auténtico caos. Y tanto se combatía contra los infieles como hospitalarios y templarios se atacaban mutuamente.

Los templarios, que tenían muchos contactos en la zona y que en ese momento ya solo combatían por sus intereses, empezaron a conspirar y a alcanzar acuerdo por su cuenta. Vichiers había cerrado un acuerdo secreto con el emir An-Nasir Yusuf, señor de Alepo, quien, enemistado con los mamelucos de Egipto, había ocupado Damasco. El pacto consistía en el reparto de unos territorios en Siria entre templarios y An-Nasir. Cuando Luis IX supo de la existencia de este tratado, ordenó al maestre que lo rompiera. Y para que no quedara duda de su autoridad, organizó una ceremonia que causó un tremendo malestar entre los templarios. En presencia de todo el ejército, obligó al maestre Vichiers a romper ese pacto, humillándolo ante sus caballeros. Desde luego, para ellos fue una afrenta terrible, pues su autonomía quedaba absolutamente deshecha ante la subordinación del maestre al rey de Francia.

Pero al poco, y ante la imposibilidad de recuperar Jerusalén, el monarca galo se volvió a su país.

Y llegaron los mongoles

Por tanto, todos los esfuerzos de la Séptima Cruzada habían sido en vano. Parecía imposible conquistar permanentemente Tierra Santa y es posible que la cristiandad hubiera renunciado a hacerlo y hubiera dado por finalizada su presencia en el territorio si no hubiera sido por la irrupción de un nuevo actor: Gengis Khan de Mongolia, que conquistó China y Asia Central en un abrir y cerrar de ojos.

Los cruzados vieron en los herederos de su imperio un buen aliado para combatir a los sarracenos. De todas formas, no toda la cristiandad tenía simpatía hacia los mongoles. Y en concreto el papa no les tenía mucho aprecio, pues en sus tierras permitía la libertad de culto y no aceptaban su autoridad.

Pero fuera como fuera, el pacto, que ocurrió entre la Séptima y Octava Cruzada, y en este tiempo los triunfos fueron realmente mucho más exitosos que durante la Guerra Santa.

En enero de 1260 los mongoles y sus aliados cristianos tomaron Alepo y su formidable fortaleza en tan solo una semana y a principios del mes de marzo entraban triunfantes en Damasco. Lo hicieron acompañados de sus aliados cristianos Hetum I de Armenia y Bohemundo VI de Antioquía y Trípoli. Siria entera cayó en su poder, con lo que el islam oriental quedaba reducido a Egipto y a los desiertos de Arabia. Todo parecía presagiar que su fin estaba próximo.

Pero como tantas veces, hubo un giro de guion inesperado. Los musulmanes contraatacaron con mucho éxito. En la batalla de El Pozo de Goliat derrotaron a los mongoles, que nunca más volvieron a tener interés por Oriente Próximo.

Esto se acaba

Tras el fiasco de la Séptima Cruzada, el interés europeo por Tierra Santa había caído en picado y a nadie parecía ya importarle lo que ocurriera allí. A nadie, excepto a los templarios, que seguían intentando llamar la atención con desesperación.

En este contexto, los templarios empiezan a hacer movimientos ciertamente sospechosos. Estaba claro que su razón de ser, la de proteger a los peregrinos, había dejado de tener sentido, pues ningún cristiano en su sano juicio emprendería un viaje hacia tierras tan hostiles donde le esperaría la muerte. No tienen suficiente fuerza para hacer frente a los ataques musulmanes e intentan pactar con su enemigo para sobrevivir. Y tal vez, en esta etapa, continúa el intercambio de conocimientos religiosos.

Algunos especialistas consideran que hay un desapego de los templarios a las cuestiones mundanas. Siguiendo las doctrinas gnósticas, se concentran en la salvación de su alma y en los rituales que les acercan a revelaciones místicas. Y sin embargo, una facción de los templarios se aferra a la esperanza de una victoria final más terrenal.

Son estos los que contactan con Jaime I de Aragón, que había reconquistado Mallorca y Valencia a los musulmanes. El monarca siempre había sido cercano a la Orden, pues había sido educado por ellos. Él responde al llamado de sus antiguos maestros y convoca por su cuenta y riesgo la Octava Cruzada.

Pese a sus buenas intenciones y que a lo largo de su vida había demostrado sobradamente ser un estratega brillante, Jaime I no estaba en condiciones de asumir aquel reto. Contaba entonces con setenta años. Aún así, su llamado fue seguido por Luis IX de Francia, que también era un anciano que no se perdonaba haber perdido la Cruzada anterior. El fracaso no fue indoloro, pero sí rápido: la contienda que acabó en derrota para la cristiandad se prolongó únicamente un año, de 1270 a 1271. Hay historiadores que consideran que hubo una Novena Cruzada, que se prolongó un año más, cuando Eduardo I de Inglaterra se unió al ejército cristiano. Otros la consideran como un alargamiento de la Octava. Fuera como fuera, el resultado fue el mismo: una derrota sin paliativos.

Los templarios se quedaron en una tesitura ciertamente complicada: abandonados a su suerte en Tierra Santa y enfrentados a los hospitalarios, los únicos cristianos que además estaban tan apurados como ellos. La esperanza de una nueva Cruzada era lo único que les mantenía en aquellas tierras enemigas. Pero esta nunca llegó.

Un odio visceral

La principal razón por la que Felipe atacó inmisericordemente a los templarios fue económica: quedarse con su patrimonio. De todas formas, también es cierto que sentía una terrible animadversión por ellos, debido a que no estaban sometidos al poder del orgulloso rey. ¿Pero por qué sentía tanta aversión por los templarios? Las razones eran sin duda múltiples. En primer lugar, la Orden no reconocía por señor más que a Dios y solo el papa tenía poder, aunque limitado, sobre ella. Su organización interna era la de una república aristocrática, ejemplo molesto para la realeza hereditaria, pues el rey había pedido explícitamente que la Orden fuera reformada y que su maestrazgo se volviera patrimonio hereditario de su linaje. Desde su palacio, podía ver la Torre del Temple, provocándole con insolencia, una ciudad dentro de la ciudad que no tenía que rendirle cuentas. La Orden tenía sus franquicias, sus privilegios, su derecho de asilo, su alta, media y baja justicia y todo ello fuera de su regio control.

El autor francés también destaca otros factores más personales. Como se ha comentado, cuando tuvo que refugiarse con ellos porque estalló un motín popular, pidió que le admitieran como caballero honorario y su demanda fue rechazada. Además, también había intentado que su hijo ingresara en la Orden y también se lo denegaron. ¿Cómo se atrevían aquellos caballeros a hacerle un desplante como aquel? Y había además algo que los historiadores también han tenido en cuenta. Esta humillación sin duda le recordaba la sufrida en su infancia y que le marcó de por vida. En un viaje con su padre, Felipe el Atrevido, a Languedoc, visitaron a la famila Voisins, señores de Rennes-le-Château, y sobre todo a los Aniort. Raymond de Aniort, el cabeza de familia, señor en el Razés, al sur de Carcasona, era pariente del rey. Su joven hermano, Udaut, simpatizó con el futuro Felipe el Hermoso. Los dos primos pasaron algunos días juntos y vieron que tenían gustos afines. Se divirtieron, practicaron la cetrería, cabalgaron juntos... Y, además, había allí una prima de Udaut, Aélis, que le gustaba mucho al joven delfín. Todo esto hacía de su estancia un momento muy grato. El futuro rey hubiera deseado que Udaut se convirtiera en su compañero de armas, pero éste se negó: había decidido entrar en la Orden del Temple. Así, desde su juventud, Felipe se había visto rechazado en beneficio de la Orden, y al abandonar la región, el resentimiento le acompañaría ya por siempre.

Intentos de volver a guerrear

La pérdida de Acre, el último reducto cristiano, en 1291, supuso la expulsión de la cristiandad de Tierra Santa. Aún así, los templarios no se daban por vencidos. Así lo resume Javier Moncayo en el artículo «El súbito final de los templarios», publicado el 12 de septiembre de 2019 en *La Vanguardia*: «Conscientes de su precaria situación, los templarios decidieron mover ficha. El gran maestre de la orden, Jacques de Molay, viajó a Europa para impulsar una nueva cruzada, pese a conocer sus escasas posibilidades de éxito. Cuando los mamelucos asestaron el golpe definitivo a los últimos bastiones cristianos en Tierra Santa, las órdenes militares no esperaban que nadie acudiera en su ayuda. En aquellos momentos, Europa tenía otras prioridades. Inglaterra y Francia estaban en guerra en Aquitania, Alemania sin emperador y el papado preocupado por la pérdida de su influencia en Sicilia. Por lo mismo, Molay no logró el compromiso firme de los monarcas europeos y del papa Bonifacio VIII con la causa cruzada. [...] Desatendidos, los templarios porfiaron por su cuenta en el intento de reconquistar Tierra Santa. Ocuparon la isla de Arwad, frente a la costa siria, pero los mamelucos volvieron a expulsarlos dos años después. El revés hizo que Molay concentrara sus esfuerzos en tantear de nuevo a Inglaterra y Francia para poner en marcha la Cruzada. Pero Eduardo I tenía que sofocar una revuelta en Escocia y Felipe IV puso

La Octava Cruzada supuso un revés casi definitivo en las aspiraciones templarias de recuperar Tierra Santa.

como condiciones que se dieran privilegios a Francia en la expedición y que él mismo desempeñara el papel protagonista. Las exigencias del monarca francés soliviantaron a los demás reinos europeos y se aparcó la empresa. Tampoco tuvieron mejor suerte los templarios en Chipre, donde el rey Enrique II veía con suspicacia la pretensión de la orden de utilizar sus dominios como centro de operaciones».

A Molay no le quedó más que rendirse a la evidencia: a nadie le interesaba ya la reconquista. ¿Qué iba a suceder con su orden si perdía su razón de ser? Realmente hubieran podido reconvertirse si no hubiera sido por la inquina que les procesaba el monarca francés Felipe IV, que acabó poniendo un sangriento fin a la Orden que trataremos en el siguiente capítulo. Pero antes de vivir junto a los templarios sus horas más bajas, vamos a tratar un tema que hemos orillado hasta ahora y que es de gran importancia: el tejido financiero que desplegaron por todo el mundo los templarios y que se convirtió en una fuente de riquezas y de influencias inacabable.

Un nuevo concepto económico

En la Edad Media, la riqueza se basaba en las tierras y en los frutos de las mismas, que alimentaban a sus habitantes a través de su intercambio. La idea era atesorar riquezas para conseguir poder. Sin embargo, en este punto, los templarios fueron unos visionarios, que para muchos preconizaron el capitalismo. Ellos tenían otro concepto diferente: la riqueza crecía cuando más rápido circulaba.

A nadie se le escapa que la guerra siempre ha sido un gran negocio. Y una, en la otra parte del mundo, era bastante rentable.

Antes de las Cruzadas, el Mediterráneo era surcado por los navíos de los comerciantes italianos. Pese a las numerosas prohibiciones formuladas y renovadas por el papa, no dudaban en comerciar con los infieles e incluso en venderles armas. Hoy en día conocemos perfectamente que el interés general y el sentido patriótico son nociones ajenas al mundo de los mercaderes. No obstante, este tipo de intercambios se volvió mucho más difícil de realizar una vez los cruzados empezaron sus actividades. Los mercaderes no tardaron en consolarse cuando vieron que las necesidades de importación de los cruzados iban a ser enormes y podían enriquecerse asegurando la intendencia de su ejército, proporcionarle alimentos, indumentaria, armamento, monturas, madera (muy rara en Oriente), etc. De vuelta, los navíos partían con sus bodegas llenas de telas de algodón y de especias. Occidente descubría los productos orientales y la moda no iba a tardar en difundirlos.

Los templarios no eran ajenos a aquel trajín comercial, al que supieron sacarle buen partido en provecho propio y de su causa. De alguna forma se convirtieron en la primera empresa multinacional de la historia, pues a través de sus «sucursales» repartidas por toda Europa y Tierra Santa y con una dirección común, así como información privilegiada de los cambios políticos que iban a producirse de manera inminente, pudieron aumentar sus beneficios.

En cada provincia la Orden organizaba un centro desde el que centralizar de la manera más racional posible el envío de los géneros hacia Oriente. El resto de los excedentes era o bien almacenado, o bien vendido. Los beneficios financieros resultantes de ello eran en parte exportados también a fin de asegurar el pago de los gastos que debían hacerse en Tierra Santa. Las necesidades en dinero contante y sonante eran considerables en aquella época y este sistema garantizaba que fluyera de manera constante y segura. Citemos a modo de ejemplo la construcción de la fortaleza de Jafet. Les costó 11.000 besantes sarracenos a los templarios y tuvieron que gastar otros 40.000 por año para su mantenimiento. Cada día tenían que dar de comer a 1.800 personas, e incluso a 2.200 en tiempos de guerra. Cada año había que mandar la carga de 12.000 mulos de cebada y trigo candeal sin contar todas las demás vituallas. La guarnición incluía cincuenta frailes caballeros, treinta pajes, cincuenta turcopolos, trescientos ballesteros, ochocientos veinte escuderos y hombres de armas diversos y cuarenta esclavos, todos ellos alimentados, albergados y equipados a cargo de la Orden del Temple. Y casi todo llegaba de Occidente. Los templarios organizaban por sí mismos los traslados merced a su flota.

La revolución económica de los templarios

El objetivo de los templarios era la seguridad de los peregrinos cristianos. Pero, analicemos la cuestión. ¿Realmente las monarquías europeas iban a invertir tantos recursos en la Orden simplemente para proteger a los peregrinos? Estamos en la Edad Media, una época en que morían cientos de personas de hambre sin provocar el más mínimo destello de piedad por parte de sus gobernantes.

Eso ha llevado a muchos historiadores a concluir que realmente la misión de los templarios era otra: la de garantizar el comercio Oriente y Occidente. El vil metal se escondió tras los ideales caballerescos. En este sentido, se entendería la independencia de la que gozó la Orden que no debía regirse por nadie que no fuera el papa. Así, la importancia de todos estos movimientos requería no solo transportes marítimos sino también el envío de cantidades considerables de mercancías en dirección a los puertos. Había que asegurar la protección de las rutas y del comercio en general y aunque la misión de origen tocante a la protección de las rutas de Palestina fuera nada más que una tapadera para todo esto, los templarios asumieron realmente esta tarea en Occidente. Se encargaron de proteger y favorecer el comercio y por tal motivo tenían que conseguir que las mercancías circularan rápidamente y sin riesgos.

En este sentido, y centrándonos en el papel de los templarios como precursores del capitalismo, también podrían considerarse los

Los templarios se convirtieron en el garante occidental para el comercio con Oriente.

primeros en establecer una política de algo similar al libre comercio. Las economías de la época eran terriblemente proteccionistas y estaban en manos de las monarquías. En este sentido ellos son los primeros en bajar los aranceles y tributos para garantizar la libre circulación de los productos. Para entendernos, es la primera vez en la historia que se prioriza la economía sin que esta esté supeditada a un territorio nacional.

Y para ello son también los pioneros en hablar de divisas. Pues de un país a otro a lo largo del vasto territorio en el que se ubicaban sus encomiendas, hay cambios de monedas. ¿Qué se podía hacer para que los peregrinos y los comerciantes mantuvieran su poder adquisitivo a lo largo del viaje?

El Temple trataba de favorecer el comercio garantizando la seguridad de los caminos, pero también disminuyendo la tarifa de los peajes. El control de la circulación de los productos y de los bienes de una provincia a otra, de un país a otro, implicaba cambio de moneda y la circulación del dinero. También en este tema convenía garantizar la seguridad de los traslados y crear instrumentos monetarios adecuados. Las operaciones tradicionalmente realizadas por banqueros italianos, las mayoría lombardos, eran extremadamente limitadas y aquí la Orden sabía cómo ponerle remedio. Implantaron un sistema financiero nuevo con ventanillas y agencias bancarias y otros instrumentos que facilitaban las transacciones. El Temple fue no solo un gran propietario de bienes raíces, un productor, un transportista, incluso a veces un comerciante, sino también un banquero, todo ello concebido con el mismo espíritu que las multinacionales modernas.

En todas las encomiendas había un fraile tesorero, que es el que se encargaba de estos quehaceres. Esa estructura, con ventanillas y herramientas financieras, sería la que muchos siglos después reproducirían los banqueros.

Las primeras letras de cambio

«Ahí fue cuando nació una de las primeras manifestaciones de la banca moderna: el viajero podía dejar su dinero en una de las encomiendas templarias que había en Francia (un pequeño inmueble territorial dirigido por un preceptor) para no verse obligado a cargarlo durante todo el recorrido y ser blanco fácil para los ladrones. Una vez entregado el depósito, los peregrinos recibían una letra de cambio que podían enseñar en otras delegaciones de la Orden que se encontraran a lo largo del recorrido y recuperar así su dinero.

Era una especie de cuenta corriente que le permitía a una persona disponer de su dinero más o menos de forma inmediata, con las limitaciones que la Edad Media conllevaba, y ahorrarse el riesgo de ir cargado con fondos de más. También aprovecharon los reyes este sistema para hacer transferencias entre Francia e Inglaterra, y para enviar recursos a las tropas destinadas en Jerusalén», resume M. B. en el artículo «La gran cruzada de los caballeros templarios: así crearon la banca moderna» publicado en *El Español* el 2 de febrero de 2019.

El sistema financiero de los templarios se fue implementando con el crecimiento de la Orden y las demandas de los viajeros. Y las encomiendas tenían frailes especializados en las diferentes funciones que sus «clientes» les requerían. El sistema funcionaba de esta manera: el dinero de cada depositante era encerrado en un arca que estaba provista en ocasiones de dos cerraduras con una llave para el cliente y otra para el tesorero. La gente dejaba en depósito en el Temple también sus joyas u objetos preciosos, incluso títulos de rentas o propiedades. En ocasiones, los depósitos servían de garantía a préstamos solicitados por los particulares. Los templarios practi-

Los templarios fueron los precursores del sistema bancario que utilizamos hoy en día.

caban, en efecto, el préstamo con prenda y el préstamo hipotecario. Desempeñaban asimismo funciones de notarios, conservando actas y sirviendo de ejecutores testamentarios. Eran igualmente administradores de bienes por cuenta ajena, pero, en este caso, se designaba a un fraile distinto del tesorero para no mezclar churros con merinas. Como banqueros, llevaban las cuentas corrientes de los particulares que les confiaban su dinero, que podían retirarlo, hacer que efectuaran pagos en su nombre o encargar a los templarios que realizaran cobros. Cada cierto tiempo, se procedía a una liquidación de cuentas.

El préstamo de dinero con intereses era una de las actividades más condenadas por la Iglesia Católica, que la consideraba usura. De hecho, durante siglos, la imagen de cualquier prestamista o el conato de cualquier asociación similar a la actual banca era vista con repulsión tanto por la sociedad como por la religión. El dinero se tenía que ganar con el sudor de la frente, como mandaba la Biblia. El comercio, que generaba beneficios sin un esfuerzo directo también fue criticado por algunos sectores eclesiásticos. Sin embargo, los templarios ayudaban a los peregrinos y, además, invertían los beneficios de su actividad económica en un ideal cristiano, así que gozaron de un estatus excepcional que les permitió implantar un pequeño sistema capitalista único en la época. También fue utilizado por los monarcas, como ilustra Marina Montesano en el artículo «Templarios, los banqueros de Europa» publicado en *National Geographic* el 23 de febrero de 2022: «La banca templaria, además de no requerir un interés real, basaba sus beneficios en las ventajas que suponía poder invertir de nuevo las cantidades recibidas en prenda. Su finalidad última eran las responsiones: la reinversión en Oriente de la tercera parte de las cantidades acumuladas en Occidente. Las operaciones financieras llevaron al Temple a gestionar directamente las cuentas de muchos clientes privados, para los cuales realizaban operaciones bancarias; sobre todo se ocupaban de los tesoros reales, cuya custodia se les encargó a menudo. Así lo hicieron Juan sin Tierra y Enrique III en Inglaterra, o Felipe Augusto y san Luis en Francia. En este último país, desde principios del siglo XIII, el formidable recinto del Temple en París se convirtió en la tesorería de la Corona francesa».

El éxito de la banca templaria con la corona francesa fue también lo que propició su persecución. Un rey, que veía las Cruzadas como una carga del pasado y que les debía demasiado dinero, Felipe VI, fue quien propició su fin.

FEDERICO II, EL ANTICRISTO EXCÉNTRICO

El líder de la Sexta Cruzada, el emperador alemán, había sido excomulgado, lo que no habla muy bien de la unión del bando cristiano. El noble había sido educado por templarios y tenía un carácter despótico, pero no al uso de la época, sino con características que le convierten en un personaje único. De hecho fue conocido como *stupor mondi*, pasmo del mundo, por sus excentricidades. Era muy dado a las fiestas, a las orgías y al alcohol (se le acusó de tener un harén con sus favoritas y con efebos musulmanes) pero era también un gran estudioso, hablaba nueve idiomas y fundó universidades y un enorme zoológico. Aunque también tenía ideas un poco crueles, como cuando mandó dejar completamente solo a un niño recién nacido para descubrir qué lengua hablaba.

Entre sus osadas afirmaciones se cita una que da mucho que pensar. Decía que él había estudiado las ciencias que enseñan las verdaderas ciencias de la naturaleza. Curiosamente, sus preceptores habían sido templarios. ¿Se refería al saber oculto que guardaba la Orden? Es muy probable que sí.

Otra de las características del monarca es que tenía muy buena relación con los musulmanes y fomentó el desarrollo

Federico II de Alemania, todo un personaje: playboy, mecenas de las artes, guerrero...

El papa Inocencio IV tuvo que huir de Roma después de excomulgar al rey alemán.

de las ciencias árabes en sus reinados. Aquí tenemos otra pista que nos conduce a pensar en el acercamiento del emperador, propiciado por los templarios, a un saber esotérico. Se ha de tener en cuenta de que además también permitía la libertad de culto en sus reinos, lo cual era inaudito por aquella época. Y mantenía también muy buena relación con los hebreos a los que les mostró su interés por la cábala.

Él dijo que gracias a sus conocimientos (o tal vez a sus revelaciones) estaba por encima del papa y no tenía por qué obedecerle. Se le acusó también de considerar a Moisés, Jesús y Mahoma como tres impostores, lo que encaja también con las doctrinas de algunas sectas gnósticas.

Cuando el Sumo Pontífice lo excomulgó, él respondió que era corrupto y demoníaco. Esto enlaza con la creencia cátara de que la Iglesia Católica rinde culto a Satán, que es el Dios que aparece en el Antiguo Testamento.

El enfrentamiento del emperador y el papa Inocencio IV fue terrible. El pontífice tuvo que dejar Roma y refugiarse en Lyon, mientras que Federico II descubrió varios complots para asesinarlo. Federico, que seguramente padecía cáncer, acabó su vida vistiendo el hábito cistercense.

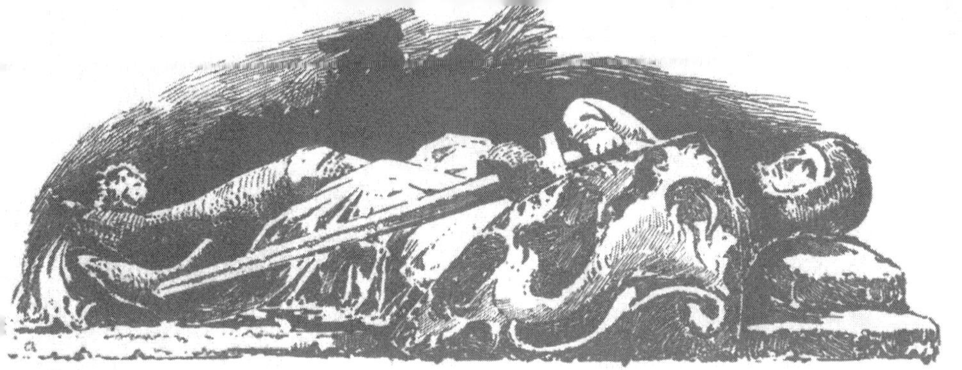

CAPÍTULO 8
COMPLOT CONTRA EL TEMPLE

Llegamos al capítulo más funesto para los templarios, el que supuso su fatídico final en la hoguera de la mayoría de sus miembros. La orden fue disuelta y ellos atrozmente perseguidos. Para entender las razones, se dedicará este capítulo a entender los complots políticos que les situaron en el ojo del huracán.

Los poderosos templarios siguieron teniendo un papel relevante en el ámbito político y económico una vez acabadas las Cruzadas. Un papel demasiado relevante para algunos. Y eso provocó envidias y suspicacias y despertó la codicia de un cruel rey que buscaba fondos de donde fuera para insuflar capital a su maltrecha economía.

¿Qué había sido de todos aquellos que durante más de doscientos años cantaron sus alabanzas? Callaron por miedo a lo que les pudiera pasar o por la decepción de lo que se había rebelado. Nadie se atrevió a alzar su mano en favor de los templarios cuando estos fueron torturados e injustamente condenados a la hoguera.

¿Y ahora qué hacemos con los Templarios?

Los intentos de la Orden por convencer a las potencias europeas que se embarcaran en una nueva Cruzada no obtuvieron los frutos esperados. De hecho, no obtuvieron ningún fruto. El ideal cruzado se había convertido en una escabechina cruenta, que no solo no había abatido al enemigo sino que había sacado lo peor de la cristiandad. Además, ya no era rentable. La sangría económica que suponían las Cruzadas a cambio de la mínima o nula compensación que obtenían, no valía la pena. ¿Qué iban a hacer los templarios? El papa Nicolás IV quería reformar la orden. Estaba harto de los conflictos entre templarios y hospitalarios que solo aumentaban la mala reputación de las dos congregaciones que dependían directamente de él. Planteó la cuestión, pero no pudo llegar a ejecutarla porque murió antes. Tres papados después, el pontífice Clemente V retomó la cuestión de la reforma de la Orden. Su idea era fusionar hospitalarios con templarios, pues poco sentido tenía mantener a dos órdenes cuya misión era proteger a peregrinos que ya no existían porque nadie quería viajar a Tierra Santa tal y como estaban las cosas en aquellos momentos.

«Jacques de Molay se opuso a la idea de la unificación alegando que la rivalidad entre las órdenes había sido beneficiosa para la cristiandad, pues ambas competían por defenderla mejor. Advirtió además de que la unificación levantaría rencillas en el seno de las órdenes, ya que muchos oficiales perderían su posición. En realidad, el rechazo del gran maestre obedecía a otros temores. La identidad del Temple quedaría diluida en la nueva orden y, peor todavía, esta podría ser instrumentalizada por el poder civil, un riesgo más que probable, dada la postura vehemente de Felipe IV respecto a la cruzada. Molay no podía saberlo entonces, pero si hubiera aceptado y agilizado la fusión de las órdenes, tal vez se habrían salvado él y sus hermanos de su trágico destino», sugiere Javier Moncayo en el artículo «El súbito final de los templarios», publicado en *La Vanguardia* el 3 de enero de 2018.

Aunque la propuesta del papa era lo más lógico que se podía plantear, resultaba impensable por la animadversión manifiesta que se procesaban templarios y hospitalarios. Se habían enfrentado en batalla y pugnaban por conseguir donaciones. Y los dos miraban con codicia las propiedades de la otra organización. Si una caía, la otra podría quedarse sus bienes.

Molay también añadía que una fusión sería injusta y desigual, porque la orden del Temple poseía más bienes que los hospitalarios. Este tipo de argumentaciones no eran muy bien vistas en la época. Los templarios se habían ganado, seguramente a pulso, una fama de orgullosos y altivos que no cuadraba con los valores de la época y que provocaba cierta antipatía.

El papa Nicolás IV fue el primero en querer reformar la Orden del Temple.

Finalmente, el proyecto papal para unificar las órdenes y emprender la Cruzada nunca se materializó, pero el hecho de que la Iglesia todavía quisiera contar con ellas, si bien reformadas, demuestra que las órdenes militares seguían estando bien consideradas en Europa pese a su responsabilidad en la pérdida de Tierra Santa, que no dejaba de ser su función principal. También tenían sus detractores que las acusaban de haberse alejado de su vocación original y dedicarse a acumular riquezas, pero no la mala fama e impopularidad que siempre se les ha achacado. Los templarios, por ejemplo, continuaban recibiendo donaciones y, tras casi dos siglos de actividad, conformaban una parte importante y respetada del mundo cristiano, tanto civil, pues eran habituales en todas las cortes europeas, como religioso.

Pero todo este respeto no sirvió de mucho poco tiempo después, cuando el propio papa les declaró herejes. Pero esta decisión no provenía directamente de él, había sido dictada por el monarca francés, Felipe IV y tuvo que reproducirla como una marioneta. Para entenderlo, hemos de analizar las tensas relaciones del papado con la monarquía francesa.

Un monarca al borde de la ruina

Francia era una gran potencia, pero pasaba apuros económicos. Durante el siglo XIV Europa entró en crisis y todos los países y, sobre todo el pueblo llano, padeció las consecuencias. Felipe IV, apodado el hermoso (no confundir con el marido de Juana la Loca, que aún tardaría unos siglos en nacer) fue coronado en 1285, cuando solo tenía 17 años. Su política se basó, desde el principio, en aumentar la importancia de su país. Y eso pasaba por dos cosas: nutrir sus maltrechas arcas y aumentar sus territorios (Francia, realmente no tenía demasiados en comparación a otras potencias europeas). Como se verá más adelante, fue ese afán recaudatorio el que le llevó a perseguir a los templarios.

Había heredado las deudas de la guerra que su padre mantuvo con Aragón y él, con la intención de ampliar sus territorios, se metió en guerras contra Eduardo I de Inglaterra y contra Flandes. Y ahí los gastos se dispararon. No solo por la guerra, sino por la paz. Como se solía hacer en estos casos, una vez acabado el conflicto se buscaba que este no volviera a estallar. Y eso se conseguía mediante una política de matrimonios. Para sellar la paz con Inglaterra hubo dos. El de la hermana de Felipe IV, Margarita, que se casó con Eduardo I de Inglaterra. Y la de su hija, Isabel, que lo hizo con el príncipe de Gales. Las dotes que tenía que se tenían que aportar para dos bodas reales de aquella magnitud eran inmensas y la corona no contaba con aquel montante.

El rey se vio obligado a pedir un préstamo a los templarios mediante el tesorero de la casa de París, Hugo de Peraud, que se lo concedió. Las deudas contraídas por Felipe IV con el Temple eran enormes y el rey de Francia sabía que jamás podría pagarlas, por lo que muchos historiadores apuntan que tal vez fue entonces cuando comenzó a maquinar su plan para destruirlo.

Enfrentamientos terrenales y divinos

Su afán recaudatorio no hizo distinciones con el clero, tal y como argumenta David Martín González en el artículo «El Felipe el Hermoso que acabó con los templarios», publicado por *La Vanguardia* en 27 de septiembre de 2021: «Ya al comienzo de su reinado, Felipe decidió que el clero debía pagar impuestos, pero no sería hasta 1296

Felipe IV "el hermoso", azote de los templarios.

cuando estalló por este motivo el conflicto con la Iglesia. Ese año Felipe ordenó que el clero pagase un diezmo a la Corona sin que el papa, Bonifacio VIII, lo autorizase primero. Y el santo padre montó en cólera, publicando una bula en la que prohibía a los clérigos pagar y amenazaba con la excomunión a quien les impusiese un tributo sin su permiso.

La cosa no fue a mayores y Felipe llegó a un acuerdo con Bonifacio, pero las pugnas no terminaron. Felipe deseaba imponer su autoridad sobre todos sus súbditos, incluidas las gentes de la iglesia. Y el pontífice quería mantener su poder sobre todos los países de la cristiandad por encima de los derechos de cualquier monarca».

El rey y el papa mantuvieron el conflicto durante siete años, en los que hubo una guerra de calumnias, acusaciones y bulas que desgastaron, sobre todo, la precaria imagen del papado.

Aquí, Felipe IV utilizó una táctica que sería una constante en su mandato: la difamación. Se podría decir que el monarca era el rey de las *fake news* de la época. Bonifacio VIII se había convertido en un estorbo para el rey de Francia, y por ello los agentes del monarca pusieron en marcha una intensa campaña para desacreditar al papa, que fue acusado de herejía y sodomía. Eran estos dos pecados terribles, y más si quien los cometía era el máximo responsable de la Iglesia.

Tras extender el bulo, de tal forma que fue creíble para la mayoría de la población, lo acusó formalmente de 29 delitos, entre los que se contaban los más execrables del momento: sodomía, herejía, robo, hechicería y asesinato. El Pontífice respondió excomulgando, pero este contraatacó. Y es que otra de las tácticas del rey francés era el hostigamiento tipo mafioso. Su hombre de confianza y canciller, Guillaume de Nogaret, era el que habitualmente asumía el trabajo sucio. Y esta vez lo hizo y se excedió. Se presentó en la residencia papal en Anagni (a unos 50 kilómetros de Roma) con un grupo de mercenarios. Algunos de los sirvientes del pontífice murieron. Entonces, dejaron a Bonifacio VIII sin agua ni comida durante tres días, con la intención de que renunciara a su cargo. Pero él se negó a hacerlo. Entonces, uno de los militares, probablemente Sciarra Colonna, cansado de la tozudez del papa, le dio una bofetada sin quitarse el guante. Este detalle es reseñado por todos los historiadores porque para las costumbres de la época hace más humillante la escena.

Los habitantes de Anagni fueron al rescate del papa y obligaron a los franceses a irse y Guillaume de Nogaret fue herido y tuvo que huir a París. Pero las consecuencias del ultraje lograron el efecto deseado. Dicen que Bonifacio VIII nunca se recuperó. Murió un mes después, abatido y desorientado, sin conocer ni siquiera a los que le rodeaban y renunciando a recibir la extremaunción.

No tuvo mucha más suerte su sucesor, Benedicto XI, que inició su papado aboliendo la excomunión que Bonifacio VIII había decretado al rey francés y perdonó a los autores de la ofensa de Anagni. Aún así, no le valió de mucho. Murió a los ocho meses de tomar posesión del cargo. Y hay pruebas para considerar que fue envenenado. Una vez más, Felipe IV desplegaba tus técnicas estilo gangster para que nadie volviera a atreverse a desobedecer sus órdenes.

Un papa marioneta del rey

La Santa Sede estaba en crisis, y el corto papado de Benedicto XI dio lugar al del débil de Clemente V. Felipe IV había influido en el nombramiento, sabiendo que el nuevo papa se lo sabría agradecer.

Además de las amenazas del rey francés, el papado también se enfrentaba a la desconfianza del pueblo. La idea de las Cruzadas había partido de los máximos representantes sucesivos de la Iglesia y se habían saldado con estrepitosos fracasos. El pueblo se preguntaba cómo podía haber ocurrido aquello si tenían a Dios de su parte. Algunos se planteaban si sus líderes corruptos no serían la razón por la que el Altísimo no les había concedido la victoria.

Desde el principio, Clemente V tuvo que plegarse a los designios del rey francés y nombrar obispos cercanos a él. Tras un enfrentamiento con los venecianos, tuvo que establecer su corte en diferentes ciudades francesas (Poitiers, Aviñón y Carpentras) siempre bajo la atenta mirada y por supuesto control del monarca galo. Por ello, cuando el monarca le presionó para que acusara de herejía a los templarios, el pontífice obedeció la voz de su amo, que no era una voz divina, pero sí la que guió todo su mandato. La Iglesia ha reconocido que este pontífice estuvo chantajeado por el monarca francés y no supo o no pudo plantarle cara.

El rechazo a los templarios

Para entender el triste final que tuvieron los templarios, hemos de comprender la política económica que llevó a cabo Felipe IV. Su objetivo era recaudar, conseguir más dinero para aumentar sus territorios y su poder. Y no escatimó ningún esfuerzo para conseguirlo sin escrúpulo alguno. Tal y como señala Martín González: «Su obsesión por agrandar la extensión y el poder de la Corona le llevó inevitablemente a emprender una sucesión de guerras y conflictos en el exterior y el interior. Con la Iglesia acaparando un buen número de ingresos en todo el reino y las arcas del Estado temblando tras décadas de costosas Cruzadas, sufragar estas nuevas contiendas se convirtió para Felipe en una preocupación constante.

Para ajustar las finanzas, aparte de rodearse de un grupo de avispados consejeros, puso en marcha un tribunal de cuentas y creó la figura del procurador real. Pronto se dio cuenta de que aquellas iniciativas burocráticas no iban a paliar sus problemas, así que recurrió a medidas más imaginativas, como vender títulos nobiliarios a burgueses ricos, ofrecer a los siervos la posibilidad de liberarse de la obligación de vivir en determinadas tierras a cambio de una buena suma de dinero y, por supuesto, crear nuevos impuestos».

Pero la economía francesa era un pozo sin fondo y Felipe IV ideaba a cada momento nuevas formas de aumentar sus ingresos. Una fue especialmente controvertida. Devaluó la moneda, lo que en la época suponía que cada una llevaría menos plata. Esta estrategia estaba muy mal vista en la época y fue un bumerán para la economía francesa. Sí, se benefició a la hora de pagar sus deudas, pero perdió dinero cuando le tocó cobrar los impuestos.

Toda Europa sufría una crisis, provocada por la resaca de las Cruzadas y las guerras que asolaban el continente. La pobreza crecía exponencialmente y la decisión de devaluar la moneda acabó por empeorar la situación. Lo que Felipe IV estaba haciendo era ganar

LOS TRAUMAS DE INFANCIA DEL REY DE MÁRMOL

A Felipe IV lo apodaban «el hermoso» porque era muy alto para la época, tenía una tez pálida, cabello rubio, los ojos claros y un aire tremendamente altivo. Su frialdad le valió también el apelativo de «el rey de mármol» o «el rey de hierro». Y es que era tan poco expresivo y tan glacial que decían que parecía más una estatua que un ser humano.

Se caracterizó por ser inflexible, severo, vengativo y brutal. Pero tenemos que entender su actitud en el contexto de la época. Eso era lo que se esperaba de un buen rey. En el Medievo se valoraba la fortaleza del monarca, que fuera temido y también ambicioso. Era mucho más importante tener un rey fuerte que contar con un gobernante justo.

Y en ese sentido, Felipe IV aprobó con una nota muy alta. Hizo suya la máxima de que el fin justifica los medios y empleó la difamación y la extorsión para cumplir con la misión de impulsar el dominio de Francia en el mundo.

Sus biógrafos consideran que en su infancia se encuentran las claves de su personalidad y sobre todo de su desconfianza. Y lo cierto es que aunque viviera en un palacio rodeado de lujos, no lo tuvo fácil. Adoraba a su abuelo, Luis IX, al que empleando sus triquiñuelas consiguió que canonizaran. Él fue el modelo que seguiría, pero mientras que su antepasado mostró cierta piedad, él no adoptó ese rasgo de su personalidad. El abuelo murió en las Cruzadas y su madre, Isabel de Aragón, falleció cuando volvió de estas, cuando Felipe tenía solo tres años. A su padre, Felipe III, apenas lo vio durante su niñez. Su educación fue estricta y muy religiosa.

Conoció a su futura mujer, Juana, heredera de la Champaña y Navarra cuando esta tenía dos años y fue acogida en la corte como refugiada. A los 12 años la comprometieron con el futuro rey.

Felipe IV no estaba destinado por nacimiento a ser el rey de Francia, pues tenía un hermano mayor, Luis, que era el heredero a la corona. Pero ocurrieron diferentes hechos que marcaron el carácter del joven y, sobre todo, su carácter desconfiado.

Por entonces, su padre se casó con Marie de Brabant, una mujer culta y guapa, que fue tratada con cierta distancia por ser extranjera. Tuvo tres hijos que fueron los hermanastros de Felipe IV.

Entonces ocurrió algo inesperado que marcó el destino de Felipe, su futuro y su carácter. Su hermano Luis, el legítimo heredero al trono cuando él tenía ocho años, fue envenenado y las sospechas recayeron sobre la reina e, incluso, su principal consejero fue ejecutado. En el palacio se extendió el rumor de que la madrastra quería acabar con Felipe y su hermano pequeño. Eso provocó que el futuro monarca se criara en un clima de miedo del que aprendió bien la lección de cómo funcionan las intrigas palaciegas.

Pese a que vistas hoy sus acciones fueron injustas y causaron gran dolor a muchos colectivos, se considera que el monarca fue un gran estadista, que supo rodearse de un grupo de asesores competentes y de otros, como Guillaume de Nogaret, un tanto turbios, que se encargaron de ejecutar las sucias acciones que caracterizaron su reinado.

Felipe IV también se caracterizó por cuidar de cómo le veían sus súbditos siguiendo las corrientes de la época. Así, fue terriblemente injusto con algunos colectivos (la iglesia, los banqueros lombardos, los judíos y, por supuesto los templarios). Tuvo la astucia de atacar a grupos que ya no eran populares entre la población y, si lo eran, se encargó de llevar a cabo campañas difamatorias para que perdieran el favor del populacho. Fue, por tanto, un monarca un tanto maquiavélico que trabajó incansablemente por lograr sus objetivos sin importarle mucho si sus tácticas eran injustas.

tiempo, pero la crisis que afectaba a su reino empezaba a tener serias consecuencias y para hacerles frente tuvo que devaluar varias veces la moneda. Esta y otras medidas no supusieron ninguna mejora. Al contrario, la situación de carestía y hambruna fue en aumento en toda Francia, sobre todo en las ciudades, donde la población apenas tenía para subsistir. Los momentos más graves se vivieron en los primeros meses de 1306 en París, donde estalló una revuelta popular de tal magnitud que el rey se vio obligado a refugiarse en el recinto del Temple, el bastión más poderoso de toda la ciudad. La hipocresía del monarca y su difícil situación le llevaron a solicitar ser admitido en la Orden como miembro honorífico, pero los templarios le negaron el ingreso. El monarca consideró este rechazo como una ofensa que no olvidaría. De todas formas, y como se verá más adelante, mientras les estaba pidiendo su admisión, paralelamente estaba urdiendo el plan que acabaría con ellos.

Expoliando como si no hubiera un mañana

Visto que la devaluación no conseguía reflotar la economía, se decidió por otra práctica mucho menos ética y mucho más directa: el expolio. Escogió grupos siempre que, por supuesto, tuvieran riquezas que garrapiñar, pero también que estuvieran mal vistos por la población.

Su primer conflicto, como se ha visto anteriormente, fue con la Iglesia y se enfrentó a Bonifacio VIII para conseguir que la iglesia pagara impuestos. La pugna fue agria y aprendió la lección: desde entonces conspiró para conseguir papas afines y tenerlos en su territorio, para controlarlo mejor, que es lo que hizo con Clemente V. Su odio hacia Bonifacio VIII era tal que intentó que el papa Clemente dictara una bula considerando que había sido el Anticristo.

El clero estaba sujeto a sus disparados impuestos, y tuvo que ceder una décima parte de sus bienes en veinticuatro ocasiones durante su mandato. Pero aún así no había suficiente y el monarca necesita encontrar un nuevo colectivo que expoliar.

«Los mercaderes y banqueros lombardos, italianos poco apreciados por los franceses, serían uno de los grandes objetivos de los saqueos de Felipe. En 1291 el rey inició acciones contra ellos, ordenando una detención general del colectivo, y durante los años siguientes los expolió de forma sistemática, haciéndose con sus bienes, expulsando a algunos individuos problemáticos de Francia y multando a otros de forma arbitraria.

Pese a semejantes ataques, dos lombardos, Albizzo y Musciatto Guidi, se convirtieron en tesoreros reales y llegaron a prestar dinero a Felipe en 1294 con la promesa de una rápida devolución. Además, avalaron préstamos de otros italianos para el monarca y en 1297 le entregaron 200.000 libras procedentes de su propio bolsillo.

De poco sirvieron sus atenciones. En 1303, el rey prescindió de los servicios de todos los lombardos, y en 1311, tras quedarse con todas sus pertenencias, los arrestó con la excusa de que habían "devorado por la usura" a los franceses», expone Martín González.

Este *modus operandi*, que como veremos a continuación repitió con otros colectivos, fue el que finalmente aplicó con los templarios, aunque estos fueron las víctimas con las que mostró mayor crueldad.

Estas tácticas son un clásico de los monarcas europeos con los judíos. A lo largo de la historia, en innumerables ocasiones los reyes pidieron préstamos a los judíos y luego los expulsaron o los hostigaron para no tener que devolverlos. Felipe IV también lo hizo, incluso antes de llegar al trono. Se casó con la condesa de la Champaña (recordemos de nuevo que esta es el área de influencia de los templarios, donde se fundó la orden) y le exigió a los judíos de la zona el pago de 25.000 libras para permitirles que siguieran viviendo allí. En su contencioso contra los lombardos, necesitó fondos que pidió prestados a los judíos. Pero eso no les eximió de un impuesto, que visto lo que pasó después, fue el menor de sus males.

No sería hasta 1306, sin embargo, cuando Felipe diese su gran golpe. Expulsó a todos los judíos de Francia y, para que no se le escapara ninguno, designó comisarios especiales y arrestó simultáneamente a los representantes de todas sus comunidades. A continuación, les dio un mes para dejar el país, portando solo sus ropas y algo de dinero para el viaje.

Decenas de miles de judíos emigraron tras siglos afincados en el territorio. Todos sus bienes fueron subastados y el dinero obtenido pasó a engrosar las arcas reales. Además, con la información reunida sobre los créditos que gestionaban, Felipe reclamó las cantidades adeudadas a los cristianos que habían pedido dinero prestado. Eso sí, sin intereses. Felipe no debía de querer pasar por uno de aquellos usureros que, aparentemente, pretendía erradicar.

La Edad Media es una de las más largas y convulsas épocas de Occidente.

Realmente el cinismo del rey era pasmoso, a ojos actuales. Pero en la Edad Media se valoraba la fortaleza de los reyes y él supo dar esa imagen. Además, como se ha comentado, aunque todos los súbditos vieron incrementados sus impuestos, fue muy cuidadoso con los grupos que expolió y los escogió en función de los odios de su pueblo. Los lombardos por extranjeros, los judíos por prestamistas, la iglesia por corrupta... Y entonces le tocó el turno a los templarios. Estos contaban aún con muchas simpatías del pueblo, por lo que tenía que urdir un plan para que perdieran ese prestigio y poder así quedarse con sus riquezas, que no eran pocas, tal y como reseña Martín González: «La orden tenía una robustez financiera inigualable y contaba con gran cantidad de territorios distribuidos por Europa. Pero, más allá de su riqueza, Felipe tenía otras razones para atacar a los templarios. Los había nombrado guardianes del tesoro real y había contraído deudas con ellos que ahora iba a saldar a su manera». Y ya sabemos cuál era su manera.

La situación económica del Temple había mejorado tras las derrotas. Al no tener que pagar los gastos de Tierra Santa, sus extensas propiedades en Europa seguían generando beneficios sin que les tuvieran que restar los gastos.

Sin piedad

Representación del aspecto que tenía en su día de la Torre del Temple de París.

Ya se ha comentado que el rey de Francia Felipe IV sentía mucha aversión por la Orden del Temple porque consideraba, con bastante razón, que los templarios eran el ojito derecho del papado, lo que les concedía unos privilegios que a muchos otros se les negaban. Jamás pudo conseguir que la alta curia eclesiástica les rebajara los humos y, encima, tenía que ver como en su misma ciudad, la Torre del Temple se alzaba orgullosa e intocable, un símbolo inequívoco de que los templarios se regían por leyes diferentes a las de los simples mortales, por mucho que fueran nobles privilegiados.

Hubo también otros factores más personales. Como hemos comentado anteriormente, no teniendo más remedio, pese a lo irónico de la situación, se refugió en la Torre del Temple cuando estalló la revuelta en la ciudad a causa de la falta de alimentos. Una vez allí pidió ser aceptado como caballero honorario (si no puedes con el enemigo...), pero su petición fue rechazada. Anteriormente también había intentado que su hijo ingresara en la Orden, sin éxito una vez más. El atrevimiento de aquellos caballeros no tenía límites, debía de pensar nuestro despechado monarca. Hemos comentado también que otra razón importante se encuentra en episodios de su infancia y su experiencia de rechazo cuando su amigo Udaut fue aceptado por la Orden y nunca le volvió a ver, una amargura que se cree que siempre le acompañó y que enfocó hacia los altivos templarios.

Un plan maquiavélico

Parece ser que el plan de acabar con los templarios llevaba tiempo rondando por la cabeza del rey. Y la razón fue económica. Además de querer quedarse con la fortuna de la orden quería librarse de la deuda que había contraído con ella y que ascendía a quinientas mil liras y doscientos mil florines. Una fortuna que no podría pagar en todo su reinado. Lo mejor era pues que sus deudores desaparecieran.

Pero para ello tenía que convertir a los templarios a ojos del pueblo en unos monstruos que no despertaran ninguna simpatía. El rey de Francia seguía entretanto con su doble juego; en la primavera de 1306 comenzaron a correr los primeros rumores de que los templarios realizaban prácticas y ritos maléficos. Los agentes de Felipe IV, hábilmente instruidos por Nogaret (consejero del rey y por Pedro de Blois, un jurista que elaboró muchos de los panfletos en los que se acusaba al Temple de todo tipo de delitos, difundieron las acusaciones más terribles, entre otras que estos caballeros obligaban a los novicios a realizar ritos iniciáticos, a escupir sobre el crucifijo, a tener relaciones homosexuales y a adorar a ídolos. Para un cristiano esos delitos solo podían acarrear como castigo la muerte.

A lo largo de 1306 los rumores fueron creciendo y se extendieron por toda Francia con suma celeridad. Los bienes del Temple eran codiciados por el rey y la riqueza de la orden, su altanería y orgullo y la creencia cada vez más extendida de que practicaban ritos secretos, provocó que fueran mirados con creciente inquina por parte de la gente común.

Mientras, Felipe IV encargó a sus agentes que difundieran que los templarios estaban rodeados de escándalos; los rumores ya eran conocidos por todo el mundo, e incluso algunos caballeros expulsados del Temple se encargaron de airearlos con detalles. Enterado de lo que estaba pasando, Jacques de Molay pidió al papa Clemente V que abriera una investigación sobre esos rumores que circulaban ya por todas partes sobre los presuntos escándalos protagonizados por los templarios, sin duda para demostrar que no tenían nada que temer. El pontífice accedió y el 24 de agosto de 1307 anunció que se iniciaba un proceso para averiguar qué había de verdad en aquellas acusaciones».

Esto demuestra que en un primer momento Clemente V apoyó a los templarios y que finalmente tuvo que sucumbir ante la presión de Felipe IV. La jugada de Molay era buena, pero el rey francés iba dos pasos por delante. El 14 de septiembre de aquel año ordenó a todas las fuerzas armadas de todos sus reinos que estuvieran listas para el 12 de octubre. En esa fecha, tenían que ejecutar una orden, que venía adjunta y sellada porque no se podía abrir hasta aquel momento.

El año 1307 marca el inicio del fin de la Orden del Temple.

Según crónicas de la época, en la orden remitida el 14 de septiembre a todos los senescales del reino, Guillaume de Nogaret indicaba que el día 13 de octubre todos los templarios de todas las encomiendas del reino de Francia deberían ser apresados a la misma hora y confiscados todos sus bienes. El canciller de Francia, que era además el arzobispo de Narbona, dimitió el 22 de septiembre y Felipe IV nombró entonces a Nogaret para ocupar este cargo. En un mes los oficiales del rey pusieron en marcha un complejo sistema operativo que funcionó perfectamente. Poco antes de amanecer el 13 de octubre de 1307, los guardias de Felipe el Hermoso entraron a la vez en todos los conventos y residencias de los templarios y los apresaron sin encontrar resistencia.

Estas operaciones relámpago eran muy típicas de Felipe IV y solían ser orquestadas por su brazo ejecutor, Guillaume de Nogaret. Eran llevadas en el más absoluto secreto. Tanto es así que el día anterior «Jacques de Molay asistió al duelo por la muerte de la cuñada del rey de Francia. El monarca estaba a su lado. Suponemos que se miraron en algún momento del sepelio. ¿Ninguno vio nada extraño en la mirada del otro?

Al alba del día siguiente, Jaques de Molay fue prendido en su residencia, tal vez en camisa de dormir. Casi al mismo tiempo fueron detenidos cuantos templarios franceses fueron hallados. No cayeron todos en la redada», describe Mariano F. Urresti en el artículo «Sexo, Mentiras y Maldiciones», publicado en el número 52 de la revista *Más Allá*.

¿Por qué no se resistieron?

Esta es la pregunta que sigue abierta. O realmente Felipe IV fue muy discreto o los templarios muy poco perspicaces. Muchos acusan a Molay de no ser demasiado astuto. La situación resulta extraña. Los templarios habían sido espías en Tierra Santa y, en cambio, no pudieron en su propio país, con contactos en la nobleza prever lo que se les venía encima. Tal y como señala Urresti: «resulta difícil creer que una organización formada por alrededor de 15.000 caballeros, además del enorme número de personas a su cargo, que constituía un estado dentro de un reino y una Iglesia dentro de una iglesia, no se enterase del plan urdido por el monarca francés contra ella».

No deja de sorprender lo fácilmente que se dejaron apresar no solo los cabecillas sino el resto de templarios. ¿Cómo una Orden compuesta por quince mil caballeros, más los escuderos, los pajes de armas, etc., guerreros valerosos y adiestrados, pudo dejarse apresar sin oponer violencia alguna, desarmar, encarcelar, prácticamente sin reacción en la mayor parte de los lugares? Aun cuando muchas de las encomiendas no estaban defendidas más que por unas pocas personas, la resistencia era posible porque muchas casas de la Orden estaban fortificadas y podían soportar un asedio. La facilidad con que los templarios se dejaron arrestar es sin duda uno de los mayores misterios de la Orden.

Es cierto, por otro lado, que hay que tener en cuenta que la mayoría eran hombres ya muy mayores o que no habían combatido nunca, pues los soldados templarios preparados para luchar estaban en Chipre o en otras plazas. Aunque hubiera sido así en la mayoría de las encomiendas, es seguro que el maestre estaría protegido por un grupo de caballeros bien armados y muy diestros en el manejo de la espada. Si ese fue el caso, estos tampoco se defendieron. Por eso muchos cronistas apuntan a que se dejaron atrapar convencidos de que lo que les estaba ocurriendo era una pesadilla. A ellos, los caballeros que más habían peleado por defender los Santos Lugares, los que más hermanos muertos habían dejado en los campos de batalla de Tierra Santa, no les podía pasar nada malo, mucho menos por parte de los que se supone que estaban protegiendo.

Esta estupefacción y pasividad de los templarios sigue intrigando a los historiadores. ¿Fue estupefacción? Difícilmente. De hecho, hay pruebas de que como mínimo alguna sospecha tenían. El papa le había comunicado a Jacques de Molay, el Gran Maestre de los templarios, que Felipe IV se estaba planteando acusarlos. Se entrevistaron porque Molay trataba de convencerle de que convocara una nueva Cruzada. ¿Por qué no tomó medidas para protegerse y proteger a los suyos?

Jacques de Molay, Gran Maestre de los Templarios, acabó en la hoguera.

Los historiadores consideran que Molay estaba demasiado obsesionado con que se convocara una nueva Guerra Santa y no le dio importancia a la amenaza que le comunicó el pontífice. También se cree que pecó de orgullo y creyó que los templarios eran intocables y que el rey francés iba de farol y que nunca llevaría a cabo sus amenazas.

Este hecho ha dado pábulo a diferentes hipótesis. ¿Y si los templarios lo sabían? Puede que en principio parezca absurdo que no hicieran nada por evitar un final tan doloroso para la mayoría de sus miembros. Pero, ¿qué hubiera ocurrido si los planes de unificarlos con los hospitalarios hubieran funcionado? Si realmente los Templarios custodiaban reliquias que nadie conocía y escondían saberes a los que únicamente podían acceder los iniciados, ¿cómo hubieran podido "disimular" al lado de los hospitalarios? Si realmente, como se ha demostrado en este libro, los templarios tenían una misión secreta que solo una facción muy reducida de la organización conocía, tenían pocas alternativas de poder seguir con ella.

Así, los que opinan que los templarios sabían los pasos que daría Felipe IV, mantienen que utilizaron la persecución para convertirse en una sociedad secreta, probablemente la de los masones, como se explicará en los siguientes capítulos de este libro.

De todas formas, esta teoría supone que los templarios, sobre todo sus cabezas visibles, pagaron un precio muy alto por ello: tuvieron una muerte lenta y dolorosa. Tal vez en homenaje a la que había tenido Jesucristo.

¡A por sus riquezas!

Una vez los templarios estaban en prisión, era necesario actuar con rapidez, por mucho que Felipe IV supiera que nadie iba a mover un dedo en su defensa. La leyenda de la extraordinaria riqueza del Temple, su orgullo rayano en la altanería, sus abundantes posesiones en toda Europa, su autonomía dentro de la Iglesia, sus aires de suficiencia e independencia en Oriente y el secretismo que lo rodeaba habían provocado en todos los estamentos de la sociedad un rechazo general a los templarios. La envidia, ya se sabe, es muy mala.

Y el plan de Felipe IV fue siempre el mismo, el que había utilizado en el pasado con otros grupos: quedarse con sus riquezas. Pero la historia nos narra que el tiro le salió por la culata. Tanto la sede del Temple en París como las del resto de encomiendas en Francia fueron registradas minuciosamente, pero no apareció en ninguna de ellas ese fabuloso tesoro que se decía que poseían los templarios. Ni tampoco los ídolos satánicos ni ningún documento comprometedor que hubiera hecho las delicias de sus detractores. El rey se debió sentir muy frustrado porque estaba convencido, o al menos eso parece deducirse por las crónicas que nos han llegado, de que guardaban en cámaras ocultas riquezas sin parangón procedentes de Oriente. La realidad fue muy distinta. Las rentas de las encomiendas de Europa se destinaban a dotar de hombres y medios a los castillos y conventos templarios en sus posesiones orientales, por lo que todo lo que conseguían recaudar en Europa iba destinado a sostener esas actividades. Hay que tener en cuenta, además, que a principios del siglo XIV hubo una gran crisis económica en todo el viejo continente, algo que los templarios también habían notado en sus balances económicos, comportándoles notables descensos en sus ingresos.

De todas formas existe otra posibilidad: la de que un grupo de templarios, conscientes de que su situación era muy precaria, consiguieran llevarse buena parte de las riquezas y secretos. Este es un punto que profundizaremos en el siguiente capítulo. Aún así, Felipe IV le sacó el máximo partido a lo que encontró. Despechado por no haber descubierto las supuestas fabulosas riquezas templarias, hizo de tripas corazón y fue pragmático: vendió todos los objetos encontrados en las encomiendas de la Orden, incluidas las reliquias sagradas. Debió pensar que de lo perdido, saca lo que puedas, aunque sea sagrado. No había urdido todo aquel plan tan laborioso para ahora quedarse sin recompensa.

La rapidez de su actuación se debía a lo ilegal que era. Los templarios pertenecían al papa y este era el que debería decidir lo que se hacían con sus riquezas, que es lo que posteriormente hizo, asignándoselas a la Orden de los Caballeros Hospitalarios. Sin embargo, todo aquello que pudiera quedarse en los primeros días del desmantelamiento de la Orden ya no se lo podría arrebatar nadie.

Solos ante el peligro

El papa hace una alusión velada a las torturas, que no quiere explicitar por escrito para no ofender al monarca. La respuesta del rey fue contundente, pues Felipe el Hermoso le contestó de inmediato diciéndole que Dios detestaba a los tibios y que toda demora en la represión de los crímenes podría ser considerada como una forma de complicidad con los criminales. Este comentario estaba cargado de amenazas veladas pero muy claras, y más teniendo en cuenta que el rey recordaba discretamente al papa que no contaba con el apoyo de toda la Iglesia. Los interrogatorios y la tortura no solo continuaron, sino que incluso se intensificaron. Clemente V, por el momento, juzgó más prudente para su propia seguridad no insistir y como no creía en la culpabilidad de los templarios, lo único que parece que intentó fue ganar algo de tiempo.

Seguramente, Clemente V temía por su vida y también por la situación del papado. El rey le amenazaba con quería exhumar los restos de Bonifacio VIII y promover una campaña para que lo declararan hereje. Y eso era más de lo que los feligreses, ya muy desvinculados de la Iglesia por su boato y corrupción, hubieran aguantado. También sabía cómo se las jugaba el monarca francés: Bonifacio VIII fue humillado y su sucesor envenenado.

De todas formas, como se verá en el siguiente capítulo, el papa se debatió en múltiples ocasiones sobre si frenar o no aquella injusta locura. Pero finalmente calló y condenó a los caballeros de la Orden a un trágico final.

UN CÁTARO EN LA CORTE

Guillaume de Nogaret fue el brazo ejecutor de la sentencia a los templarios y de otras muchas acciones oscuras del reinado de Felipe IV. Él era el encargado de hacer el «trabajo sucio» de la corte. Los historiadores consideran que Felipe IV fue especialmente inteligente a la hora de rodearse de un equipo de consejeros y colaboradores que tuvieron una visión muy expeditiva de la política y le ayudaron en la consecución de su objetivo, que era aumentar el prestigio, los territorios y las arcas de su corona. Además, consiguió que estas personas le fueran absolutamente fieles. Como se ha dicho, el monarca era muy desconfiado y cualquier mínima duda provocaba la destitución inmediata o la condena a muerte. De todos modos, con sus consejeros más directos en pocas ocasiones tuvo que llegar a estos extremos, pues estaban entregados al rey y a la política de este, que compartían sin fisuras.

Estos colaboradores llegaron a la corte en cuanto Felipe IV fue coronado, ya que su primera acción fue desprenderse de los que habían servido a su padre. Y entre ellos destacó Guillaume de Nogaret, que era un hombre sin escrúpulos, dispuesto a cualquier cosa para reforzar el poder del rey.

Los historiadores creen que Nogaret provenía de una familia de cátaros y que su abuelo había muerto en la hoguera durante el enfrentamiento contra este grupo religioso. Esto le llevó a tener gran rencor y odio hacia la Iglesia Católica. Y el papa Bonifacio VIII, que había excomulgado a su abuelo, pagó por ello en el incidente de Anagni. La absoluta falta de respeto hacia el pontífice parece demostrar que tal vez seguía manteniendo alguna de las enseñanzas cátaras que recibió en su hogar. También se considera que esa podría ser la razón de la animadversión que le producían los templarios. Bien podría acusarlos de no haber protegido a su abuelo, como hicieron con otros cátaros que fueron perseguidos.

En este sentido, también se ha apuntado la posibilidad de que Nogaret siguiera ligado a las sectas secretas de los cátaros y tuviera un especial interés en acabar con los templarios para poder hacerse con las supuestas reliquias que escondían o con los secretos esotéricos a los que habían accedido. De todos modos se trata de suposiciones, pues no hay pruebas fehacientes de ello.

Más allá de sus odios y filias personales, Nogaret se caracterizó por ser un hombre de acción, de carácter violento, que es lo que esperaba de él el monarca. Tal y como describe Lamy: «No acostumbraba en absoluto preocuparse por cuestiones de escrúpulos. Cuanto mayores y horribles eran las acusaciones que lanzaba, más grandes eran las posibilidades de que éstas fueran propagadas y finalmente creídas. Estaba provisto de una especie de genio mediático y sabía perfectamente cómo hacer correr las peores calumnias. Difamar lo más posible a aquel que quería derribar, tal era su método, y lo conseguía por desgracia muy bien».

Felipe IV utilizó hábilmente para sus intereses el factor sorpresa. Cuando tenía que confiscar bienes, lo hacía en operaciones perfectamente orquestadas, en las que asentaba un golpe a todos los miembros de una comunidad diseminados por su territorio el mismo día y en muchas ocasiones casi a la misma hora, dejándolos sin posibilidad de acción. Esta es la estrategia que empleó también para apresar a los templarios. Estas operaciones requerían de gran planificación y arrojo y esas eran dos cualidades que no le faltaban a Nogaret.

Fue un personaje temido y a ratos odiado por el pueblo. Esa era una estrategia habitual en la Edad Media, normalmente el rey jugaba a ser el «poli bueno» y se buscaba un asesor que ejerciera de «poli malo». Este fue el papel que desarrolló a la perfección Nogaret. Como se verá en el siguiente capítulo, tuvo una muerte horrible, a la edad de 53 años, que se relaciona con la maldición de los templarios.

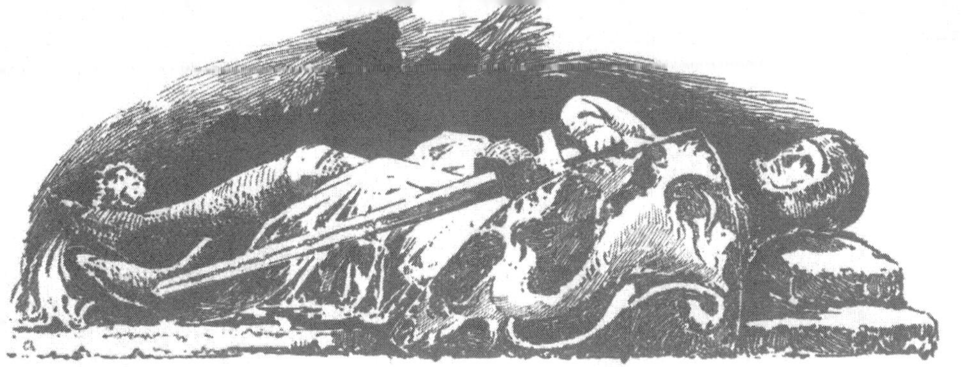

CAPÍTULO 9
TORTURAS, ORGÍAS, IDOLATRÍA Y MENTIRAS

¿Qué pasó después del encarcelamiento de los templarios? Esto es lo que abordaremos en este capítulo en el que ahondaremos en el injusto juicio que se llevó a cabo y que sirvió para acabar con la Orden y con sus miembros. Todos fueron torturados, por lo que es difícil distinguir qué hay de cierto y qué inducido por el dolor y el terror.

También existen algunas misteriosas acusaciones, que nos podrían servir para conocer más a fondo la organización secreta de los templarios y sus rituales. Muchos de estos permanecen ocultos a día de hoy, pero trataremos las diferentes posibilidades que se desprenden de las declaraciones del juicio y son bastante inquietantes.

Por último, acompañaremos a los protagonistas de este libro a la hoguera desde la cual se lanzó una maldición contra todos los que atacaron a la Orden, una maldición que acabó cumpliéndose misteriosamente durante siglos.

Las acusaciones

Tras calentar el ambiente con una orquestada campaña de difamación, el juicio tiene que exponer las acusaciones que penden sobre los imputados. Estas tienen que relacionarse con los bulos, pero también deben de ser creíbles. Y, sobre todo, escandalizar a los súbditos franceses para que a los templarios no les quede el más mínimo apoyo posible. En este sentido, Felipe IV se dedica a dramatizar sus supuestos descubrimientos para manipular a las masas. El propio monarca envió la siguiente carta a todas las iglesias del reino para justificar la detención de los templarios.

«Algo amargo, algo deplorable, algo sin duda horrible solo de pensarlo, terrible de oír, un crimen detestable, una fechoría execrable, un acto abominable, una infamia espantosa, algo absolutamente inhumano, mucho más, ajeno a toda humanidad, ha resonado en nuestros oídos, gracias a la información que me han facilitado varias personas dignas de confianza, no sin dejarnos completamente estupefactos y hacernos temblar con un violento horror; y, sopesando su gravedad, un dolor inmenso se acrecienta en nuestro interior tanto más cruelmente cuanto que no cabe duda de que la magnitud del crimen llega a constituir una ofensa para la propia majestad divina, una vergüenza para la humanidad, un pernicioso ejemplo del mal y un escándalo universal».

Dotes para el folletín y el drama y un conocimiento de su audiencia no le faltaban al rey francés. Pero llegados al tribunal, es su mano derecha y brazo ejecutor, Guillaume de Nogaret, que además era abogado, el que presenta los siguientes cargos.

1. Obligar a los novicios a abjurar de Dios, Cristo, la Virgen y los Santos como requisito para ingresar en la Orden.

2. Realizar actos sacrílegos sobre la cruz o la imagen de Cristo.

3. Practicar una ceremonia infame de recepción de los neófitos con besos en la boca, ombligo y nalgas.

4. No consagrar las hostias por los sacerdotes templarios y no creer en los sacramentos; omitir en la misa las palabras de la consagración.

5. Adorar a ídolos con la forma de un gato y de una cabeza humana.

6. Practicar actos de sodomía; dar besos a los novicios en las partes pudendas.

7. Arrogarse por parte del maestre y de otros oficiales la facultad de perdonar los pecados.

8. Celebrar ceremonias nocturnas con ritos secretos.

9. Quedarse con las riquezas mediante fraude y abuso de poder.

10. Tener orgullo, avaricia y crueldad, realizar ceremonias degradantes para los iniciados y proferir blasfemias.

Torturados y obligados a confesar

Antes de analizar los delitos que se les imputan a los templarios, haremos una pequeña parada en el camino para comprender cómo funcionó el proceso que los enjuició. Lo primero que se ha de tener en cuenta es que estas confesiones se hacen después de que los acusados sean cruelmente torturados, como solía hacerse en la época y como ya hemos visto que Clemente V insinúa. Los torturadores sabían exactamente lo que querían que dijeran sus víctimas y estas, para detener el tormento, admiten cualquier cosa. Según Corral, «Los templarios comenzaron a ser torturados a finales de 1307. El maestre del Temple tenía cerca de setenta años y ante las torturas confesó todos los delitos imputados, y con él los demás altos dignatarios de la Orden. Molay admitió haber escupido sobre la cruz, haber renegado de Cristo, haber practicado la sodomía y haber adorado a ídolos paganos. Las torturas causaron mella en los caballeros, pues las crónicas dicen que de los 138 templarios que fueron sometidos a interrogatorio en París, 134 confesaron haber realizado todo aquello de que se les acusaba. Tan solo cuatro valientes aguantaron las torturas y se mantuvieron firmes.

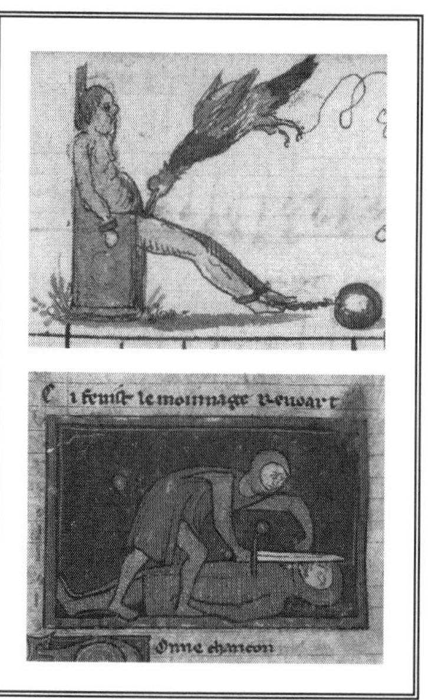

Desde el apresamiento de los templarios, treinta y seis de ellos habían muerto en potro de tortura y habían perecido muchos más en toda Francia, a consecuencias de la tortura y de las precarias condiciones de vida en las prisiones. Así es fácil que reconocieran cualquier cosa.

Pero no solo la tortura era eficaz, las promesas y los engaños también funcionaban. A los prisioneros les prometían que saldrían absueltos si admitían algunos de los delitos que se les imputaban. También si acusaban a otros. Así es difícil esclarecer qué hay de verdad, si hay algo, en sus confesiones.

Los templarios estuvieron primero en manos del poder judicial, lo que era una situación anómala, pues ellos solo tenían que rendirle cuentas al papa. Varias triquiñuelas legales sirvieron para que fueran transferidos al poder eclesiástico y después tuvieran un juicio conjunto. Cuando estuvieron bajo jurisdicción eclesiástica algunos se retractaron de sus confesiones, argumentando que habían sido dichas bajo tortura. Con estos, se dio un ejemplo para que nadie tuviera tentaciones de seguir sus pasos y en mayo ya eran más de medio centenar los templarios que se retractaban de declaraciones anteriores en las que se habían inculpado, mostraban su rechazo a la condena, se proclamaban inocentes y aseguraban que habían admitido su culpa bajo coacción y torturas. Pero ya era demasiado tarde. El arzobispo de Sens les contestó con una dureza extrema y el día 11 de ese mismo mes envió a la hoguera a cincuenta y cuatro templarios por haberse retractado de su primera inculpación.

La absolución que nunca vio la luz

Que Clemente V no se creía las acusaciones que se hacían a los templarios, es algo que se sospechaba. Pero hace poco se tuvo la confirmación de que fue así y de que los templarios estuvieron a punto de no tener un trágico final.

Esta confirmación llegó de la mano de la investigadora Barbara Frale, una investigadora que entre miles y miles de papeles del Archivo Vaticano dio con uno en el que nadie había reparado y que se conoce como el folio de Chinon, porque fue realizado en esa localidad.

La historia, tal y como recoge el artículo «El final de los templarios», publicado el 26 de noviembre de 2021 en *National Geographic* fue así: «Cuando los templarios ya llevaban nueve meses cautivos del rey de Francia, en junio de 1308, el papa Clemente V amenazó a Felipe el Hermoso con excomulgarlo si no podía comunicarse con ellos, así que el monarca aceptó que algunos prisioneros comparecieran ante el pontífice para responder de las acusaciones. Pero el gran maestre Jacques de Molay y los mayores dignatarios de la Orden fueron retenidos con engaños en el castillo de Chinon para evitar que vieran al papa. Clemente V respondió a esta artimaña con otra: envió en secreto a Chinon a tres cardenales plenipotenciarios que escucharon a Molay y a los demás. Tras pedir perdón a la Iglesia, fueron absueltos y reintegrados en la comunión de los fieles».

El fragmento que absuelve a Molay podría haber cambiado la historia, la suya (que no hubiera acabado en la hoguera) y seguramente la del cristianismo. El acta de absolución del Gran Maestre acaba así: «restaurando su unidad con la Iglesia y restableciéndole en la comunión de los fieles y en los sacramentos de la Iglesia».

Sin embargo, eso nunca ocurrió. Allí estaba Felipe IV para presionar al papa y obligarle a comerse sus palabras. No hay ninguna duda de que el acta de Chinon es auténtica y el propio Vaticano lo ha ratificado: «contiene la absolución impartida por Clemente V al último Gran Maestre del Temple, el fraile Jacques de Molay, y a los demás jefes de la Orden, después de que estos últimos hicieran acto de penitencia y solicitaran el perdón de la Iglesia; tras la abjuración formal para todos aquellos sobre los que recayera la sospecha de herejía. Los miembros del Estado Mayor templario son reintegrados en la comunión católica y readmitidos para recibir los sacramentos».

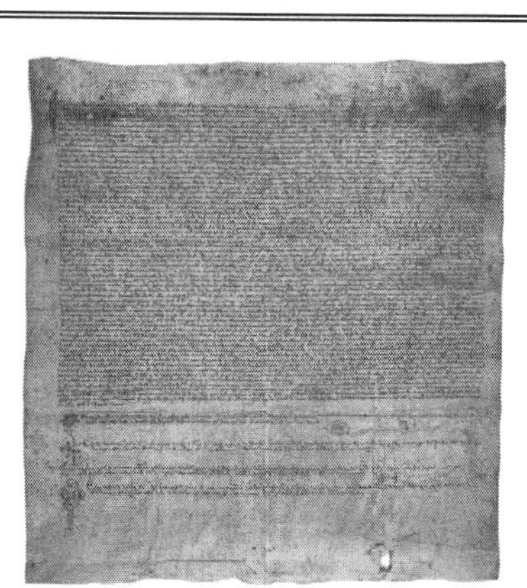

El folio de Chinon, con la absolución del papa Clemente V a los caballeros Templarios.

Este es también un punto importante, porque durante el proceso, los encausados confiesan algunos delitos. Reconocen que renegaron y escupieron sobre la cruz y uno de ellos admite haber visto la cabeza de un ídolo. Tal y como expone José Gregorio González, en el artículo «El secreto de

Chinon», publicado en el número 52 de la revista *Más Allá*: «se especula con la posibilidad de que los mandos templarios y el papado llegaran a acuerdos secretos que implicaran confesiones a cambio de absoluciones».

Es una hipótesis muy válida. Tras todo lo que se había montado alrededor del proceso, estaba claro que ni el clero ni la monarquía francesa iban a admitir que estaban equivocados. En cambio, si los templarios admitían algunos delitos no muy graves podría alcanzarse un acuerdo. De hecho se alcanzó. Y fue papel mojado.

Ahora vamos a repasar las acusaciones de los templarios, no para ver lo que hay de cierto o de falso en ellas, sino para intentar tirar del hilo que puede revelarnos algunos secretos de esta organización.

Renegar y escupir en la cruz

Esta es la acusación que prácticamente todos los templarios, ya fuera bajo tortura o no, admitieron. Algunos estudiosos han señalado acertadamente que setenta y dos templarios oídos por el papa, como Jacques de Molay y los dignatarios, así como aquellos que fueron in-

terrogados en Alemania y en Inglaterra, reconocieron haber renegado de Cristo y escupido sobre la cruz. Dependiendo de los lugares, se renegó y escupió ya una o tres veces, pero por doquier encontramos confesiones similares, a pesar de que los templarios dijeron haberlo hecho «de palabra y no de corazón». Hermanos que no fueron torturados y no tenían motivos para temer serlo, confesaron. Tal fue el caso en Florencia, donde los comisarios actuaron sin hacer uso de la fuerza, directamente en nombre del papa, o de otros en Inglaterra, en Sicilia, en Pisa, en Rávena, donde no se torturó a nadie. En tales condiciones, no cabe ninguna duda: numerosos templarios fueron obligados a escupir sobre la cruz y a renegar de Cristo en el momento de entrar en la Orden. Parece una absoluta barbaridad, pero parece que así fue en muchos casos. Quedará para siempre en el aire la pregunta de cómo pudieron renegar unos monjes de Cristo en masa por qué razón, pero está claro que no se percibe ningún compromiso herético profundo, ningún apego a una doctrina que renegaría de Cristo, entre esos templarios que sin embargo confiesan. De haber sido realmente herejes, algunos de ellos habrían estado dispuestos a sufrir el martirio por sus creencias, para defender su doctrina. Ahora bien, no hay nada de ello, ni rastro de militancia. Y sin embargo estos elementos rituales son reales. Los hermanos parecen haberlos vivido como una especie de rito sin mayor importancia, una costumbre a la que era preciso someterse, con pasividad, y no verse afectados en exceso por ella. Ello significa que, en los tiempos finales de la Orden, el sentido de tales ritos no era ya conocido ni explicado, e incluso estaba acaso pervertido. Lo que habían podido contener de iniciático había dejado paso nada más que a una práctica carente de significado real. Lo que hoy en día entenderíamos como una novatada destinada a la pura diversión sádica de los miembros más antiguos de un grupo frente a los novicios.

Algunas interpretaciones consideran que lo de escupir en la cruz era una prueba que se les hacía a los novicios para estar convencidos de que obedecerían cualquier orden que recibieran. Según el artículo mencionado de *National Geographic*: «El punto central al que se refería la acusación, la negación de la fe cristiana, se valía de un ritual secreto de ingreso que la Orden llevaba a cabo para poner a prueba la obediencia de los novicios: quien quisiera ser templario debía demostrar que podía aceptar la obediencia total que regía la Orden, muy necesaria porque las operaciones militares contra los sarracenos en

Tierra Santa requerían una disciplina inflexible. Después de cumplir el rito religioso de la profesión de los votos, el novicio era conducido a un lugar distinto de la iglesia, a menudo la sacristía; como había jurado que obedecería cualquier orden impartida por sus superiores y que soportaría las duras reglas vigentes en el Temple, se le pedía que renegase de Jesucristo, que escupiese sobre la cruz y que besara el trasero del superior. El objetivo era poner a prueba al novicio y ver su reacción frente a la orden de cometer actos tan reprobables para un hombre que acababa de jurar que daría incluso la vida en defensa de la fe. En realidad, los dos primeros actos imitaban la violencia que sufrían los cristianos capturados en Tierra Santa, que debían elegir entre negar a Jesucristo o morir».

Sodomía y besos anales

En el juicio se les acusó de practicar en sus ceremonias de iniciación el *osculum infame*, que traducido significa beso anal. Esta es una práctica que se les atribuía a las brujas, que se la practicaban a Satán para mostrar su sumisión ante él. Se trataba de nuevo de una exageración sacada de contexto tal y como argumenta *National Geographic*: «Respecto al beso en el trasero del superior, que en la mayoría de los casos se producía por encima de la ropa, era un gesto de humillación voluntaria del novicio que demostraba así la sumisión a los miembros más antiguos».

La sodomía era algo muy condenado moralmente por la sociedad de la época y Felipe lo sabía mejor que nadie, él mismo se había visto envuelto en un escándalo que había manchado el buen nombre de la familia real unas décadas atrás. Su padre Felipe III el Temerario fue acusado por su segunda esposa, la reina María de Brabante, de tener como amante a un hombre, el secretario real Pierre La Brosse. En París y por extensión en toda Francia, la homosexualidad se consideraba una falta muy grave y esas acusaciones habían arrojado la sombra de la sospecha sobre todos los hijos del rey Felipe III, pues se puso en duda que pudieran ser realmente hijos legítimos si habían nacido de un hombre tachado de sodomita. Tras heredar el trono, Felipe IV el Hermoso se tuvo que enfrentar muchas veces a oponentes políticos que se aprovecharon de esa sospecha latente para atacar su autoridad y afirmar que no era el legítimo rey de Francia.

Acusar a los templarios de homosexuales era una carta ganadora que permitiría que toda la sociedad se pusiera en su contra. No era un delito de herejía, pero si los ciudadanos los consideraban homosexuales, los verían como hombres depravados y sin moral y por tanto serían capaz de creerse cualquier atrocidad que se explicara de ellos. Triste, pero en la época era así. Y surgió efecto.

Que hubiera templarios homosexuales no sería nada de extrañar. Que las relaciones entre ellos estuvieran pautadas, hubiera orgías y la obligatoriedad de asistir y de que eso fuera una forma de rendir culto al diablo, es más difícil de creer. La Orden intentaba evitar a toda costa la homosexualidad y conviene recordar que la mayor parte de las confesiones fueron obtenidas bajo tortura y que nada hace pensar en unas ceremonias organizadas a este respecto dentro de una organización en la que se defendían a ultranza los valores cristianos. Los historiadores acuerdan en que se debía de tratar de comportamientos individuales, que no se sabe si eran tolerados o no por los templarios, pero seguramente no eran aceptados. Si nos atenemos a las normas oficiales, estas prácticas, de suceder, hubieran sido duramente castigadas. Además, la Orden se había organizado más bien a fin de impedir tales actuaciones, pero sobre todo a fin de no estimularlas. Así, cuando descansaban en sus dormitorios comunes, los templarios estaban obligados a conservar los calzones puestos y una luz debía brillar toda la noche para evitar que en la oscuridad ocurrieran «cosas». Es sorprendente que, incluso bajo tortura, algunos caballeros se hubieran negado a reconocer este vicio. La mayoría testimoniaron en este sentido, pero declaraban igualmente no haberlo hecho jamás y no haber sido requeridos a hacerlo por otros hermanos. Los que confesaron esta práctica bajo tortura, se retractaron de sus declaraciones tan pronto como el temor al suplicio se hubo alejado.

EL TAROT TEMPLARIO

Las cartas adivinatorias que se emplean en la actualidad son herencia de los templarios. No es seguro que las inventaron ellos o si hicieron, a partir de esta tradición del Antiguo Egipto. Este punto es importante, porque demuestra una vez más el conocimiento que tenía la Orden de saberes ancestrales de otras civilizaciones, pero lo más curioso es que los templarios utilizaron las cartas del tarot para explicar el juicio al que fueron sometidos y para que quedara constancia de lo que seguramente los acusados no pudieron o no quisieron declarar. Viene a ser un documento para la posteridad.

El esoterista español Julio Peradejordi demuestra en el libro *Los templarios y el tarot* cómo la Orden dejó impreso el capítulo final de su historia en las cartas que nos han llegado. Tal y como recuerda Gloria Garrido en el artículo «El Tarot, el legado oculto de los templarios» publicado en el número 52 de la revista *Más Allá*: «el erudito René Guénon señaló que cuando una tradición está en trance de extinguirse, sus últimos representantes suelen confiar a la memoria colectiva todo aquello que, de otro modo se perdería irremisiblemente. Y en opinión de Peradejordi, es muy probable que los templarios confiaran al tarot su legado poco antes de desaparecer. A fin de cuentas, la manera más eficaz de ocultar un tesoro es enterrarlo a la vista de todo el mundo».

Como ya se sabe, las cartas del tarot presentan 22 arcanos mayores y 56 menores. Los mayores narran la historia de la evolución, del viaje interior y exterior, del curso de la evolución personal e histórica. Analicemos el Arcano IV, El Emperador, que tal y como destaca Garrido: «al rey francés, ávido de poder, como muestran su mirada hipnotizada, dirigida hacia el globo de cetro, y el rojo de su capa (lo carnal), predominante sobre l parte azul (lo espiritual)».

La siguiente carta (y el orden también es importante) representa la del papa, también llamada Sumo Sacerdote. Tiene el número V, con una clara alusión a Clemente V. En la mano izquierda lleva un guante, que es el símbolo de la hipocresía y sostiene una cruz templaria. A buen entendedor… Los dos personajes que se sitúan a sus pies significan lo humano y lo carnal, que captan su atención mucho más que lo divino. Curiosamente, dentro de la adivinación, esta carta se interpreta como una llamada a pensar si lo que haces es por los demás y de corazón o por tu propia conveniencia.

Una de las cartas más interesantes es la de La Papisa, el arcano número III. Según destaca Garrido: «Algunos han querido ver una alusión a la historia medieval de la papisa Juana, según la cual la Iglesia estuvo regida durante algún tiempo por una mujer. Para otros es, sin embargo, una alusión al papel de María Magdalena como regente de una Iglesia oculta».

El arcano XIII representa la muerte y el número no es casual. El 13 de enero de 1118 se fundó la orden y el 13 de octubre de 1307 sus miembros fueron apresados. «Además, una de las cabezas que se ven en la lámina rodando por el suelo está coronada y podría representar a Felipe IV el Hermoso, fallecido en 1315, solo un año después de que Jacques de Molay, Gran Maestre templario, fuera inmolado». La muerte no es una carta negativa. Al revés, nos habla de la renovación espiritual, por lo que no es extraño que los templarios pensaran que esto sería posible tras la muerte del cruel monarca.

La Torre es una de las alusiones más claras, tal y como analiza Garrido: «La torre –alcanzada y destruida por un rayo– es una referencia clara a la caída de los templarios, pues este tipo de construcción era característico de su Orden. Es más, el nombre del naipe en francés es *la maison-dieu*, el mismo por el que eran conocidos los monasterios-hospitales que fundaron los templarios en el siglo XI a su regreso de Jerusalén». La simbología también es clara: es un cambio abrupto, que destruye algo que habitualmente ha costado mucho de edificar. Es una de las cartas más temidas de la baraja y es una clara metáfora de lo que les ocurrió a los templarios.

El arcano VIII, el Ermitaño, también contiene parte del ADN de la historia templaria, Según Peradejordi: «Es particularmente importante dentro de la simbología relacionada con los templarios. Lo podemos hacer corresponder a un monje que desempeñó un papel fundamental en la creación del Temple: san Bernardo de Claraval». Esta carta anuncia que todo irá lento, que es necesario un proceso de reflexión y de aislamiento para volver a renacer. Tal vez esa es la esperanza que transmiten los templarios a través de los naipes.

Lady of Lances
II

of Lances

Es de lógica pensar que hubo templarios homosexuales, pero conviene no generalizar y está absolutamente descartado, además, hacer de ello un elemento ritual cualquiera. Ahora bien, la Inquisición y a veces la opinión pública acostumbraban, en la época, asociar las nociones de herejía y de desviaciones sexuales.

La ceremonia de los tres besos

Otra de las acusaciones que se esgrime contra los templarios es: practicar una ceremonia infame de recepción de los neófitos con besos en la boca, ombligo y nalgas. En la ceremonia, el veterano recibía al neófito llevaba a éste generalmente aparte y le pedía que le diera tres ósculos (besos): en la base del espinazo, en el ombligo y en la boca. A veces, era él quien besaba así al reclutado novel.

Mucho se ha debatido acerca de este rito ampliamente reconocido por los hermanos, incluso sin necesidad de tormento. Hay que ver, sin duda, en ello un sentido simbólico. En el curso de una ceremonia iniciática, el ósculo en la boca podía manifestar la transmisión del aliento y de lo espiritual. El ósculo en el ombligo (a veces en el sexo) habría permitido comunicar la fuerza creadora, el impulso vital. En cuanto al tercero, en el ano, algunos ven en ello el punto de partida de esa energía que los místicos orientales denominan kundalini y que debe animar uno tras otro los chakras del ser. Es obvio que ello no permite deducir que los templarios habrían podido practicar, sin embargo, un culto de Extremo Oriente. Pero su ritual podría estar relacionado con descubrimientos similares concernientes a la circulación de energías sutiles en el cuerpo.

Esta práctica, de ser cierta la información que nos ha llegado a través de los siglos, demostraría que los templarios habían tenido conocimientos de corrientes orientalistas que les habrían revelado por ejemplo, el funcionamiento de los chakras.

El misterio de las cabezas

Aquí nos encontramos ante un tema bastante misterioso, que es el que más curiosidad ha demostrado. El culto a las cabezas. En una de las actas de la acusación constaba lo siguiente:

«Que en todas las provincias tenían ídolos, es decir, cabezas en algunos casos con tres caras y en otros con una sola, y se encontraban algunas de ellas que tenían un cráneo de hombre».

El culto a las cabezas es algo que se asimila a la idolatría y que está presente en un sinfín de religiones. «Son un fenómeno frecuente en Oriente y en Occidente. Más allá de la cabeza de Medusa, la de Osiris fue a parar al templo de Abydos, un lugar de iniciados por excelencia. Asimismo, Orfeo y Odín perdieron la cabeza», ilustra Mariano F. Urresti en el artículo «El enigma de Baphomet» publicado en el número 52 de la revista *Más Allá*. Este tipo de culto suele ser para iniciados o presentan figuras como sacerdotes o sacerdotisas que son las que hablan o interpretan las lecciones que supuestamente dicta el objeto mágico.

El tema de las cabezas en la causa contra la Orden del Temple es realmente misterioso. Muchos son los templarios que en diferentes momentos de su estancia en la Orden vieron la cabeza. Y muchas de ellas, atendiendo a sus descripciones, son totalmente diferentes. Vamos a ver algunas de las declaraciones que recoge Lamy en su libro.

Según Régnier Larchant: «Es una cabeza con una barba. La adoran, la besan y la llaman su Salvador (...). No sé dónde la guardan. Tengo la impresión de que es el Gran Maestre, o bien el que preside el Capítulo, quien la conserva en su poder».

Para algunos era plateada, para otros dorada, en ocasiones los testimonios hablan de una forma barbuda, de tres caras, de lampiña, de una mujer, con gorro, calva, de la escultura de una cabeza, de un cráneo real, de una pintura…

Podría parecer, pues, que había más de una cabeza o que los que la veían estaban tan confundidos que no sabían cómo definirla. Había historias de lo más imaginativo, como la que nos hallegado sobre Bernard de Selges, el cual afirmaba que la cabeza era guardada en Montpellier, que estaba vinculada al diablo y que aparecía a veces bajo la forma de un gato que les hablaba. Es también bajo la imagen de un gato (y de una mujer) que Bertrand de Sylva vio al ídolo, pero Eudes Baudry mencionó un cerdo de bronce. Para otros fue un becerro. En cualquier caso, su llegada era la promesa de abundantes cosechas, de dinero, de oro, de salud y de toda clase de bienes temporales.

Lo que parece demostrar esto, y tal vez sea una conclusión concreta que podamos sacar de este tema, es que se confirma que había una sociedad o regla secreta dentro de los templarios en la que se hacía algún tipo de ritual que los que no habían sido iniciados no alcanzaba a comprender. Y, por supuesto, que tenía que ver con una cabeza. En muchos casos este supuesto ídolo recibía el nombre de Baphomet, que se ha interpretado de diferentes maneras. A partir de aquí, expondremos las teorías que parecen más plausibles.

La cabeza de san Juan Bautista

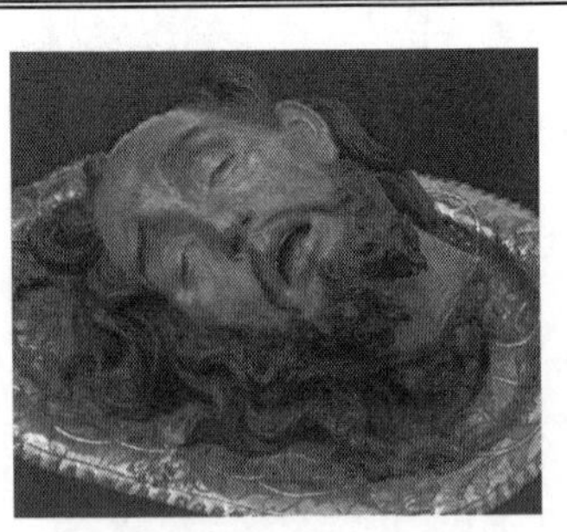

¿Fue la cabeza de san Juan Bautista una reliquia auténtica en poder de los templarios?

Se sabe que los templarios eran muy devotos de san Juan Bautista, como curiosamente también lo eran los cátaros. Y también, como se ha comentado en capítulos anteriores, tuvieron contactos con el mandeísmo, la secta que considera que San Juan Bautista es el verdadero Mesías. En este sentido hay que recordar que la cabeza de san Juan Bautista supuestamente estaba en Constantinopla y que desapareció, como tantas reliquias más en el saqueo que llevaron a cabo los cruzados en 1204. En 1206 aparece en Europa una supuesta cabeza, aunque después también hay otras iglesias que reivindican conservar el cráneo original del profeta.

Los partidarios de esta hipótesis creen que estas cabezas no son la original y que los templarios se hicieron con ella durante el saqueo y la custodiaron en secreto. A partir de ahí, pudieron ocurrir muchas más cosas. Tal vez, la cabeza se repartiera en porciones, como solía hacerse con las reliquias, para que cada encomienda tuviera una. Y el relicario escogido, en forma de cabeza, podría variar en cada lugar. También es posible, que la cabeza se mantuviera intacta y se hicieran libres representaciones para el resto de conventos.

Este secreto debería haberse guardado celosamente, por lo que solo unos cuantos estarían informados de él y eso explicaría el secretismo que rodeaba a la cabeza y la sorpresa que provocaba en los que no la habían visto nunca. ¿Únicamente la custodiaban o llevaban a cabo algún tipo de ceremonia con ella? No hay pruebas que demuestren ni una cosa ni otra, pero lo cierto es que en la Edad Media se le confería un poder mágico a las reliquias y ya que la tenían no es descabellado pensar que la incluyeran en sus rituales.

Si estos revertían o no un carácter hereje es difícil de dictaminar, pero es más que posible que rescataran rituales gnósticos. Los partidarios de esta teoría consideran que Baphomet sería la unión entre Bautista y Mahoma y por tanto demostraría que estas ceremonias, seguramente de inspiración sufí, representaban una doctrina ecléctica de ambas religiones.

La Sábana Santa o la cabeza sabia

En el capítulo 2 nos referimos a una documentación hallada también por Barbara Frale. Se trataba de la declaración de uno de los interrogatorios a un templario durante el proceso. Arnaut Sabbatier reconocía que en el ritual de iniciación le habían obligado a adorar la imagen de un hombre en una sábana. Como aclaramos en ese capítulo, con toda probabilidad se trataba de la Sábana Santa o el Mandylion, que también desaparecieron de Constantinopla durante el saqueo y bien podrían haber acabado en manos de los templarios.

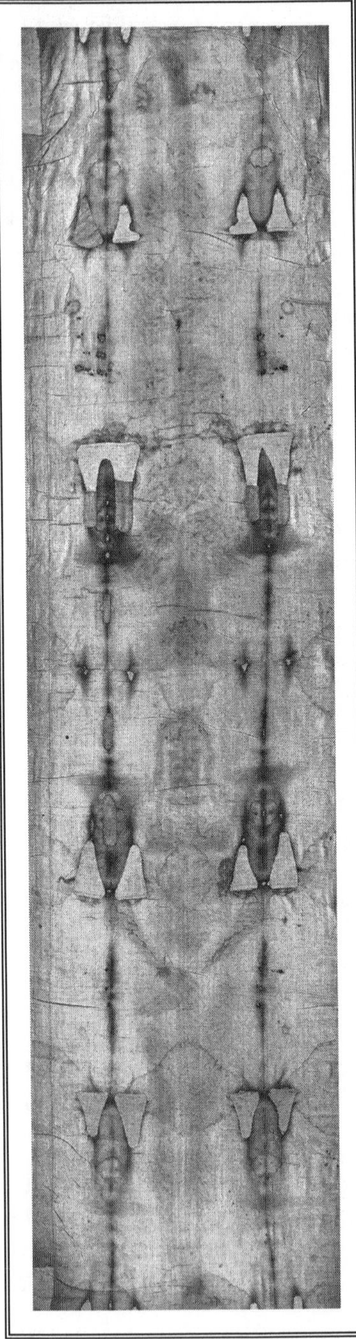

En este caso, no se les podría imputar a los templarios ninguna herejía, pues estaban adorando el rostro de Jesucristo. De todas formas, como siempre, no se puede descartar que teniendo en cuenta el poder casi mágico que se le atribuían a las reliquias, se hubiera organizado algún tipo de ritual de cualquier índole a su alrededor.

Esta teoría es una de las más extendidas, pero tiene algunos agujeros. ¿Por qué se habla de esculturas de cabezas de oro, plata o madera? La declaración de Sabbatier podría definir otro culto que no tuviera que ver con las cabezas que todos los templarios parecían ver, de forma diferente y por todas las encomiendas.

Existe una tercera posibilidad, que se deriva el nombre de Baphomet, que podría derivar del término árabe *abu fihama (t)*, que significa algo así como «padre del entendimiento» o «padre de la sabiduría». Esto nos remitiría a los sufíes, pues ellos hablan de un estado al que denominan «cabeza del conocimiento» y que es al que se llega tras haber superado la iniciación.

Por último, comentar que en *El código Da Vinci* se sugiere que es un juego de letras cuyo significado en hebreo es «sabiduría» y que hace alusión a la deidad femenina y a María Magdalena.

A la hoguera

Todas estas acusaciones, por muy fácilmente que se puedan analizar y en la mayoría de los casos refutar, fueron las que condenaron a los templarios. Pero la primera opción no fue la hoguera, sino a cadena perpetua, si nos atenemos a las crónicas que nos han llegado. Se dice que, al oír la condena, Jacques de Molay, que a su edad y en sus condiciones no tenía otra cosa que perder que la vida, declaró solemnemente que era inocente de cuantos cargos le habían acusado y por los que había sido condenado. Se retractó de todo cuanto había declarado con anterioridad, alegando que lo había hecho bajo coacción y tortura. Godofredo de Charnay hizo lo mismo que su maestre, y añadió que solo en una ocasión había renegado de Cristo, pero que lo había hecho con la boca pequeña y a causa de la tortura, y no con el corazón. Algunos templarios los apoyaron.

¿Fue un arrepentimiento espontáneo o un súbito gesto de valentía lo que llevó a Molay y a Charnay a declararse inocentes? Las opiniones de los historiadores son a este respecto muy variadas. No hay duda de que el maestre tenía unos setenta y seis años y nada esperaba ya de la vida. Su moral, su resistencia y su ánimo debían de estar muy quebrantados, pero tuvo el valor suficiente como para proclamar su inocencia a sabiendas de que le conduciría a la muerte en la hoguera.

La campaña de descrédito a los templarios surtió efecto y muchos acabaron en la hoguera.

Desde luego, las autoridades algo imaginaban al respecto, porque la declaración de inocencia del maestre conllevó su condena a muerte de manera inmediata. Y se hizo de modo tan rápido que Jacques de Molay, Godofredo de Charnay y treinta y siete templarios más fueron quemados al atardecer del mismo día 18 de mayo en el que por la mañana habían sido condenados y ellos mismos

habían proclamado su inocencia. Todo estaba muy preparado; los templarios, con su maestre al frente, fueron conducidos a una pequeña islita en el rio Sena conocida con el nombre de «islote de los Judíos» o «de las Cabras» y allí fueron quemados.

La razón por la que condenaron a Molay a la hoguera fue que incurrió en lo que se llamaba relapso. Si alguien negaba que había confesado un crimen, se entendía que no se arrepentía de él y que por tanto no renunciaba a la herejía. Aquello suponía la condena a muerte directa y el Gran Maestre sin duda lo sabía. La otra alternativa tampoco era muy prometedora: pasar el resto de sus días en la precariedad de la prisión.

Según relata Eslava Galán: «Un testigo presencial lo cuenta así: El Gran Maestre, cuando vio la hoguera dispuesta, se desnudó sin titubear quedándose en camisa. Maniatado, lo llevaron al poste: "Al menos dejadme que junte un poco las manos para orar a Dios, ya que voy a morir —solicitó de los verdugos—. Dios sabe que muero injustamente. Estoy convencido de que Él vengará nuestra muerte. A vos, Señor, os ruego que miréis a la Virgen María, Madre de Jesucristo". Se le concedió lo que pedía y murió dulcemente en esta actitud, dejando maravillado a todo el mundo».

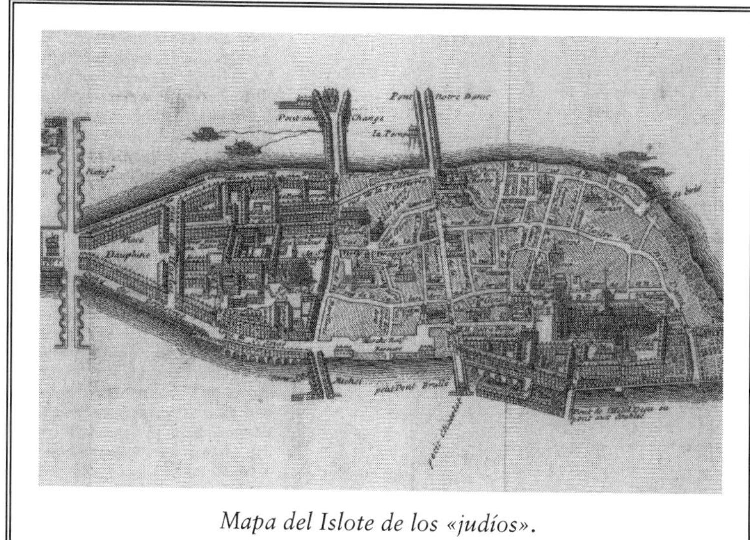

Mapa del Islote de los «judíos».

En algunas versiones, se saca la camisa, para mostrar las cicatrices de la tortura y demostrar así que es inocente y que solo admitió los delitos por el tormento. También hay otras versiones en la que predice exactamente la fecha en la que morirían Felipe IV y Clemente V.

Sea como sea, sus últimas palabras son conocidas como la «maldición templaria» porque se cumplieron. Todos los que habían condenado a los templarios y sus descendientes murieron en extrañas circunstancias.

EL FINAL DE LOS TEMPLARIOS FUERA DE FRANCIA

Los templarios eran una organización que ahora consideraríamos global y Felipe IV tenía claro que si quería acabar con ellos, no podía limitarse a los que estaban en su reino. Corría el peligro de que se reorganizaran en otros rincones de Europa y pudieran rebelarse. Para ello, urdió una estrategia también global que no tuvo el resultado esperado. Ya desde el comienzo del conflicto, Francia había desplegado una ofensiva diplomática internacional contra los templarios. Felipe el Hermoso exhortaba a sus colegas para que procesaran a los que se hallaban establecidos en sus dominios, pero los monarcas europeos, todos ellos en buenas relaciones con la Orden, se mostraron renuentes hasta que el propio papa solicitó el proceso y ulterior disolución del Temple. En cualquier caso, la estrategia no fue exitosa y fuera de Francia los templarios resultaron absueltos en prácticamente todos los procesos.

Felipe IV era también rey de Navarra por matrimonio y fue este el primer reino que cumplió las órdenes del francés. «El rey de Aragón manifestó que no apresaría a los templarios hasta que se lo ordenase el papa, especificando de qué delitos los acusaba. No obstante, en diciembre de 1307, mandó

prenderlos adelantándose a la orden pontificia. Seguramente fue una maniobra para poder disponer de los bienes requisados antes de que la justicia eclesiástica se pronunciase sobre ellos [...] En los interrogatorios no aparecieron confesiones de culpabilidad. El 4 de noviembre de 1312 se les declaró inocentes, lo que no evitó la disolución de la orden. El rey de Aragón y la Santa Sede pleitearon por los bienes confiscados, de los que una parte se destinó a las órdenes de Montesa y Hospital y el rey retuvo el resto. En 1331 se permitiría ingresar en otras comunidades a los antiguos templarios aragoneses», constata Eslava Galán.

De hecho, en este reino llegaron a tratos realmente beneficiosos, pues el rey era muy partidario de la orden. Pudieron conservar parte de sus bienes, mulas y los criados e incluso llegaron a recibir una renta tras la disolución. En Portugal, Castilla y León ocurrió lo mismo: fueron declarados unánimemente inocentes.

Inglaterra retrasó todo lo que pudo el requerimiento del rey francés y Eduardo II, que ya había estado en guerra contra Felipe IV, no aceptó las acusaciones contra el Temple, por lo que fue el lugar al que huyeron buena parte de los Caballeros de Cristo.

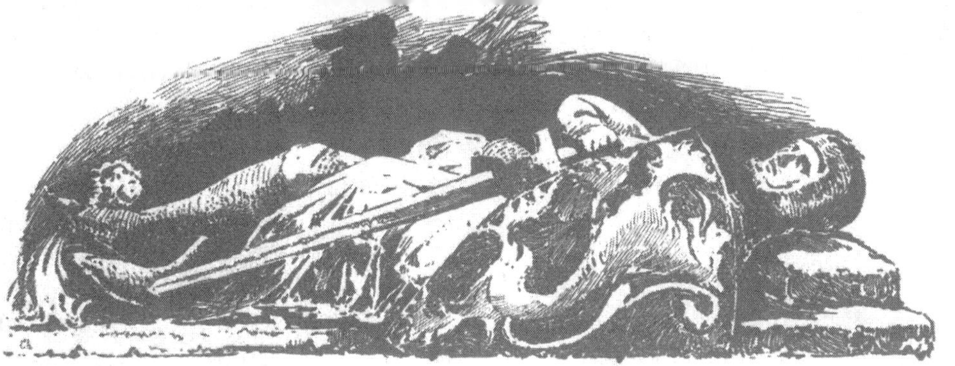

CAPÍTULO 10
LA MALDICIÓN DE LOS TEMPLARIOS

El último suspiro de Jacques de Molay marca el fin de una era para la cristiandad y el principio de otra. Se acabó el ideal caballeresco de los soldados monjes que rescataban altruistamente a los peregrinos. Empieza el tiempo de los complots, la decadencia del papado inmerso en luchas intestinas por el poder terrenal y los complots de los monarcas que actúan en la sombra. En cierta forma, se acaba un pensamiento inocente y confiado en la bondad de los extraños. Y no es que todo eso no estuviera antes ahí, pero tras la brutal persecución de los templarios, a los cristianos de a pie se les cae la venda de los ojos.

Pero todo ello tiene consecuencias que les hacen confinar no ya en un poder redentor, sino en uno más oscuro que se manifiesta en forma de venganza. La de los que se denominarán los reyes malditos. Y no solo reyes. Todos aquellos que influyeron en la caída de los templarios irán cayendo, muriendo, uno tras otro y en ocasiones de formas realmente cruentas, durante generaciones hasta la mismísima Revolución Francesa.

La maldición que lanzó Jacques de Molay antes de que le devoraran las llamas se cumplirá a pies juntillas, produciendo un enigma que sigue sin haberse resuelto hoy en día. ¿Cómo es posible que tantas personas que tuvieron que ver con el final de la Orden murieran inesperadamente? Es un hecho que desafía a la casualidad y que nos introducirá en complots de fuerzas terrenas o inexplicables.

Y por último, acabaremos este libro hablando de qué fue de los templarios y sus riquezas. ¿Salvaron su mítico tesoro y se convirtieron en una sociedad secreta que sigue moviendo los destinos del mundo?

Uno detrás de otro

Tras la muerte de los templarios, sus ejecutores debieron respirar complacidos, pero por poco tiempo. Su último suspiro también estaba próximo. Mucho más de lo que hubieran imaginado. El 18 marzo de 1314 perecía Jacques de Molay y casi un mes después, el 20 de abril, lo hacía Clemente V, el papa que llevado por las presiones del rey francés no solo no había podido defender a la Orden que durante dos siglos le había sido fiel, sino que había acabado por condenarla. Cuenta la crónica de la época que no fue una muerte plácida, como no sería la de todos los que estuvieron implicados en la sentencia de los Caballeros de Cristo. Es más que probable, por los síntomas descritos, que el pontífice padeciera cáncer de píloro. La enfermedad le provocó una gran diarrea y su cadáver quedó tendido en el suelo, rodeado de heces, que provocaron tal repulsión que nadie acudió a ayudarle. Durante el duelo, una vela cayó sobre el cadáver, que quedó completamente carbonizado. Justamente como lo había sido el de los templarios a los que había condenado injustamente.

¿Veneno? ¿Venganza? ¿Casualidad? Esta última opción parece difícil si seguimos repasando lo que ocurrió no más de un año después.

La hora del todopoderoso monarca francés que había perseguido inclementemente a los templarios y les había despojado de todo no tardó en llegar. El 29 de noviembre de 1314 se reunió con Dios o con el Diablo y su muerte sigue rodeada de un halo de misterio del que solo hay un acuerdo: fue dolorosa y repugnante. Varias fueron las versiones sobre su fallecimiento: unos dijeron que fue en una cacería cuando cayó del caballo mientras perseguía a un jabalí, otros que se enganchó en el estribo y que lo mató la bestia al no poder soltarse del caballo y otros que tuvo un derrame cerebral. Las consecuencias del accidente fueron cuanto menos anómalas y lo que apuntan algunos historiadores es que probablemente la caída fue una consecuencia de su enfermedad y no al revés. Todo apunta a que lo que le provocó la muerte no le garantizó un agradable tránsito al otro

mundo. Parece ser que cayó súbitamente enfermo el 4 de noviembre quejándose de dolores gástricos seguidos de vómitos y de diarrea, precedidos de sequedad de boca, anorexia y una sed insaciable. Pero no tenía fiebre. El misterio de esta muerte no fue jamás dilucidado y queda la pregunta para la historia si Felipe IV fue envenenado.

Al canciller Guillaume de Nogaret, que orquestó toda la campaña de descrédito hacia los templarios, tampoco le esperaba una muerte natural: lo envenenaron y dejó este mundo entre grandes dolores.

Enguerando le Portier de Marigny, chambelán e intendente de finanzas, que se había hecho cargo del tesoro del Temple de París, debió recordar mucho a Jacques de Molay y los suyos, porque también vivió en las carnes la traición de los que creía que estaban de su lado. Fue acusado de herejía y condenado a la horca por su propio hermano.

Los testigos que convenientemente sobornados habían declarado contra los templarios tuvieron también una muerte violenta. Esquín de Florián fue apuñalado y Gérard de Laverna y Bernard Palet perecieron en la horca.

El escándalo sexual

Una de las cosas que más preocupaba a Felipe IV era la grandeza de su dinastía, los Capeto. ¿Alguien recuerda este nombre? Sus descendientes desaparecieron todos en circunstancias violentas y fueron

borrados de la historia hasta que su huella es solo reconocible por los medievalistas y por los lectores de novelas de intriga templaria. Tanto es así, que son conocidos como «los reyes malditos».

Pero antes de seguir con los desastres cronológicos de los Capeto, tenemos que retroceder en el tiempo hasta los últimos meses del reinado de Felipe IV, que estuvieron marcados por un escándalo sexual de gran magnitud para la época. El monarca tenía cuatro hijos: Luis X, Felipe V, Carlos IV e Isabel de Francia.

El primero se casó con Margarita de Borgoña. Felipe y Carlos lo hicieron respectivamente con las hermanas Juana y Blanca, hijas de Otón IV, conde de Borgoña y primas de Margarita. Isabel lo hizo con el rey de Inglaterra. Todos los matrimonios fueron desgraciados a excepción, seguramente, del de Felipe y Juana, que por lo visto se querían sinceramente. Pero lo de los matrimonios desafortunados no era ninguna novedad en una época en la que los monarcas se desposaban para garantizar la estabilidad de sus territorios. Sin embargo, sí fue algo novedoso lo que les ocurrió a las nueras del rey.

Isabel visitó a sus hermanos y a sus nueras en Francia y les regaló unos valiosos monederos bordados. Dos de los mismos aparecieron vinculados a dos caballeros normandos Philippe y Gauthier D'Aunay y eso hace que empiece a sospechar que sus nueras están siendo infieles a su marido.

Isabel pone sus sospechas en conocimiento de su padre, que justamente, tras la condena de los templarios, se había ido a reflexionar (quién sabe si a arrepentirse) a la Abadía de Maubuisson. Ordena que sigan a los caballeros y se confirman las sospechas: las dos hermanas están cometiendo adulterio.

Es curioso que las dos primas que se casan con dos hermanos acaban engañándoles con otros dos hermanos. Pero frivolidades y hermandades a parte, continuemos con la historia. Se las acusa de adulterio, que siendo reina no es algo leve y ese escándalo sexual es un terremoto en la corte, pues pone en entredicho la legitimidad de sus hijos. Un escándalo sexual, como el que Felipe IV infligió a los templarios, marcará el final de su linaje.

Así las cosas, Philippe y Gauthier D'Aunay son condenados a una terrible muerte pública. Se les castra y arrojan sus genitales a los perros, los despellejan, los descuartizan y arrastran sus cuerpos por la ciudad hasta que cuelgan lo que ha quedado de ellos.

Las dos hermanas, rapadas, vestidas con harapos e increpadas por el público, son obligadas a ver el trágico final de sus amantes. Al ser princesas, no son condenadas a muerte, pero sí a cadena perpetua. Margarita es la que peor suerte tiene, pues se la considera la instigadora del adulterio y es encerrada en una celda en un torreón del Castillo de Gaillard, sin ventanas para que sufra los rigores del invierno. Su marido intenta que reconozca el adulterio, para así poder anular el matrimonio y casarse con Clemencia de Hungría. Ella se negó, pero de poco le sirvió, pues unos meses después fue encontrada muerta, probablemente estrangulada por orden de su marido, que a los cinco días de su fallecimiento se desposó de nuevo.

El destino de Blanca fue menos abrupto: estuvo encerrada en el castillo en mejores condiciones que su prima y cuando su marido accedió al trono, consiguió que se declarara nulo el matrimonio para casarse con María de Luxemburgo. Finalmente permitió que pasara sus últimos días en una abadía.

A todo esto, Juana también fue imputada. No se la acusó de adulterio, aunque los rumores sobre que lo había cometido circularon por el reino, sino de complicidad con sus nueras, que eran además su hermana y su prima. Su marido, Felipe, intercedió por ella y consiguió que fuera puesta en libertad.

Todo este capítulo, que amargó los últimos días de Felipe IV, creó un problema sucesorio por culpa de la posible ilegitimidad de los herederos.

Los reyes malditos

Tras este paréntesis, sigamos con la sucesión de desastres que acabó con los Capeto. Al morir Felipe IV, la corona pasó a su hijo Luis X por un breve periodo de tiempo, desde el 29 de noviembre del 1314 hasta el 5 de junio de 1316, cuando murió también en extrañas circunstancias. El rey era un gran aficionado a las justas y tras una escaramuza bebió bebió vino frío que según contaron en su momento le produjo una neumonía que acabó con su vida. Otras versiones hablan de un envenenamiento.

El caso es que Luis X solo tenía una hija de su anterior matrimonio que, siendo mujer y con sospechas de ilegitimidad, no podía reinar. Pero su nueva mujer estaba embarazada cuando él murió y tuvo a Juan I, apodado por razones obvias El Póstumo, que fue coronado. Su reinado no pudo ser más efímero porque el bebé murió a los cinco días, abriendo un nuevo problema sucesorio. Se intentó que la corona fuera a parar a la hermana mayor del recién nacido, Juana, pero las sospechas de que fuera ilegítima acabaron por conducirla a la cabeza de Felipe V, el hijo mediano de Felipe IV, que ya había ejercido de regente a la muerte de su hermano. Para permitir que Juana no gobernara se aprobó la ley sálica (por la cual las mujeres no pueden gobernar) que continuaría vigente durante siglos. Felipe solo tuvo dos hijos, que de nuevo murieron repentinamente, con ocho y nueve años. Sin descendencia masculina a su muerte (de disentería, aunque también se sospecha de podría haber sido envenenado) la corona pasó a su hermano, Carlos IV, que murió sin haber tenido un hijo varón, lo cual acabó con la dinastía de los Capeto. Tras anular el matrimonio con su primera esposa, Carlos IV vivió también bajo el yugo de la maldición: su siguiente mujer, María de Luxemburgo, dio a luz una hija

que murió al poco después de nacer y después ella misma pereció cuando volcó su carruaje.

Con Carlos IV se extinguió la convulsa dinastía de los Capeto y la corona recayó en su yerno, Felipe de Valois, que instauró una nueva dinastía. Durante este periodo Francia vivió momentos oscuros de caos, peste y guerra y sus ciudadanos seguían preguntándose si no sería por consecuencia de la maldición de Jacques de Molay. Pues aunque parezca mentira, y como se verá un poco más adelante, muchos siglos después, durante la Revolución Francesa, el pueblo seguía recordando las palabras del último Gran Maestre templario.

«Jacques de Molay, estás vengado»

Cuatro siglos después, durante la Revolución Francesa, la sombra de lo que había ocurrido con los templarios seguía planeando. Cuando Luís XVI fue condenado a la guillotina, el pueblo aplaudió enardecido. Y justo en ese momento, cuenta la leyenda que un hombre, supuestamente un masón, subió al cadalso, remojó sus manos en la sangre para lanzarla al público y gritó: «Jacques de Molay, estás vengado». La frase se fue repitiendo como una letanía y volvió a utilizarse en otros momentos de la revolución.

¿Fue la maldición de Jacques de Molay la que acabó con la vida del monarca francés? Según los defensores de esta teoría, no solo con la suya, también con la de su hijo. Esta historia tiene algunas casualidades y coincidencias que resultan cuanto menos inquietantes y que este autor ya citó en el libro *Iluminati y el Control Mundial* (Claudio Soler, Redbook ediciones, 2021): «La venganza templaria contiene también un capítulo que contribuye a denostar aún más la imagen de los masones atribuyéndoles la muerte del heredero de la corona, Luis XVII, que tenía diez años. Se cuenta que los masones lo torturaron hasta la muerte en un ritual que tuvo lugar en la Torre del Temple, la prisión en la que había sido encarcelado Jacques de Molay. Según esta leyenda, como el delfín ocupaba el número veintidós en la línea de sucesión de Felipe IV, fue torturado por un Gran Maestro masón que ocupaba también ese puesto los sucesores de Jacques de Molay, que le arrancó el corazón.

Esta historia incorpora datos verídicos, pero los fabula con otros que no lo son. Cuando guillotinaron a los monarcas, los revoluciona-

rios encarcelaron al heredero en la Torre del Temple. No sabían qué hacer con él, pues existía el peligro de que los monárquicos se unieran alrededor de su figura para reclamar que se instaurara de nuevo la monarquía. También temían que fuera apoyado por las coronas europeas que contaban con medios para declarar la guerra a Francia.

No se sabe quién tomó la decisión, pero lo que parece probado es que Luis XVI fue humillado y torturado por los soldados que le custodiaban. Le golpeaban, le obligaban a beber alcohol, a cantar La Marsellesa, le amenazaban con la guillotina y le decían que sus padres continuaban vivos, pero no le querían. Murió de múltiples infecciones después de un encierro de seis meses en una celda sin contacto con nadie. Cuando practicaron la autopsia el corazón había sido extirpado y no se encontró hasta 1975 en la basílica de Saint-Denis. Este extraño hecho sirvió para crear la terrorífica historia del asesinato ritual llevado a cabo por los masones».

Sea cual sea la verdad de lo que subyace bajo el grito «Jacques de Molay, estás vengado», lo cierto es que esta expresión ha trascendido y sigue utilizándose hoy en día para dar por concluido un asunto.

¿Demasiada casualidad?

Todo esto ha dado pábulo a todo tipo de teorías conspiratorias y esotéricas. Porque la muerte de los dos responsables del fin de los templarios, justo un mes y un año después de que lanzaran a estos a la hoguera y tras recibir una maldición podría ser una coincidencia. Pero lo cierto es que la forma en la que murieron no tan solo ellos, sino todos los que participaron en el proceso y los descendientes del rey es un desafío a la ley de la casualidad. Y la resurrección de la maldición cuatro siglos después es realmente misteriosa. ¿Qué ocurrió?

Para unos se trató de un maleficio divino. Las fuerzas superiores con las que estaban en contacto los templarios. La pregunta que se desprende a continuación es obvia: ¿por qué no las utilizaron entonces para acabar con los que los llevaron a la hoguera antes que lo hicieran? ¿O para ganar las Cruzadas?

Por otra parte, algunas hipótesis consideran que las muertes fueron ocasionadas por los templarios, pero con un poco de ayudita del más allá, lo que les ayudó a que fueran más cruentas y a poder acceder a personalidades que estaban muy protegidas. Y por última, la que cuenta con más adeptos, es la que considera que fueron los supervivientes a los templarios que se establecieron como sociedad secreta y que empezaron su andadura con una buena venganza para quitarse de encima a los que con toda seguridad intentaron perseguirlos.

En este sentido, los candidatos más firmes para recoger el testigo templario son los masones, el gremio que surgió de la edificación de templos, que guardaban una gran similitud con los del Temple. Pero esa vez, habían aprendido la lección y formaron una sociedad secreta, hermética y oculta para que no pudieran volver a ser perseguidos.

Como se ha visto, fuera de Francia los templarios no fueron reclamados y pudieron reorganizarse. Pero ¿qué pasó con los templarios que no fueron apresados en el país galo? ¿Y con el mítico tesoro templario? Para dar respuesta a esta pregunta, tenemos que situarnos en La Rochelle, un puerto francés donde los templarios tenían su flota. Una docena de barcos con la bandera templaria salieron de allí el 13 de octubre de 1307, justo cuando los principales cabecillas de la Orden fueron apresados. Se rumorea que los caballeros de Cristo sabían que aquello ocurriría y tenían el plan preparado desde hacía tiempo. Nunca se ha vuelto a tener noticia de esos barcos. Desaparecieron como si el mar se los hubiera tragado.

La flota templaria

A medida que la Orden fue creciendo y enriqueciéndose, una buena parte de sus dividendos se invirtió en la compra de barcos. Con ellos, podían viajar a Tierra Santa, pero también los emplearon para las rutas comerciales, tal y como recoge Manuel P. Villatoro en el artículo «El misterio de la flota desaparecida de los templarios que pudo llegar a América antes que Colón», publicado en el diario *ABC* el 29 de octubre de 2016: «De forma independiente a las leyendas, lo que sí es posible saber es que, según fue aumentando su poder adquisitivo, el Temple adquirió una serie de barcos con los que poder hacer viajes de Europa a Tierra Santa. Por otro lado, también se conoce que el grupo utilizó estos bajeles en aras de comerciar con el excedente de sus granjas. Así lo determina la doctora Lara Martínez, quien afirma que, con el paso de los años, los monjes-guerreros establecieron una serie de rutas marítimas que salían de varios puertos europeos. "El objetivo de estos buques era el comercio y la guerra. Los templarios controlaban las comunicaciones gracias a que, como estudiosos que eran, habían aprendido las claves de la navegación de los fenicios. Tenían una gran armada fondeando en los puertos mediterráneos y atlánticos (en la parte francesa). Esta visión a larga distancia del orbe, junto a la capacidad logística, proporcionaba supremacía si consideramos que, por entonces, el común de los mortales estimaba que en el Estrecho de Gibraltar estaban las Columnas de Hércules, es decir, que no había tierra más allá", completa la autora».

Los templarios lograron hacerse con varios puertos en Flandes, Italia, Francia, Portugal y el norte de Europa. Algunos de los más famosos eran el de La Rochelle, que les servía como centro neurálgico en el Atlántico, y los de Marsella y Colliure en el Mediterráneo. A su vez, estos monjes-guerreros solían estudiar los enclaves en los que recalaban sus bajeles de forma sumamente minuciosa para, llegado el momento, poder salvarlos si eran atacados. El puerto de La Rochelle, por ejemplo, estaba protegido por 35 encomiendas, en un radio de 150 kilómetros, más una casa provincial en la propia villa.

Estos son los barcos que los templarios ofrecieron a Ricardo Corazón de León para que volviera a casa después de la Cruzada en la que combatió. También pusieron los barcos que tenían en Barcelona y en Colliure a disposición de Jaime I el Conquistador.

Tal y como reseña Manuel P. Villatoro: «Mercancía para arriba, peregrinos para abajo, la flota estuvo activa hasta 1307. Ese año, cuando comenzó la persecución a la Orden del Temple, los buques (13, según la mayoría de fuentes) tuvieron que izar velas y salir navegando del puerto de La Rochelle antes de que las autoridades galas encarcelasen a sus capitanes y pasajeros. Ese día marcó el inicio de un gran misterio pues, aunque la Historia nos dice que las naves partieron de Francia bajo la bandera de la Orden, se desconoce dónde atracaron. Cuando el 13 de octubre de 1307, Felipe IV desató la persecución, la flota escapó del monarca y nunca más se supo de ella. Es una incógnita que alimenta el halo misterioso de los templarios. No se sabe si se dispersó por las aguas, si se reagrupó en otro puerto... Se ha apostado por la hipótesis de que huyó en bloque del Mediterráneo, dirigiéndose a un destino oculto en busca de seguridad y asilo político, mas ¿adónde?».

De Portugal al mundo

Una posibilidad muy plausible es que recabaran en Portugal. El país luso no persiguió a los templarios ya que mantenía muy buenas relaciones con ellos por su intervención en la Reconquista. Reconquista y allí los templarios fueron absueltos y el rey Dionisio I, llamado el «rey trovador», le envió al papa Juan XXII, sucesor de Clemente V, dos emisarios para negociar el renacimiento de la Orden del Temple. Se salió con la suya y los templarios pudieron entrar en

LA MALA FAMA DEL NÚMERO 13

Sinónimo de mala suerte, el número 13 no ha contado nunca con muchos seguidores y una de las razones las encontramos en la historia de los templarios, que tiene un gran peso en Occidente. En concreto en la persecución de los caballeros de la Orden se inició el 13 de octubre de 1307. Era, a la sazón, un viernes, por lo que el temor a que los viernes 13 pase algo inesperado y perjudicial proviene de este hecho.

El trece es un número antipático desde tiempos inmemoriales. El libro del Apocalipsis, en el que se habla del fin del mundo y de la llegada del Anticristo, es el capítulo trece. Este es el mismo número que lleva la carta de la muerte en el tarot. Y también el que ocupaba Judas en la Última Cena. La Cábala cifra en 13 los espíritus malignos y las leyendas nórdicas le dan ese número al dios malévolo Loki.

En algunas tradiciones, como la nuestra, se considera que el martes es el día gafado y esa superstición proviene de griegos y romanos, pues el segundo día de la semana está dedicado a Marte, el dios de la guerra, que suele ser bastante impulsivo, lo que aumenta las posibilidades de desastre. Es el día más temido por los hispanoparlantes y en su currí-

La tragedia del crucero Costa Concordia ocurrió un día 13.

culum cuentan aciagos hechos históricos como la caída del Imperio Romano en Constantinopla, el 13 de mayo de 1453.

Sin embargo, el viernes se consolidó porque en ese día empezó el principio del fin de los templarios. Varios acontecimientos fatídicos han aumentado la mala fama del viernes 13, siendo los últimos los atentados terroristas de París que sucedieron el viernes 13 de noviembre de 2015 y el accidente del crucero Costa Concordia, el 13 de enero de 2012.

El día produce respeto a los supersticiosos y absoluto terror a un reducido grupo que padece parascevedecatriafobia, que es el miedo irracional e incontrolable al viernes 13. Esas personas llegan a alterar totalmente sus costumbres de vida cuando se acerca el amenazante día.

lo que prácticamente fue una nueva organización creada para ellos, la de los Caballeros de Cristo. Recuperaron todos sus bienes y obedecieron en adelante a la misma regla monástica que los caballeros de la Orden de Calatrava. Continuaron llevando el manto blanco con una cruz, pero se bordó una pequeña cruz blanca en el centro de la del Temple, para simbolizar que este renacía purificado. Los antiguos dignatarios templarios conservaron su rango en la orden así reconstituida. El primer Gran Maestre de esta Orden renovada, Gil Martins, fue investido el 15 de marzo de 1319. Reanudaron la lucha contra los musulmanes y reconquistaron importantes territorios en África.

En este sentido, se cree que los avances en navegación de Portugal en aquella época tuvieron una marcada influencia de los templarios. «Eso explicaría el que, a principios del siglo XV, el Gran Maestre de esta Orden, el infante don Enrique el Navegante, invirtiera las ganancias de la Orden de Cristo en la exploración marítima. El papa Calixto III les concedió la jurisdicción eclesiástica en todos los territorios "desde los cabos de Bojador y de Nam, a través de toda Guinea y hasta la orilla meridional, sin interrupción hasta los Indios", según rezaba la bula Inter caetera (1456). Y es que, como señala la autora, los templarios eran unos estudiosos de todas las ramas del conocimiento, entre ellas, las artes navales, de ahí el influjo en la escuela de Sagres», ilustra Villatoro.

Rumbo a Sicilia

Se ha investigado poco sobre esta posibilidad, que realmente sería muy lógica. Las costas de la isla de Sicilia, en el sur de Italia, eran ideales para que los templarios franceses se reagruparan sin llamar demasiado la atención. Conocían la zona porque habían tenido encomiendas allí. Y si acababan por llamar la atención, tampoco pasaba nada. En el siglo XI la isla había sido conquistada por el normando Roger de Guiscard que nunca mantuvo relaciones cordiales con el papado. Sus descendientes habían seguido con esa costumbre que les permitía a los templarios moverse con total libertad por la isla.

Esto sería simplemente una hipótesis, pero hay una prueba que las sostiene, pues una de las banderas que este linaje utilizaba en sus buques fue posteriormente adoptada por los caballeros de la Orden del

Temple, por lo que su llegada hasta la región pudo haberse materializado más que probablemente tras la huida de La Rochelle.

Descubrieron América antes que Colón

¿Podrían haber huido a América? Esta es una de las hipótesis que se barajan y que acabaría con la cronología histórica tal y como la conocemos, pues no tendríamos que esperar a 1492 para que Cristóbal Colón llegara al continente. Los templarios podrían haberlo hecho mucho antes, en sus rutas comerciales, gracias a los conocimientos de navegación que habían alcanzado mediante el estudio de los fenicios. Según explica Villatoro: «Esta teoría afirma que los buques de la Orden del Temple cruzaron el Atlántico y llegaron hasta las costas americanas. Todo ello, casi 100 años antes que Colón. "La leyenda dice que, cuando los conquistadores españoles llegaron a la Península del Yucatán, escucharon que unos hombres blancos ya habían estado allí y que habían entregado su conocimiento a los nativos. Otra hipótesis afirma que, de acuerdo al testimonio de religiosos que acompañaron a Colón, los nativos no se extrañaron al divisar las cruces de los guerreros porque ya las conocían. Además, las culturas prehispánicas tenían asumida la idea de que "llegará un día en el que vendrán por mar grandes hombres vestidos de metal que cambiarán nuestras vidas para bien". Finalmente, también se sabe que los mayas adoraban a Kukulkán, un dios blanco y barbado. Constatación insólita porque esta cultura la formaban hombres lampiños por genética y adaptación al medio", añade María Lara».

Objetivo: Escocia y la misteriosa capilla de Rosslyn

Otro de los destinos finales de los templarios podría ser más cercano y menos exótico, pero no por ello menos misterioso. La capilla de Rosslyn saltó a la fama tras la publicación de *El Código Da Vinci* de Dan Brown. La capilla desde entonces duplicó su número de visitantes. Pero, más allá de la ficción que sugiere el libro, ¿qué hay en la capilla de Rosslyn y cuál es su relación con los templarios? La edificación pertenece a la familia Sinclair, cuyo antepasado era

La capilla de Rosslyn en Escocia está considerada el último bastión de los templarios.

William de St. Clair, un templario que acompañó a Hugo de Paynes en la Primera Cruzada. Este fue el que le concedió el título de barón de Rosslyn. Fue el Gran Maestre el que decidió el nombre, que no es arbitrario. «Para los ex masones británicos Christopher Knigth y Robert Lomas, dos de los investigadores más destacados de los enigmas de la Capilla de Rosslyn (Escocia), el propio nombre de esta iglesia esconde un misterio. Una opinión que comparte Tessa Ransford, experta en lengua gala y directora de la Biblioteca de Poesía Escocesa de Edimburgo. Según ella, la palabra Ross significa "conocimientos antiguos" y Lynn "generación", por lo que Rosslyn se podría traducir como "conocimientos antiguos transmitidos de generación en generación"», expone Robert Goodman en el artículo «¿Qué se oculta en la Capilla de Rosslyn?» publicado en el número 52 de la revista *Más Allá*.

Según estos tres especialistas han mantenido en diferentes estudios, artículos y libros, el nombre definiría la función de la capilla en la que los templarios pudieron almacenar toda la documentación de vital importancia, así como reliquias. Pero parece que los documentos serían lo que realmente les importaba mantener a salvo. Los libros podrían contener secretos místicos cuyo valor sería aún más incalculable que las riquezas que se les atribuyen. En este sentido, Knigth y Lomas aseguran que cuando los nueve fundadores de los templarios llegaron a Tierra Santa y se instalaron en el Templo de Salomón, buscaba los manuscritos secretos de la comunidad de Qumrán (los que acabarían siendo los célebres manuscritos del Mar

Muerto) que nunca han aparecido entre los que se hallaron. «La pista para llegar a ellos se encuentra, según esta hipótesis, en un texto conocido como *La asunción de Moisés*, que se le atribuye al propio patriarca. Parece ser que este documento contiene el mandato que supuestamente dio Moisés a Josué de conservar unos libros secretos, "poniéndolos en orden y ungiéndolos con aceite de cedro, protegiéndolos después en unos recipientes de loza y escondiéndolos en el lugar donde Él empezó la creación", así como conocimientos secretos de los faraones egipcios».

El investigador Hugh Schonfield afirma en su obra *Odisea de los Esenios* que el texto *La asunción de Moisés* fue reproducido en los manuscritos del Mar Muerto y constituía una pista para que los templarios encontraran los documentos allí citados. El escondite elegido era una roca situada bajo el *sancta sanctorum* del Templo de Salomón, el lugar donde según los judíos ortodoxos, empezó la creación del mundo.

Por tanto, las excavaciones que hicieron los templarios bajo el templo y de las que hemos hablado en diferentes ocasiones a lo largo de este libro podían tener por objetivo no encontrar una reliquia santa sino dar con estos papeles. Según estas teorías, los templarios perseguidos esconderían esa documentación en la famosa capilla.

Knigth y Lomas están convencidos que bajo la capilla se construyó una reproducción del templo de Salomón y que allí, en la misma ubicación en la que se escondían los papeles en la original, está el «tesoro templario», los documentos que podrían cambiar la concepción de todas las religiones. Sin embargo, no pueden demostrarlo. Para confirmarlo, solo haría falta que la actual familia Sinclair permitiera realizar excavaciones pertinentes que, según los dos expertos, revelarían la verdadera historia de Jesús y del cristianismo de la Iglesia de Jerusalén. Pero tal y como explica Stuart Bearthie, director de la Fundación de la Capilla de Rosslyn, existe un escollo muy importante que impide las excavaciones. Según la ley escocesa sobre derecho de sepultura, conseguir los permisos necesarios para excavar en el perímetro de la capilla, ocupado por varias tumbas, es un proceso complejo que requiere realizar trámites muy largos. Además, en la actualidad la prioridad de la fundación es conservar y mantener el edificio, lo que implicaría llevar a cabo varias obras.

¿Qué fue de los templarios?

Es difícil contestar a esta pregunta. Todo parece indicar que la solidez y la forma visionaria con la que estructuraron la Orden permitiría que hubiera sobrevivido a la persecución.

Convertidos en masones, en rosacruces, en illuminati... cualquier secta secreta podría ser una derivación de estos míticos monjes guerreros y podría seguir escondiendo los secretos que atesoraron. ¿Místicos? ¿Terrenales? ¿Mágicos? ¿Económicos? Es difícil dar una sola respuesta y tal vez todas son válidas. El legado de los templarios sigue vivo ocho siglos después de su desaparición. La imagen del monje guerrero ha calado en nuestro imaginario y volvemos a ella una y otra vez, en el cine, en las series, en la literatura, en los ensayos, como si nos negáramos a desprendernos de ellos.

Seguramente, siguen estando entre nosotros no con hábitos, al menos en público, quién sabe si conspirando o guiando el mundo desde un lugar discreto. O simplemente custodiando un saber ancestral, tan peligroso como para cambiar la historia tal y como la conocemos.

JUEGOS DE TRONOS

Seguramente, la obra más completa y adictiva sobre las consecuencias de la maldición de los templarios es la saga *Los reyes malditos*, siete novelas históricas escritas por el escritor francés Maurice Druon y publicadas entre 1955 y 1977. George R. Martin, el famoso autor de la novela río *Canción de Hielo y fuego* adaptada a la televisión como *Juego de Tronos*, dijo que para él son «el *Juego de Tronos* original». Las intrigas medievales, en esta ocasión basadas en hechos reales, sirvieron de inspiración al autor norteamericano y es una huella muy perceptible en su obra.

La saga empieza cuando Felipe IV recibe la maldición de Jacques de Molay y acaba con los dos primeros reyes de la dinastía de Valois. Abarca, según el autor, a las siete generaciones que maldijo el Gran Maestre del Temple antes de ser consumido por las llamas.

El éxito de la saga llevó a dos adaptaciones en miniseries, ambas producidas en Francia. La primera se llevó a cabo en 1972 y la segunda en 2005 y contó con actores de la talla de Jeanne Moreau y Gérard Depardieu.

Bibliografía

Álvarez, Jorge; *El Rollo de Cobre, el manuscrito del Mar Muerto.* Magazine Cultural Independiente, 2016.

Arias, Jesús; *¿Era Jesús el maestro de justicia esenio? El País*, 2018.

Asbridge, Thomas; *El concilio de Clermont, el inicio de las Cruzadas. National Geographic*, 2021.

Barrientos, Jaime; *Templarios: ¿Herederos del islam? Año Cero*, 2017.

Bedoya, Juan G.; *María Magdalena, de prostituta a apóstol de apóstoles. El País*, 2018.

Brown, Dan; *El Código da Vinci.* Editorial Planeta, 2003.

Cockburn, Andrew; *El evangelio de Judas. National Geographic*, 2019.

Corral, José Luis; *Breve historia de la Orden del Temple.* Editorial Edhasa, 2006.

Couto, Erica; *¿Qué fueron las religiones mistéricas? Muy Interesante*, 2022.

Chevallier, Marina Carlos; *Templarios y Sufíes. Más allá*, 2015.

Domínguez, Íñigo; *El papa avala que Jesús era seguidor de la misteriosa secta de los esenios. La Voz de Galicia*, 2007.

Galán, Juan Eslava; *Templarios, griales, vírgenes negras y otros enigmas de la historia.* Editorial Planeta,
2013.

García Mirto, Abel; *El concilio de Clermont. National Geographic*, 2021.

Garrido, Gloria; *El Tarot, el legado oculto de los templarios. Más Allá*, 2021.

Grau Torras, Sergi; *National Geographic*, 2018.

Ginés, Pablo J.; *Los templarios escondieron la Sábana Santa más de un siglo. La Razón*, 2009.

Gregorio González, José; *El secreto de Chinon. Más Allá*, 2019.

Karaciz, Ana Silvia (con María Martha Fernández); *Sophia Nigrans, la diosa del Grial. Más Allá*, 2005.

Lamy, Michel; *La otra historia de los templarios*. Editorial Martínez Roca, 2005.

MacCulloch, Diarmaid; *Historia de la Cristiandad*. Editorial Debate, 2011.

Martín González, David; *El Felipe el Hermoso que acabó con los templarios. La Vanguardia*, 2021.

Menéndez Engra, Alberto; *La sagrada reliquia de la Vera Cruz, ¿mito o realidad?* Academia Play, 2022.

Mira, Irene; *La dieta que convirtió a los caballeros Templarios en longevos guerreros implacables. ABC*, 2019.

Moncayo, Javier; *El súbito final de los templarios. La Vanguardia*, 2019.

Montesano, Marina; *Templarios, los banqueros de Europa: National Geographic*, 2022.

Navarrete, Javier; *Templarios, Cátaros y Masones. Más Allá*, 2017.

Navarrete, Javier; *El misterioso origen del Temple. Más Allá*, 2018.

Ramos, Javier; *La ruta de los cátaros. Lugares con historia*, 2007.

Rey Bueno, Mar; *El juego de la oca, ¿una invención templaria? Más Allá*, 2007.

Sadurní, J.M.; *Otto Rahn, el buscador del Santo Grial para los nazis. National Geographic*, 2020.

Sánchez-Oro Rosa, Juan José; *Ojo Crítico*, 2013.

Schonfield, Hugh; *Odisea de los Esenios*. Editorial Edaf, 2005.

Seeley, Bethany; *¿Por qué el Evangelio de Juan es diferente de los Evangelios Sinópticos?* Ehow, 2021.

Starbird, Margaret; *María Magdalena y el Santo Grial*. Editorial Planeta, 2005.

Urresti, Mariano F.; *El enigma de Baphomet. Más Allá*, 2017.

Urresti, Mariano F.; *Sexo, Mentiras y Maldiciones. Más Allá*, 2018.

Vidal, César; *El genocidio contra los disidentes: cátaros y valdenses.* La Voz de César Vidal, 2020.

Villatoro, Manuel P.; *El misterio de la flota desaparecida de los templarios que pudo llegar a América antes que Colón. ABC*, 2016.

von Hammer-Purgstall, Joseph; *Sobre la caballería de los árabes anterior a la de Europa y sobre la influencia de la primera sobre la segunda.* Editorial Voltmedia, 1986.

Por el mismo autor:

En la misma colección:

Puedes visitar nuestra página web
www.redbookediciones.com
para ver todos nuestros libros:

Puedes seguirnos en:

 redbook_ediciones

 @Redbook_Ed

 @RedbookEdiciones